現代教育制度論

土屋基規 編著

ミネルヴァ書房

はじめに

　日本の教育はいま，大きな転換期を迎えています。第二次世界大戦後の教育改革と憲法・教育基本法制の確立によって，個人の価値の尊重，教育の機会均等，教育行政の条件整備義務などの重要な意義を有する教育原則が確認され，義務教育の拡張や中等・高等教育への進学率の著しい上昇など，戦後日本の教育制度は高度に発展をとげました。

　しかしそのもとで，現在の学校教育には不登校や陰湿ないじめ，厳しい受験競争など，教育上の困難な問題が内在しており，その克服が教育的にも社会的にも切実な課題になっています。また，教育の自主性を尊重し，教育の基礎を支えることを任務とする教育行政は，教育条件の整備に貧困と格差を生みだし，教育行政への国民の参加を著しく制限しています。

　戦後の教育改革による教育理念と原則は，戦後60年にわたる教職員，父母・国民の熱意と努力によって，その内実が豊かに形成されてきましたが，同時に，現実的な教育矛盾の深まりを打開し，理念の創造的な発展を目指すことに課題を残しています。

　こうした状況のもとで，2006（平成18）年12月，政府・与党は21世紀の新しい時代にふさわしい教育理念を確立するとして，憲法の平和主義の原則を根本的にかえる改憲動向と一体となって，教育基本法の全面「改正」を強行しました。新教育基本法の制定によって，これまでの教育理念と教育目的，学校制度と教育内容，教職員の職務と役割，教育行政のしくみと機能などの再編を迫る教育政策が具体的に展開され始めています。

　しかし同時に，新教育基本法に定められたことは，国民主権の原理，平和主義の原則，基本的人権の尊重という憲法の基本的な理念と，人権としての教育原則との関係において整合性を問われますし，強権的な教育政策・「教育改革」の推進は，国民の多くが求める教育との間に矛盾を深めるでしょう。

　本書は，教育基本法の全面「改正」の前から構想していましたが，新教基法

の制定という新しい状況のもとで，戦後改革による教育理念と制度原理の意義を単に再確認することに止まることなく，現在の教育制度に内在する問題を究明しつつ，教育制度改革の現代的な課題を確認することを目指して，共同の努力を傾けたものです。

このような意図が，どこまで達成できているか否かは，ひとえに読者の批判に待つしかありませんが，本書が教育政策，教育行政学，教育制度等の大学等の教職課程で，教職的教養の学習に少しでも参考になれば幸いです。

執筆者を代表して
土屋基規

現代教育制度論　目　次

は じ め に

序　章　教育制度研究の視点 …………………………………… 1
　　1　教育制度とは何か ………………………………………… 1
　　2　教育制度を学ぶ意義 ……………………………………… 2
　　3　可能態としての制度構想の研究 ………………………… 3
　　4　本書の構成 ………………………………………………… 4

第1章　現代日本の教育改革 …………………………………… 7
　　1　戦後教育改革の性格と意義 ……………………………… 7
　　2　現代日本の教育改革の諸相 ……………………………… 17
　　3　教育改革への国民的発想 ………………………………… 29

第2章　憲法・教育基本法制 …………………………………… 35
　　1　日本国憲法の教育条項 …………………………………… 35
　　2　旧教育基本法制の特徴 …………………………………… 39
　　3　改正論議と新教育基本法 ………………………………… 52
　　4　「可能性の理念」（未完の理念）としての旧教育基本法 … 58

第3章　現代学校制度の原理と機能 …………………………… 66
　　1　現代学校の基本原理 ……………………………………… 66
　　2　学校の役割——現代学校教育の機能 …………………… 73
　　3　学校の組織と運営 ………………………………………… 79

第4章　教育行政の原理と組織 ………………………………… 91
　　1　教育行政のしくみ ………………………………………… 91
　　2　中央教育行政のしくみと役割 …………………………… 98

	3	地方教育行政のしくみと役割 ……………………………… 103
	4	教育行政の課題 …………………………………………… 108

第5章　教育課程と教科書の法制 ……………………………… 123
　　1　教育課程の法と行政 ……………………………………… 123
　　2　戦後の教科書制度 ………………………………………… 130
　　3　教科書裁判の展開 ………………………………………… 138

第6章　教職員法制の原理と展開 ……………………………… 147
　　1　教師の地位と職務 ………………………………………… 147
　　2　教職の専門性と養成・採用制度 ………………………… 155
　　3　現職教員の資質向上 ……………………………………… 173

第7章　教育条件整備と教育財政 ……………………………… 190
　　1　教育条件整備とはどういうことか ……………………… 190
　　2　教育条件整備の基準法制と課題 ………………………… 198
　　3　教育費・教育財政の法制と課題 ………………………… 208

資料編／索引

コラム

1　日本弁護士連合会「学齢期に修学することのできなかった人々の教育を受ける権利の保障に関する意見書」（2006年8月10日）…65
2　「日の丸・君が代」強制予防訴訟東京地裁判決…121
3　犬山市教育改革や教育山形さんさんプランの可能性…122
4　高校教科書日本史の沖縄戦「集団自決」の記述をめぐる
　　教科書検定問題…145
5　教員免許更新制…188
6　教職大学院…189
7　高等学校等就学支援金の外国人学校への適用問題…218

法規等の略記について

　本文中での法規等について，下記のように省略して表記しています。

教育基本法：1947年教育基本法　→　旧教基法
　　　　　　2006年教育基本法　→　新教基法
学校教育法，学校教育法施行規則　→　学校法，学校法施規
地方教育行政の組織及び運営に関する法律　→　地教行法
国家公務員法，地方公務員法　→　国公法，地公法
教育公務員特例法　→　教特法
教育職員免許法，同施行規則　→　免許法，免許法施規
公立義務教育諸学校の学級編制及び教職員定数の標準に関する法律
　　　→　義務教育標準法
公立高等学校の適正配置及び教職員定数の標準に関する法律　→　高校標準法
義務教育諸学校施設費国庫負担法　→　施設費負担法
市町村立学校職員給与負担法　→　給与負担法
義務教育諸学校の教科用図書の無償措置に関する法律　→　教科書無償措置法
文部科学省　→　文科省

序章　教育制度研究の視点

1　教育制度とは何か

　現代社会における教育は，ある価値にもとづいて，社会的な制度として組織され，普及している。教育制度は，教育に関する組織や作用などについて，社会的に公認された体系である。従来から，教育といえば，ただちに学校教育を想起することが一般的であったため，教育制度は学校制度と同義に解されることが少なくなかった。それにはそれなりの理由があり，教育という営みが社会的に組織されてきた経過が，学校という特別な教育機関の普及ということですすめられてきた歴史によっている。特に近代社会以降の教育の組織化が，国民の教育機会の拡大を制度的に整えたということに基因している。

　近代社会にいたるまでに，組織立った教育を受けることができたのは，社会のなかで特権的な地位にあった支配階層の子どもに限定されていた。長い人類史のなかで，一般の国民大衆の子どもが学校で教育を受けることが制度的に確立されたのは，19世紀以降の国民教育制度が成立してからのことであり，これによって，人類社会に歴史的に蓄積されてきた文化的価値を学校で学習するしくみが，国民生活のなかに確かな位置を占めるようになった。

　現代社会では，国民諸階層の子ども・青年が，教育を受けることを制度的に保障され，小・中学校への就学をはじめとして，高等学校や大学の入学試験制度，保護者の就学義務（猶予・免除），学校選択の機会としくみ，学校運営への参加と教育行政への発言等，生徒・学生，父母・国民の教育制度との関わりは国民すべての共通の体験であり，その教育体験を媒介にして，教育制度への関心や教育意識が形成される。

教育制度は，学校教育だけに限定されることなく，社会教育や教育の基礎を支える教育行財政のしくみも含むが，現代社会における教育制度の様式は，教育に関する法令や教育行政組織，学校の管理運営，教育予算の措置等，国と地方の政治・経済・行政との関わりが深く，それゆえにひとたび制度が成立すると動かしがたいスタティックなものに見えやすいが，時代の変化や社会的，教育的要因によって変動することが少なくないので，教育制度も変化するものとして動態的に捉えるべきである。

2　教育制度を学ぶ意義

　教育制度は，学校教育のしくみなど，その制度を構成する原理を伴って成立しており，そのもとで教育の社会的性格と意義が歴史的に規定される。たとえば，わが国の義務教育制度の歴史をみると，第二次世界大戦の前と後では，義務教育の「義務・無償制」はその社会的性格を異にする。教育制度の性格を歴史的，社会的に捉えることによって，教育を受けた国民の教育体験や教育意識の変化を把握することができる。
　戦前は，日本社会と教育の基本が大日本帝国憲法と「教育勅語」によって規定され，「臣民の義務としての教育」が性格づけられ，「忠君愛国の教育」が徹底された。子どもの親たちは，天皇と国家への臣民の務めとして，義務教育の学校へ子どもを就学させることを求められ，その義務を遂行しやすくするための行政上の都合から，ある時期から義務教育の授業料が無償になった。これに対し，戦後は，日本国憲法の基本的人権保障の一環として，国民の「権利としての教育」を基礎に，個人の価値と人間の尊厳の尊重，平和的な国家及び社会の形成者の育成という教育目的を確認し，「権利としての教育」という原則によって義務教育の無償制が導入された。その範囲は，授業料の不徴収と教科書代に限定されているが，高校教育への進学率が義務教育に準じる水準に達している現在，高校を含めた中等教育の授業料の無償制が現実的な課題として浮上している。
　学校教育のしくみ以外にも，戦後教育改革によって創設された地方教育行政

組織としての教育委員会制度も，同じ教育委員会という名称でも，教育委員会制度を構成する原理が，教育委員を住民が直接選挙する「公選制」(1948～56年)と，自治体の首長が議会の承認を得て教育委員を任命する「任命制」(1956年～現在)とでは，制度の性格に根本的な相違があり，父母・国民の教育意思の教育行政への反映，総じて教育参加のしくみと意識に大きな変化をもたらす。

　また，教育制度は，それを支える教育思想・内容と密接な関係においてその機能を発揮するので，教師の教育活動の内容と人間形成の役割に影響を与える。教育制度のあり方が，父母・国民の教育意識だけでなく，教師の教育実践を規定する要因になるので，教育制度について理解を深めることは，教育について考える際に重要な要素になる。たとえば，高等学校や大学・短期大学への進学率が著しく上昇している現在，上級学校の学区・入学試験制度によって，学校での日常的な学習・進路指導が上級学校への進学に重点が置かれ，受験を強く意識した学校教育のあり方を求める父母の教育意識と，これに対応する進学校を中心にした教育活動に傾斜しやすいことは，今日の教育状況には広くみられる。

3　可能態としての制度構想の研究

　現代の教育制度は，国や地方の教育に関する法令によって基本が定められることが支配的であるが，現在は社会的な制度として成立してはいないが，教職員，父母・国民の教育要求，教育思想を基礎にして，子ども・青年の人間形成に役割を発揮すべき社会的なしくみや教育改革の構想をいだくことがあり，これを「可能態としての制度構想」あるいは実現すべき「課題としての制度」として，視野にいれて教育制度を考えることが必要である。

　現代日本の教育制度は，戦後の教育理念と法制度の展開によって高度に発達をとげ，国民の教育機会が拡張され，教育水準が向上した。学校教育のしくみをはじめとして，戦後の教育制度は日本社会の政治，経済，文化の発展に寄与してきたが，教育政策と教育行政の展開の過程において，高校教育制度や教育委員会制度のように，当初の制度原理が修正されたり，原理の転換が図られた

教育制度がある。こうした制度原理の変化に対して，教職員，父母・国民の教育要求の高まりによって，制度原理の改革と一層の充実が求められる課題があり，教育制度のあり方は教育改革の重要な課題であり続けている。

たとえば，学校教育のしくみや地方教育行政組織のあり方などについて，教職員，父母・国民の教育改革の構想において，「地域総合制高校」の設置構想や地域に根ざした高校づくり，現行の「任命制」教育委員会制度のもとで教育委員選びに住民の教育意思を反映させるしくみを創造した「教育委員の準公選制」の取り組み，また最近の各地域での教職員，生徒，父母・住民の参加と共同による学校協議会など開かれた学校づくりの取り組み，子どもの権利を実現する地域の教育・福祉・医療のネットワークの形成などは，教職員，父母・国民の教育要求を基礎とした教育制度のあり方を考える際の具体的で重要な要素である。

4　本書の構成

本書は，このような教育制度についての考え方に立って，現代日本の教育制度の基本原理とその展開について，初等・中等教育の学校と教育行政のしくみを中心に考察することを課題とし，序章に続く本論を7章で構成する。

第1章「現代日本の教育改革」は，現代日本の教育改革の諸相を，教育改革の性格と教育制度の基本原理について概観し，第2章「憲法・教育基本法制」は，戦後教育の理念と教育法制の基本について総論的に論述する。これらを受けて，第3章「現代学校制度の原理と機能」は，現在の学校制度を構成する基本原理と機能について，第4章「教育行政の原理と組織」は，教育行政の役割と中央・地方の教育行政の組織原理の変遷について，第5章「教育課程と教科書の法制」は，戦後日本の教育課程行政と教科書制度について，第6章「教職員法制の原理と展開」は，戦後の教職員法制，特に教員養成・採用・研修制度の原理と展開について，第7章「教育条件整備と教育財政」は，教育の基礎を支える教育財政の役割について，それぞれの制度原理と社会的機能について諸問題を整理し，教職教養の基礎的な知識を習得する際に役だつことに重点を置

いて論述する。

　なお，本文に関係のある最近のトピックスについて，理解を深めることができるよう，別にコラムを設けて重要なことがらを解説している。

（土屋　基規）

第1章　現代日本の教育改革

　本章では，第1節で戦後教育改革の性格と意義について，教育改革はなぜ行われたのか，戦後教育改革の特質と戦後教育法制の成立と基本原理を概観し，第2節で現代日本の教育改革の性格と内容について，初等・中等教育，教師の養成・免許・研修，高等教育の諸相にわたり概説する。そして第3節では現代日本の教育改革への教職員，父母・国民による国民合意を目指す教育改革の発想について，その主な内容を紹介する。

　本章の記述を通して，読者の皆さんが，(1)現代日本の教育理念と制度原則が戦後教育改革によって確認されたこと，(2)それが1980年代後半以降の政府主導の「教育改革」によって原理の修正と新たな制度原則が導入され，教育制度の原理と機能に変化が見られること，(3)教育改革への国民的要求，草の根からの教育改革を求める動向を視野にいれて教育改革について考えることが大切であること，について理解を深める手がかりになれば幸いである。

1　戦後教育改革の性格と意義

(1) 教育改革と教育制度

　現代日本の教育は，第二次世界大戦後の教育改革の理念と制度原理の成立によって，教育を受ける機会が拡充され，国民の教育水準が向上したが，同時に，60年後の現実の学校教育には厳しい競争と管理主義的な運営が根強く，学校におけるいじめや不登校など指導が困難な問題が山積しており，教育制度の競争主義的な性質は国際的な批判を受け，その是正が勧告されている。教職員，父母・国民の多くは，こうした現実を克服し，戦後教育改革の理念と原則を創造的に発展させ，個人の価値と人間の尊厳の尊重，平和的な国家及び社会の主人

公としての国民の育成、という教育目的の発展を願っている。

　誰の目にも明らかな現実の教育矛盾がなぜ生じたのか、それを改めるにはどのような教育政策・教育行政が必要であり、またどのような教育実践に依拠し、問題を克服する水路を見出したらいいのか、これまでに教育改革について政府の教育関係審議会のみならず、民間の教育諸団体などでも多くの議論が行われてきた。

　現代日本の教育改革は、戦後教育改革において確認された平和主義、人権主義、平等主義の基本原則を、21世紀の社会と教育の展望において発展させることを求められ、学校教育の制度をはじめとする教育制度のあり方は、教育改革の重要な課題であり続けている。そこで、本書の各章の記述に先立って、戦後教育改革はなぜ行われたのか、確認された教育の基本理念と原則はどのような特質を有するのか、その歴史的意義について概括的に触れておきたい。

（2）戦後教育改革の特質

　現代日本の教育とその制度原則の多くは、戦後教育改革に由来する。戦後教育改革は、戦後の日本社会の民主的改革の一環を構成し、教育の目的・理念、内容・方法、行政・制度など教育の全般にわたる根本的な改革であった。それは、戦前の「教育勅語」を至上の価値とした天皇制教学体制から断絶し、平和と民主主義を基調とした教育改革であり、法制的には憲法・教育基本法制の成立という特徴を有する。戦後日本の教育改革を戦前の教育と対比し、学校と教育行政のしくみについて見ると、次のような特質を指摘できる。

① 天皇制国家への臣民の義務としての教育から国民の基本的人権としての教育への転換。

② 教育勅語の「忠君愛国の教育」から、憲法・教育基本法の理念に基づく個人の価値と人間の尊厳の尊重、平和的な国家及び社会の形成者としての国民形成への転換。

③ 複線型学校体系から単線型学校体系へ、義務教育の拡張など教育の機会均等原則の確立。

④ 学問の自由と結びつき、これを尊重する教育、画一的な教育内容から真

理に基づく自主的な教育への転換。
⑤ 教育立法の勅令主義から法律主義への転換，中央集権的・官僚的な教育行政から住民の選挙による教育委員の選出，教育行政の条件整備義務の確認。
⑥ 師範学校を中心とする閉鎖的教員養成制度から，大学における教員養成と免許状授与の開放制への転換。
⑦ 真理探求の中心機関としての大学の自治の尊重，高等教育の機会の開放。
　このような特質をもつ戦後教育改革は，日本の近現代教育史上における画期的な改革であったが，これが何故行われたのか，どのような経過をたどって進展したのか，改革の必然性とその歴史的意義について改めて理解を深めることは，現代的な教育課題の分析，教育制度の諸領域にわたる研究にとって，基礎的に必要なことがらである。

(3) 教育改革の契機

　戦後教育改革は，敗戦と占領統治という，歴史的に特殊な事情のもとで行われた。敗戦・占領による政治経済的な条件の変化は，一つの重要な契機であったが，教育改革の必然性が生じたのは，そうした外的条件の変化だけではなく，戦前の教育が，戦時体制下で事実上，崩壊の危機に直面していた内的要因にもよる。教育改革を必要とさせた契機には，否定的媒介と積極的媒介の2つの要因がある。
　教育改革への否定的媒介とは，戦前の教育が国民の教育機会を拡大し，教育制度が普及したにもかかわらず，「教育勅語」を至上の価値とした戦前の教育は，戦争の拡大に伴って，子どもの人間的な成長・発達を目指す教育本来の目的とのあいだに根本的な矛盾を深め，人間的な価値の実現，人間の尊厳の尊重を目的とするのではなく，国民を侵略戦争にかりたてるうえで精神的な支柱とされた。戦前の教育は，敗戦を待つまでもなく，崩壊の危機に直面するほどの内的矛盾を蓄積し，教育の全般にわたる改革を必要とする要因が歴史的に形成され，それが戦後初期の新たな情勢と条件のもとで顕在化した，と考えられる。
　国民は，戦前の国家による抑圧的機構のもとで，自由と人権を侵害されたう

えに，戦場に駆り立てられて生死に関わる共通の体験をした。この国民の歴史的な体験のうちに，堪え難い苦痛からの解放を，国家・社会の民主化を希求し，人権と平和，民主主義を基調とする教育改革を必要とした理由があったのである。

　教育改革への積極的媒介とは，戦前の教育のなかにも教育の民主的な発展を希求した国民の自主的な動向があり，それが歴史的な潮流となって，敗戦直後の条件の変化に伴って顕在化した，ということがらである。戦後の教育改革の内実をなす教育思想や原則は，日本の教育界において全く未知のものではなく，戦前の専門的な教育研究者の教育改革論や進歩的な教育運動の組織者たちが探求していた実践と共鳴するところが多くあった。これらは，戦前・戦時には抑圧されその発展を妨げられたが，敗戦に伴う新たな社会的条件の変化により，教育改革の必要性を自覚する国民の主体的なエネルギーの内部に重い位置を占めていた。戦時中の抑圧された教育運動を土台にして，戦後まもなく教育の民主的再建のための構想を明らかにした教師もいた。反ファシズムの文化運動の経験をもつ進歩的な文化人も知識人も，個人的にあるいは自主的な集団に拠りながら，戦前の教育への批判と反省を深め，戦後教育の改革について思いをはせていた。

　こうした動向は，政府の諸機関を中心とした教育改革の推進において，決して支配的な力をもち得るものではなかったが，戦後教育改革が，短期間のうちに急遠に進展したことを支持した世論の底流には，戦前の教育の根本的な改革を望む国民的な意識の芽生えが存在していた。戦後初期に急速に復興した教育・文化に関する進歩的な運動主体にいだかれていた戦前の教育批判と戦後の教育改革の構想は，国民の教育意識の一つの集約的な表現であった。

（4）戦後教育法制の成立と意義

① 憲法・教育基本法制の成立

　戦後教育改革は，連合国軍総司令部による戦前の軍国主義，国家主義的な教育を排除する政策に始まり，次いでアメリカ教育使節団報告書により新しい教育理念が提示された。これを受けて，日本政府のもとに教育刷新委員会が1946

（昭和21）年8月に設置され（委員長・安倍能成，47年11月南原繁就任，49年6月に教育刷新審議会と改称），教育改革についての審議と政府への建議を行い，教育基本法や学校教育法などが制定され，教育改革が進展した。

アメリカ教育使節団報告書は，教育改革の基本理念と諸原則を明示した。この使節団を援助するために設置された日本側教育家委員会（委員長・南原繁）は，使節団との討議に協力するとともに，独自に報告書をまとめて，教育使節団報告書の作成に貢献した。教育刷新委員会は，戦後初めての内閣直属の教育審議会であり，教育の重要事項を独自に調査審議して内閣に建議する機関であった。委員会は，日本側教育家委員会を母体として組織され，教育者が大部分を占め，官僚的要素を含まない自主的な委員会という特徴をもっていた。

教育刷新委員会の建議を基礎にして，教育基本法，学校教育法をはじめ，戦後教育の基本法制を構成する法律が制定された。教育刷新委員会の「多くの審議はそのままで戦後教育改革を決定する力をもった」と評価されるほどの影響力をもっていたのである。

戦後日本の教育法制は，憲法・教育基本法制と特徴づけられる。日本国憲法は，国民主権，平和主義，基本的人権の尊重を基本原理とし，第26条で国民の教育を受ける権利の無差別平等の保障と義務教育の無償を，第23条で学問の自由の保障を規定していた。国民の教育を受ける権利が憲法に規定されたことは，教育史的にも法制史的にも画期的なことであり，教育についての国家と国民の権利義務関係は根本的に転換されることになった。

教育基本法は，憲法理念と一体的な関係において，戦後日本教育の教育宣言，教育方針としての意義を有し，教育法令の根本原則を示す法律として制定された。教育基本法は，教育刷新委員会の第1回建議「教育の理念及び教育基本法に関すること」（1946年12月27日）により基本方針が確認され，戦後教育改革の進展を方向づけた。

教育基本法は，「教育勅語」に代わる新しい理念を示し，憲法に定める国民の教育を受ける権利保障を前提にして，教育の機会均等，9年制の義務教育，男女共学などの制度原則を明示し，「個人の尊厳を重んじ，真理と平和を希求する人間の育成」，「個性豊かな文化の創造」，「人格の完成」と「平和的な国家

及び社会の形成者」,「自主的精神に充ちた心身ともに健康な国民の育成」, 総じて平和と民主主義の教育理念の実現を目指している。また, 学校の公共的性格と教師の身分保障, 適正待遇, さらに, 教育の自主性確保のため教育への不当な支配の排除と条件整備を任務とする教育行政について定め, 教育立法の法律主義の原則を明示していた。

この教育基本法は, 2006（平成18）年に政府・与党（自民・公明）の単独採決により全面「改正」され, 旧教基法となったが, 戦後教育の根本的な基準を示したものとして歴史的意義を有し, 戦後教育法制・教育法体系の頂点に位置づいてきた。新教基法は, 旧教基法の教育理念・原則とは異なる指針を定めているが, 憲法の基本理念や教育条項に明示された「人権としての教育」の規程, 国際人権規約及び子どもの権利条約など国際教育法との関係において,「立憲主義的」解釈を必要としている。

② 学校教育制度の原理

戦後の学校教育制度は, 旧教基法と同日公布の学校法, 学校法施行法及び学校法施規の制定とこれに関連する教育法により構成されてきた。学校法の公布により, 戦後日本の新しい学校制度が発足し, 現代の学校教育制度の基本が確立され, 次のような制度原則が明示された。

第1に, 法形式上は, 勅令主義から法律主義への転換に伴い, 戦前の国民学校令, 中等学校令, 大学令などに代わって, 学校教育制度に関する総合的な法律として, 内容的には, 特権的な学校の廃止, 性別による就学上の差別の廃止, 児童・生徒の心身の発達に応じた適切な学校教育を目的として, 学校の設置, 教職員の構成, 教育課程の編成などについて, 基本原理を定めた。

第2に, 教育の機会均等の原則に基づき, 従来の複線型学校体系を単線型学校体系に改め, 小学校6年, 中学校3年, 高等学校3年, 大学4年を基本とする六・三制の学校制度（六・三制）が確立され, 男女共学の原則も明示して盲・聾・養護学校（現・特別支援学校）の設置と就学義務を定め, すべての子どもに学校教育を受ける機会の平等を保障した。

第3に, 国民の教育を受ける権利を前提に, 小学校6年と中学校3年を義務

教育とし，従来，義務教育が小学校だけに限定されていたのを改めて，中等教育の前期（新制中学校）及び盲・聾・養護学校の小・中学部の教育も義務教育として，義務教育の拡張を図るとともに，義務教育の無償，すなわち公費による教育費負担の原則を明示した。

戦後の新しい学校教育制度の発足に伴って，学校法に関連する諸法令が制定され，これまで多くの改正を重ねて現在に至っている。その主なものをあげると，1950年代には，六・三制の実施に伴う教育費の確保や学校の施設設備の充実が大きな課題になり，特定教科の振興法（産業教育振興法，理科教育振興法等）が制定され，国と地方自治体の役割と負担金・補助金の支出などが定められた。次いで，教育の機会均等を保障する観点から，就学奨励に関する措置（高校の定時制・通信教育振興法，へき地教育振興法，盲・聾・養護学校への就学奨励法）が法定された。

1960年代以降は，義務教育の無償を実現する施策の一環として，義務教育諸学校の教科書無償措置と教科書の採択地区の拡大に関する法律が制定され，学校制度の拡充と再編（高等専門学校の設置，短期大学の恒久化，専修学校の設置）が進み，六・三制を基本的に維持しながら，単線型学校体系を次第に「複線化構造」に改編する方向（中等教育学校の設置等）をたどっている。

学校教育制度は，この他，各種の学校設置基準の制定，学校の組織編成・運営についての法制（教頭職の法制化，主任の制度化，職員会議の諮問機関化，学校評議員制度の設置等），学校における学級規模と教職員配置に関する法制（義務教育標準法，高校標準法）を伴って成立している。

③ 教職員法制の原理

戦後の教職員法制は，教職員の地位・身分・資格とともに，労働法制や公務員法制との関連で複合的な法律上の規定を有する。

教員の養成・免許制度は，「大学における教員養成」と「免許状授与の開放制」という二大原則を確認して成立した。教師の職務の専門性に基づき，その資質能力の維持・向上を確保するために，教育職員の資格を公証する基準を免許法（1949年）で定めたことに特徴がある。この法律は，教職の専門性の確立，

免許状主義の徹底，大学における教員養成，免許状授与の開放制，現職教育の尊重，を基本原理としている。

　免許状主義は，戦前の免許制度で不徹底だった中等学校教員や障害児教育の教員にもこれを適用するとともに，制定時には校長，教育長，指導主事をも含めて，教職の専門性の確立を目指しており，一般の教員の他，それぞれに相当の免許資格を定めていた（1954年法改正により廃止）。

　その後，教員免許制度は，1980年代後半から90年代の法改正により，普通免許状が学歴別に3種類（専修，一種，二種）に種別化され，同時に免許基準が大幅に引き上げられた。また，1970年代に教員資格認定試験制度が導入されたのに続き，任命権者による特別免許状・特別非常勤講師の認定と任用制度の創設によって，大学における養成教育の例外措置が拡大され，制度原則に修正が加えられた。さらに，21世紀初頭に，教員の資質向上策として普通免許状及び特別免許状に一律10年の有効期限を付す教員免許更新制が導入され，教員免許制度は構造的に改編された。

　戦後の教職員法制は，現職教員の研修を重視し，公立学校教師の教育公務員としての職務と責任の特殊性に着目して，教特法（1949年）で現職教員の自主研修の尊重と教育行政による条件整備，勤務場所を離れての研修や長期研修の機会の保障を定めている。1980年代以降の専修免許状取得を条件とする教員養成系大学院への派遣研修の開始，新採教員を対象に1年間の条件附採用を伴う初任者研修制度の創設，大学院修学休業制度の発足は，現職研修の機会の拡大という側面と行政研修の体系的整備としての側面をも有する制度改革であり，その反面で，職場を基礎とする日常的，自主的な研修の機会が圧迫される状況も生じている。

　教師は，公務員法制との関係では「教育公務員」，労働法制との関係では「勤労者」または「労働者」，という法的地位にあり，戦後初期の一時期を除いて，労働基本権と市民的自由に制限を受け，争議権の禁止，違反者への罰則が定められている。この点に関して，労働基本権保障の憲法的規定からも，ILO・ユネスコ「教員の地位に関する勧告」（1966年）など国際的な観点からも，また，「都教組事件」最高裁判決の一律全面的な争議行為の禁止は違憲の疑い

ありとの判例からも，教育公務員の労働基本権を制限する法制には批判があり，問題が指摘されてきた。

現行の教職員法制は，教師が教育者であることと公務員であることの二重の理由で，市民的権利である政治的活動の自由を制限している（国家公務員法，人事院規則，教育の政治的中立の確保に関する臨時措置法）。これについても国民主権の原理と主権者国民の形成に責務を負う教師自身の人権保障の観点から批判がある。

④ 教育行財政制度の原理

戦後教育改革によって，中央・地方の教育行政の原理と組織も大きく転換した。教育行政の基本原則は，旧教基法第10条によって，「教育に対する不当な支配」を排除し，教育の自主性を尊重しながら，教育の基礎を支える条件の整備確立を任務とすることが明示された。

中央教育行政を担う文部省は，「従来の中央集権的監督行政の色彩を一新して，教育，学術，文化のあらゆる面について指導助言を与える」教育行政への転換が強調されていた。文部省は，地方分権を尊重し，指揮監督ではなく教育条件整備を任務とし，専門的，技術的な事項の指導助言を行う行政機関として出発した（文部省設置法，1949年）。しかし，発足後間もない1950年代初期から，戦後教育改革の修正，中央教育行政の「復権」が図られ，都道府県教育委員会の学習指導要領の作成権限を「当分の間」文部大臣とするなど教育内容に関する権限を強化し，指導行政機関としての役割は後退した。その後，中央教育行政は，1980年代の行政改革関連法の制定により，大幅な内部組織の再編成が行われた。1990年代の「地方分権一括法」（1999年）の制定で，教育内容に関する文部大臣（現・文部科学大臣）の暫定権限は恒久的な権限になり，中央省庁再編法の制定に伴い，2001（平成13）年から科学技術庁と統合して「文部科学省」となった。

戦後の教育行政改革で画期的なことは，地方教育行政組織として新たに教育委員会制度が設けられたことである。教育委員会の組織および職務権限を定めた教育委員会法（1948年）は，旧教基法の「教育への不当な支配の排除」，「教

育の国民全体への直接責任」,「教育行政の教育条件整備義務」という規定を受けて,わが国ではじめて制定された法律であった。この教育委員会制度の特徴は,教育委員会を構成する教育委員の選出にあたり,住民の教育意思を反映させるために,直接公選にした点に集約されていた。この他にも,教育委員会の一般行政からの相対的独立性を明らかにする教育予算・条例の原案送付権を認めていたこと,国・都道府県・市町村の教育行政機関の相互の間での指揮監督関係を排除していたことなど,教育の自主性を尊重する教育行政のあり方について,重要な原理を定めていた。

しかし,1950年代初期から戦後教育改革の修正動向が強まり,1956(昭和31)年の地教行法の制定によって,組織原理を大きく変え,教育委員の選出を地方議会の同意を得て地方自治体の長が任命する,いわゆる任命制の教育委員会に転換した。教育長の任命承認制の導入,教育委員会による教育予算・条例の原案送付権の廃止,文部省の措置要求権の設定,学校管理規則の制定と教職員の勤務評定の実施など,戦後教育行政改革の理念と原則は根本的に変えられた。これ以降,中央集権的で監督行政の色濃い教育行政が展開される。その後,任命制教育委員会について,臨時教育審議会答申などで,制度的形骸化や活力の喪失などが指摘され,制度改革が課題になったが,1990年代の「地方分権一括法」の成立によって,教育長の任命承認制の廃止,教育行政機関の事務処理体制の見直しなどが行われた。

そして,2006年の新教基法は,「教育は,不当な支配に服することなく,この法律及び他の法律の定めるところにより行われるべきもの」とし,旧教基法の教育の「国民全体への直接責任性」と,「教育の目的を遂行するに必要な諸条件の整備確立を目標として行われなければならない」という規定を削除し,教育と教育行政の区別と関係,教育行政の本質的な役割に大きな変化をもたらした。

憲法・教育基本法制のもとで,教育の機会均等,義務教育の無償制,教育条件整備などを原則とする教育財政制度が確立した。教育費の国による負担・補助に関する法制を基本とし,1950年代に義務教育費国庫負担法(1952年),施設費負担法(1958年)の成立によって,義務教育を中心に国庫補助制度が確立し

た。

　義務教育費国庫負担法は，義務教育の無償原則に基づき，教育の機会均等とその水準の維持向上を図るために，市町村立義務教育諸学校の教職員給与費と，都道府県立の盲・聾学校（現行は県立の中・高一貫校，中等教育学校を含む）の教職員給与費を国が二分の一（現在，三分の一）を負担することを定めたものである。また，施設費国庫負担法は，義務教育諸学校の建物の建築に必要な経費の国庫負担を定めたもので，校舎，屋内運動場，寄宿舎の建築を対象に，校舎の新築・増築の場合は経費の二分の一，改築の場合は三分の一を国庫負担すること，など具体的な基準を定めていた。国庫補助に関する法制は，この他に，1950年代の女子教育職員の産前産後の代替教員の確保，就学困難な児童のための教科用図書費の国の補助，1970年代の私学助成（日本私学振興財団法，1970年，私立学校振興助成法，1975年）に関する法制により整備された。

2　現代日本の教育改革の諸相

（1）現代日本の教育改革の性格と背景

　戦後日本の教育は，教育の全面にわたる根本的な改革によって，個人の価値と人間の尊厳，個性の尊重を基本理念とし，国民の教育を受ける権利に基づく教育機会の平等，義務教育の無償，教育の自主性・自律性を尊重する教育行政のあり方など，新しい原則のもとに発足した。その後半世紀余の社会と教育の歴史のなかで，この新しい理念と原則の実現をめぐり，理念の空洞化と原則の修正を意図する教育政策の展開と，教育改革の理念と原則を現実的に実現させ，創造的な発展を目指す教育実践・教育運動との間で，緊張関係が続いてきた。1990年代から現在にかけて，初等教育から高等教育に至る広範な領域にわたる政府主導の「教育改革」が急速に展開され，その結果，学校の制度と内容，教職員法制，教育行政の組織などに大きな変化が生じ，日本の教育制度は，大きな転換期に直面している。

　1990年代に，政府は，国際化，情報化，少子高齢化の進展や経済構造の変化など，日本社会の大きな変化に対応する新しい時代の教育のあり方を問い，中

央教育審議会（中教審）など教育関係審議会に改革案を提示することを求めた。その答申に基づく現代日本の教育改革は，経済界の教育要求（経済同友会「学校から『合校』へ」1995年4月，等）をうけた政府主導の施策により，財政構造改革と一体的に推進されている。現代日本の教育改革は，21世紀の日本社会の産業構造の転換，今後の労働力政策，科学技術政策に対応できる学校制度のあり方を追求する財界の教育要求に対応するという社会的要因とともに，深刻な教育荒廃や学校教育の病理現象に対応する必要という教育的要因によって推進されている。そして，その教育改革に貫かれている支配的な原理は，新自由主義を基調とする教育の自由化，選択の自由の拡大，市場原理の導入であり，公教育の縮小，教育の民営化とともに，「学校制度の複線化構造」の推進，「日の丸・君が代」の強制など学校教育の道徳主義化による教育システムの再編である。その結果，競争主義的な教育制度の再編，教育における貧困と格差の拡大が進行し，これらは新たな改革の課題となっている。

　現代日本の教育改革の基調をなす新自由主義の特徴は，一言でいえば「自由な経済と強い国家」の構築に向けて，社会における資源の効率的な配分を市場の自由競争のもとで実現しようとするものである。この観点から，さまざまな社会システムの規制緩和を行い，民間企業の活力を利用し市場原理を徹底させて，国家と社会全体の再編を意図するものである。これが1990年代に新たな展開をみせたのは，先進資本主義国の企業の多国籍企業化を背景としたグローバリゼーションと日本企業の多国籍企業化の進行に伴い，国際的な競争が激化するのに対応して，国際競争力の確保という目標に向けて社会のあらゆる領域でシステムの再編を図る必要が生じたからである，とされている。

（2）初等・中等教育改革の諸相

　現代日本の教育改革は，初等・中等教育の諸領域で，①学校制度の弾力化（中等教育学校の創設等），②教育課程の基準の改訂（小学校等の教育課程の基準の改訂等），③教員養成・研修制度，資質向上策（教員免許基準の改訂，大学院修学休業制度の創設，教員評価制度等），④初等・中等教育の教育行政改革（地方教育委員会の教育長の任命承認制の廃止等），高等教育制度の再編，

が進行している。その主な概要について述べておく。

① 学校制度の弾力化，規制緩和

「学校教育法等の一部改正案」の成立（1998年）によって，中・高一貫六年制の中等教育学校の創設と通学区制度の弾力化が具体化された。

この中等教育学校には，①中等教育学校，②併設型中学・高校，③連携型中学・高校，の3つのタイプがあり，学校の教育目的，組織編成，教職員の職務，資格，任免や学級編制・教職員定数については，これまでの中学校，高等学校の法制を準用または適用して組織された。中等教育学校の創設は，1990年代に進行した高等学校の総合学科の設置，単位制高校の設置に次ぐ改革の施策であり，これにより，戦後の単一的な中等教育制度の改編が進行したので，「学校制度の複線化構造」が推進されることへの危惧などが指摘された。

公立小・中学校の通学区は，教育の機会均等を図る観点から設定されてきたが，1980年代から学校選択の機会の拡大が強調され，学校指定の変更・区域外就学の弾力的運用が求められてきた。1990年代には，行政改革委員会による規制緩和の推進に沿って，公立小・中学校の通学区制度の弾力的運用が追求されるようになった。その結果，現在では保護者の学校選択の自由と地域の特性を生かした公立小・中学校の「特色ある学校づくり」という観点から，これを具体的に追求する地方自治体が出始めている。また，関係法の改正を受けて，公立高等学校の通学区を廃止する地方自治体も出始めているだけでなく，政府の構造改革特別区域の指定によって，株式会社など民間団体の学校経営への参入や「地域運営学校」という新しいタイプの公立学校の設置形態の弾力化も可能になっている。

② 教育課程の基準の改訂：初等・中等教育のカリキュラム改革

初等・中等学校の教育内容の改革が，2002年から学校週5日制と新たな教育課程の基準の告示で実施された。教育課程審議会答申に基づく小・中学校等の学習指導要領の改訂は，①豊かな人間性や社会性，国際社会に生きる日本人としての自覚の育成，②自ら学び，自ら考える力の育成，③ゆとりのある教育活

動のなかで，基礎・基本の確実な定着を図り，個性を生かす教育を充実すること，④特色ある教育，特色ある学校づくりを進めること，を基本的なねらいとしていた。それは，学校教育の深刻な教育矛盾に対応して，生徒指導の体制や道徳教育の強化を図るという教育的要因とともに，21世紀の大競争時代の到来に備え，国際競争力を確保する社会システムの再編に対応する教育制度の多様化，競争原理の強化という社会的要因を背景としていた。

　教育課程の基準の改訂は，学習指導要領の「法的拘束性」を変えることなく，国家基準としての性格を強調し，道徳教育の目標を総則に明示するとともに，20～30％程度の授業時間の削減と「総合的な学習の時間」の創設，小学校からの習熟度別学級編成の容認，中学校からすべての教科・学年を通じての選択制の拡大，補充学習と発展的な学習の導入，高等学校での選択制の拡大などに特徴づけられている。こうした教育課程の基準の改訂を機械的に実施したところでは，授業時間の削減による学力低下に対する不安が高まり，実施後短期間で一部見直しをする矛盾が生じた。

　初等・中等教育の教育課程については，新教基法第2条に法定された「教育の目標」を具体化する措置が，2007（平成19）年の学校法改正によって規定され，さらに2008年に学習指導要領の改訂が行われ，小学校は2011年度，中学校は2012年度から完全実施される。

（3）教師の養成・免許・研修制度の改革

　教師の養成・免許制度については，1988（昭和63）年の免許法改正により免許基準が大幅に引き上げられ，教育方法・技術分野での実践的指導力の向上をねらいとする教員養成カリキュラムの再編が行われた。これに続いて，1998（平成10）年に再び免許法が改正され，大学の教職課程で資格取得に必要な免許基準がさらに変わり，「教科に関する科目」を半減（中学校等で40単位から20単位に減），「教職に関する科目」を重視しその履修単位数を増加，「教科または教職に関する科目」を新設し大学裁量で選択履修方式を採用させることになり，教員養成カリキュラムの「構造転換」が図られた。

　また，免許制度の弾力化措置として，特別非常勤講師の全教科への拡大，許

可制から届出制への変更，特別免許状の全教科への拡大，有効期間3年から10年を5年から10年への延長，普通免許状への上進制度を設けることが定められた。2002（平成14）年の免許法改正によって，この特例措置はさらに拡大され，特別免許状の授与条件を緩和し，学士の学位を必要としていた規定が削除され，有効期限も撤廃された。大学の教職課程で教職的教養を重視する一方，これを欠く特別非常勤講師および特別免許状制度の一層の弾力化は，教科の基礎をなす諸科学・芸術の専門的な知識・技能の低下とともに，「大学における教員養成」と開放制原則の著しい形骸化を招く施策であるといわざるを得ない。

こうした施策に加えて，2007年の免許法改正によって，現職教員を含む教員免許更新制が導入されることになり，普通免許状と特別免許状に一律10年の有効期限が付され，有効期限前に免許更新講習を受講し，修了認定されれば有効期限が更新されるが，認定されない場合は教員の資格と地位を喪失するしくみが，2009年から導入されることになった。

現職教員の研修制度も，1990年代から21世紀初頭にかけて大きく変化している。現職教員に関して，教特法によって，教育公務員には，勤務場所を離れた研修や現職のまま長期研修を行う機会を保障されることが定められてきた。現職教員の研修制度については，1988年の教特法の改正により，新任教員を対象とする初任者研修制度が創設され，1992年度からすべての学校種で全面的に実施された。これは，教諭として採用された新任の教員を対象に「実践的指導力と使命感」を養なうことを目的とし，1年間の条件附採用期間の間に，任命権者が職務遂行に必要な研修を行うことを義務づけ，その結果により研修の満了時に正規採用とするかどうかを決めるしくみである。初任者研修は，現職研修の体系的整備の一環として位置づけられ，現在に至るまで実施されてきた。実施後10年を経て，「指導力不足」教員の認定と特別研修制度の創設とあいまって，1年間の条件附採用期間の満了時に教諭として正式採用にならないケースが生じ，実質的な試補制度としての性格が現れ始めている。

現職教員の長期研修は，1980年代初めから，新構想の教育大学大学院における任命権者の派遣による現職現給のままでの長期研修が実施されてきた。これに加えて，2002年の教特法の改正によって，大学院修学休業制度が設けられ，

これにより現職教員の長期研修の機会が拡大された。これは，大学院修学休業中は現職教員の身分を保有し，職務に従事せず無給で長期研修を行うことができるしくみである。さらに，2002年の法改正により，任命権者に教職10年経験者研修を実施することが義務づけられ，現職研修の体系的整備の一環として，2003年から実施されている。

また，最近の改革で，教員評価制度が導入され，教職員法制に新たな変化が生じている。東京都で2000年から導入されている教員人事考課制度は，「能力と業績に応じた適正な人事考課」を目的として，教員の職務の業績（職務遂行上の能力，情意及び職務の実績）を相対評価した結果を給与や昇任等の人事管理に反映させる，新たな教員評価制度である。

これに次いで，「指導不適切教員」（以下，「指導力不足教員」）の認定と特別研修（指導改善研修）の制度が創設された。これは，2001年の地教行法の改正によって導入され，現在，全国的に実施されている。これは，教師の教育活動そのものを対象にして，「指導不適切さ」を判定するしくみで，文科省は，この制度の創設にあたり，①教育に関する専門的知識，技術等が」不足し，学習指導が適切でない場合，②指導方法が不適切で，学習指導が適切でない場合，③児童生徒の心を理解する能力や意欲に欠け，学級経営や生徒指導が適切でない場合，の３つの場合を「指導不適格」の例示としてあげていた（第151回国会，衆議院文部科学委員会議事録，第14号，2001〔平成13〕年６月１日，文部科学事務次官通知，2001年８月）。

この「指導力不足教員」の認定制度は，教師の適格性を判定する基準と手続き，評価の公開性と透明性，評価に関する不服申し立ての権利の保障，及び特別研修後の人事管理のあり方が重要な要素となる。2007年の教特法改正によって，この「指導不適切教員」の認定と人事管理は，いっそう「厳格化」されることになった。

（４）初等・中等教育の教育行政改革

行政改革の一環としての中央省庁等の再編，地方分権化に伴う行政組織の改革が，初等・中等教育の教育行政システムに大きな変化を与えている。政府の

「中央省庁改革推進大綱」(1999年) による，中央行政組織再編の方針に沿って，中央省庁等再編関連法案が地方分権整備法案とともに成立し (1999年)，新たな中央省庁が2001年から発足した。文部省は科学技術庁と合同して「文部科学省」へ再編された。これに伴って旧文部省の審議会も再編され，中央教育審議会，文化財保護審議会，教科用図書検定審議会，大学設置・学校法人審議会，宗教法人審議会を存置することにし，これ以外の審議会は廃止または存置審議会に移管されることになった。

中央省庁の再編とともに，地方分権も同時に推進された。地方分権推進委員会の勧告 (第1次〜第5次, 1996〜98年) や中教審答申 (1998年) によって，教育行政における国・都道府県・市町村の役割分担，教育長の任命承認制の廃止等の教育委員会の組織や学校裁量の拡大，学校運営組織の見直し等の改革案が示された。これらは，「地方分権一括法案」にまとめられて国会で成立した (1999年)。これは，地方自治，福祉，教育など関連分野の475本の改正法案を一括したもので，その主な内容は，①機関委任事務制度の廃止，法定受託事務と自治事務に整理すること，②国の関与について見直しを行うこと，③必置規制の見直しを行うこと，④権限委譲を図ること，⑤地方公共団体の行政体制の整備・確立を図ることである (2000年施行)。

文部省関係の法律の改正案は，地教行法をはじめとして，教特法，学校法，文部省設置法，免許法等，21本の法令にのぼり，「地域に根ざした主体的かつ積極的な地方教育行政の展開」を改正の趣旨としていた。この内，教育委員会制度の改革に関しては，①教育長の任命承認制の廃止，文部大臣・都道府県教育委員会の「指導，助言又は援助」規定の改正，②文部省の基準設定に関する暫定権限の恒久化等，③機関委任事務廃止に伴う改正が，この他，義務教育標準法の改正 (市町村立学校の学級編制の際，市町村教育委員会は都道府県教育委員会と事前協議，同意の必要) 等が行われた。

地方分権の推進によって，教育委員会制度に関する法改正が行われるのは，40数年ぶりのことで，これが教育における地方自治の拡大をもたらすかどうか，各方面から期待が寄せられた。この地方分権には2つの側面があり，無条件に地方分権が推進されるとはいいがたく，「地方分権一括法」は，地方自治，福

社，教育など広範囲な行政領域にわたる分権を計画していたが，地方自治体の権限に関して，自治体の関与を廃止しこれを国の直接執行事務へ移管したものもあり，国家の存在に関わる事務は国が所管することを明確にしている。他方，住民に身近な事務は国と地方の役割分担をはかり，権限を委譲して国の関与を最小にする方針のもとで，分権化の流れは具体化されてはいるものの，住民参加など地方自治の前進という点では問題を含んでいる。

　法改正により，機関委任事務の廃止に伴う法定受託事務と自治事務という新しいルールが導入されることになったが，①国と地方の役割分担——分権と自治を徹底するシステムかどうか，②分権された行政事務の水準の維持が可能か，が問われる。改正自治法では，自治事務に対して各大臣は「是正の要求」ができ，自治体はそれに従う義務を負うので，国の関与が干渉・支配になる恐れなしといえない。行政分野での国の監督，文部大臣等の措置要求が関係法から削除されても，地方自治一般のなかで国は「是正の要求」ができるし，「必要に応じて指導」もできることになるので，行政指導は存続するし，分権システムを前提とした指導業務のスリム化，効率化を図ることになりうる。

　国の地方教育行政に対する「是正の要求」は，2007年の地教行法の改正によって復活し，いじめの問題など命と安全に関する問題で地方教育行政の対応が不適切な場合，国の教育行政による措置要求が可能となった。

　地方分権化は，全国的な教育水準の維持との関係で，問題を内含している。学級編制基準と教職員定数の問題はこれまで国の行政責任に属していたが，国はこれを教員給与の国庫負担の算定基準にとどめ，実際の学級編制基準は地方自治体の裁量とし，弾力的に運営できるよう法改正が行われた。これにより，市町村教育委員会と都道府県教育委員会との合意が成立すれば，30人規模の少人数学級編成を行うことが可能になった。実際に法律の施行後，全国各地で少人数学級編成の流れが強まっている。しかし同時に，国の基準より少ない学級編制基準と教職員定数の配置を行うと，その分の財政負担は地方自治体にかかるので，市町村財政の水準により教育条件整備に格差が生じるし，教育水準の維持・向上を図るべき国の役割を地方に転嫁することにならないか，という指摘もある。

さらに、政府の推進する財政構造改革の一環として、義務教育費国庫負担制度の廃止・削減の方向が打ち出され、2006年度から義務教育費国庫負担率が二分の一から三分の一に縮減された。

(5) 高等教育改革の諸相

現代日本の教育改革は、高等教育においても急速に進展している。特に1990年代の大学審議会答申に基づく学校法等の改正によって、高等教育制度の弾力化、大学の管理運営体制の改編、大学評価制度の創設及び国立大学の法人化、など大きな変化が生じている。その主な概要について述べておく。

① 大学等の教育研究体制の弾力化、多様化

1990年代の大学設置基準の改正（1991, 1999年）によって、高等教育における教育研究体制の弾力化、多様化が進んだ。教育研究体制の弾力化については、大学・短期大学の教育における、①一般教育と専門教育科目等の授業科目の区分の廃止、②編入学者の定員の設定、③昼夜開講制による授業の実施、④科目等履修生の単位認定、⑤卒業要件の最低修得単位の総数のみの規定、⑥大学等の教育研究活動の自己点検・評価の努力義務から義務化への変化、次いで外部評価の努力義務が課された。高等教育制度の弾力化は、学校法施規の改正（1997, 1999年）により、大学入学年齢制限の緩和、「数学又は物理学の分野」における大学への「飛び入学」、さらに大学3年以上の在学で卒業認定が可とされることにより、高等教育における「教育制度の複線化構造」が促進された。

② 大学の管理運営体制の改編

大学の管理運営体制については、学校法等の改正（1999年）により、大学の意思決定に関する新しい管理体制が導入された。教授会の審議事項が、従来の一般的、包括的な規定から、具体的、限定的な規定に変わり、教授会は、①学部等の教育課程の編成、②学生の入学・卒業または課程の修了、学位授与、③研究に関する重要事項、④教授会権限に属する事項、について審議することとされた。評議会は、①大学の教育研究の目標・計画・学則等の重要な規則の制

定・改廃，②大学予算の方針，③学部等の教育研究組織の設置廃止，④大学の教育課程編成の方針，⑤学生の更生補導，⑥学生の入学・卒業の方針，⑦教員人事の方針，⑧大学の自己評価，⑨その他大学運営の重要事項等を審議することとされた。また，国立大学に学外の有識者から構成される運営諮問会議を設け，学長に助言・勧告を行う新たなしくみが新設された。

　この制度改革は，大学の意思決定機関であった評議会及び教授会を審議機関にとどめ，その機能を変えることで評議会及び教授会の権限を縮小し，大学・学部の重要事項に関する意思決定を学長・学部長に委ねる新たな大学管理運営体制の確立を目指すものである。

③　大学教員等の任期制の導入

　大学の自律的運営の根幹をなす教員人事管理制度に，国公私立すべての教授から助手まで対象とする大学教員等の任期制が導入された（1997年）。これは，①「先端的，学際的又は総合的な教育研究」，②「教育研究の分野又は方法の特性に鑑み多様な人材の確保が特に求められる組織の職」，③「助手の職」，④「特定の計画に基づき期間を定めて教育研究を行う職」，に各大学が選択的に導入する新たな人事管理制度である。

　これは，経済構造の変化に対応する労働力・雇用政策の変化と科学技術基本計画の策定を背景にして，競争原理の導入による大学の教育研究の活性化と研究者を流動的に確保する施策として法制化されたものである。大学教員等の任期制を定めた法律の審議にあたり，学問の自由，大学教員の身分保障を規定している教育基本法制や，公務員法制及び労働法制との関係で，多くの問題が指摘された。法案の採決にあたり，①学問の自由及び大学の自治の尊重，教員の身分保障への十分な配慮，②恣意的な運用の抑制，③適正な教員の業績評価システムの検討，などが附帯決議として付された。

④　大学評価制度，認証評価機関の創設

　高等教育改革の一環として，大学の教育研究を評価する組織が創設され，大学の自己評価の実施から第三者による外部評価制度が発足している。国立学校

設置法の改正（2000年）により，大学評価に関する第三者評価を行う大学評価・学位授与機構が設置された。大学評価は，国立大学を主たる対象とし，①全学テーマ別評価（教養教育など全学的な課題，大学等を単位に毎年），②分野別教育評価（学問分野ごとに教育研究活動，学部・研究科を単位に，5年周期），③分野別研究評価（学問分野ごとの大学等の研究活動，学部，研究科，附属研究所，大学共同利用機関を単位に，5年周期）に大別され，各大学の個性や特色，国際的な視点や地域社会における役割等を，多元的に評価する事業である。

　これに次いで，学校法の改正（2002年）により，2004年から国公私立すべての大学に第三者評価を義務づける認証評価制度が導入され，国立大学法人法の成立により，国立大学法人評価制度も2004年から発足している。この認証評価制度は，すべての高等教育機関を対象に，文部科学大臣により認証を受けた複数の評価機関から，全学的な教育研究状況と専門職大学院の教育研究活動状況について，評価を定期的に受け（7年以内），その評価結果を公表し，大学の教育研究の改善を図ることを目的とする，第三者による大学評価制度であるが，この制度の導入について，文部科学大臣による認証，改善・是正勧告などの権限と認証評価機構の国からの独立，自律性の保障が問題として指摘された。

⑤　国立大学法人制度の発足

　国立大学法人法の成立（2003年）により，2004年度から国立大学法人制度が発足し，国立大学の組織・運営は大きく変化している。国立大学の組織及び運営の主な概要は，①「国立大学法人」が国立大学の設置主体，②役員として，学長（法人の長），理事及監事（2人）を置き，役員会は学長及び理事で構成，③学長は，「学長選考会議」が選考，文部科学大臣が任命，「学長選考会議」の申し出により学長の解任可，学長は，理事を解任可能，④学長は，中期目標をまとめ文部科学大臣の許可又は承認を受け，予算の作成・執行・決算，当該大学の重要な組織の設置・廃止等に関する決定権限を有する。⑤経営協議会（学長，学長指名の役員及び職員，学長任命の学外有識者（2分の1以上）で構成）を設置し，中期目標・中期計画・年度計画，学則・会計規定，役員報酬・

職員給与及び退職手当の支給基準等経営に係る重要な規則，予算の作成・執行・決算，組織・運営の自己点検・評価等について審議，⑥教育研究評議会（学長，学長指名の役員，学部長，研究科長，附置研究所長その他重要な教育研究組織の長，学長任命の役員で構成）を設置し，中期目標・中期計画・年度計画，学則等の教育研究に係る規則の制定・改廃，教員人事，教育課程の編成方針，学生の在籍及び学生の入学・卒業または課程の修了，学位授与，学生指導，自己点検・評価に関する事項について審議，⑦文科省の「国立大学評価委員会」による中期計画の評価と総務省の「政策評価・独立行政法人評価委員会」の評価，⑧国は業績評価の結果により，運営交付金を交付，⑨国立大学法人の教職員の非公務員化，教特法の適用廃止，である。

　国立大学法人制度への移行の過程で，今後の教育研究と組織・運営のあり方に対し，①中期目標・中期計画を文部科学大臣が認可して，国立大学法人に示すことは，学問の自由と大学の自治を保障する制度上の枠組みを著しく弱体化させ，自律的な運営を侵害することになる，②文科省の大学評価委員会による大学の教育研究の評価は，政府・文科省による教育研究への関与，統制の強化を招き，学術研究をゆがめる危険性がある，③教学と経営を分離する組織構成のもとで経営を優先し，教学をこれに従属させる大学運営が行われるおそれがある，④学長に強大な権限が集中し，それをチェックするしくみを欠く，⑤学長選考会議の半数を学外者が占め，大学構成員の参加を大幅に制限する選考のあり方の問題，等の危惧が表明された。法案の成立にあたり，23項目の附帯決議がつけられたことは，法人化後の大学の自律的な運営に関していかに多くの問題を内包しているかを示すものである。発足後の国立大学法人の運営で一番大きな問題は，基盤的な教育研究経費である運営費交付金や施設整備補助金が国により安定して確保されるかどうか，という点にある。この点で，国立大学法人は，最初の中期目標・中期計画に対する認証評価を受けることになったが，発足後毎年，各大学法人への運営交付金が１％ずつ削減され続け，法人化以来の６年間で830億円も削除され，「学術の中心」（学校法）であり，社会の知的基盤としての大学の運営を支える大学運営の財政的基盤の安定的な確保に大きな影響が生じている。

3 教育改革への国民的発想

(1) 憲法・戦後教育改革の理念・子どもの権利条約を生かす教育改革の探求
① 日教組「教育制度検討委員会」報告書

　教育制度研究の視点として，序章で「可能態としての制度構想」ということに言及した。

　現代日本の教育改革には，政府主導の「教育改革」の諸施策だけでなく，教職員，父母・国民，教育研究者などによる国民合意を目指す教育改革への動向もある。それは，学校から，地域から，「草の根からの教育改革」を模索し，子どもの発達と教育のリアルな現状認識に立脚しながら，日本国憲法と戦後教育改革の理念及び子どもの権利条約を生かし，国民の教育を受ける権利の実現に向けて，公費による無償教育の拡大，希望者全員の中等教育の機会の保障，国家による教科書検定の廃止，教職員の自由と労働・勤務条件の改善，少人数学級の実現による教育条件の改善，父母・国民の教育参加による学校運営の改革，教育行政への民意の反映等，多くの課題の実現を全国的にも地域的にも追求している。こうした動向も視野にいれて，教育改革の全体像を捉えることが重要である。

　このような教育改革への国民的発想は，政府主導の「教育改革」を強く意識しながら，1970年以降，主に教職員組合や教育市民運動において追求されてきた。1970～80年代には，日本教職員組合が「教育制度検討委員会」（会長・梅根悟）の設置を決め（1970年），「日本国憲法と教育基本法に基づいて，能力に応じて，ひとしく学ぶ教育の機会均等の平等原則を教育制度上にも実現していく」ことを目的にして，教育研究者を中心とする教育改革の研究に着手した。その結果，この委員会は，『日本の教育はどうあるべきか』（第1次報告書，1971年），『日本の教育をどう改めるべきか』（第2次・第3次報告書，1972年，73年）を発表し，国民の教育要求に根ざし，憲法・旧教基法の原則を生かし発展させる方向での教育改革への関心を高めた。

　これに次いで，日本教職員組合の委嘱により，「第二次教育制度検討委員会」

（会長・大田堯）が発足し（1981年），先の教育制度検討委員会で示した教育改革の理念と提言を，「教育の荒廃」が深刻になっている状況において補足，発展させることを目指した。この委員会は，検討の結果を『現代日本の教育改革』（勁草書房，1983年）として公表した。それは，「選抜から選択へ」「生涯にわたる学習権の保障」などを教育改革の基本理念として，高校教育制度の改革として「地域中等学校」の構想などを示し，家庭，地域，校区からの教育改革を求める運動を提唱していた。しかし，1980年代後半にかけての労働運動，教職員組合運動の再編動向のなかで，国民が求める教育改革の全国的な運動は停滞したが，地域における教育改革の探求や子どもの権利実現を目指す新たな運動が継続していた。そこには教育改革と教育制度についての重要な要素が内在している。

② 地域における教育改革と子どもの権利保障

1980年代の地域における教育改革は，各地で取り組まれたが，教育改革と教育制度の関係で重要な意義を有するのは，東京中野区の教育委員の準公選制の実施である。中野区では，教職員，父母・住民が，「中野の教育をよくする会」を結成して，区議会に「中野区教育委員候補者選定に関する区民投票条例案」を提出し，教育委員の「準公選」制の実施を求め，教育委員会制度の改革を追求した。区議会はこれを審議し，複雑な経過を経ながら条例案を可決し（1979年），教育委員選びの区民投票を実施した（1981年，1985年，1989年，1993年の4回，1992年の条例改正によって廃止）。

この制度は，区長が区民投票の結果を「参考」にして教育委員の候補を選ぶしくみであり，教育の地方自治を原則とする憲法・旧教基法の精神に合致するだけではなく，長年にわたり閉ざされてきた教育行政への区民の参加を実現する制度改革としての意義を有し，住民自治による教育立法の成立という特徴を有していた。これは，直ちに教育委員の公選制の復活を求めたものではなく，現行の任命制教育委員会制度の枠内で，「教育文化的な区民投票」によって地方教育行政の制度運営を改革する試みであったが，政府与党たる自民党と文部省は，当初から違法性を唱えて，区民投票を妨害し続けた。

1970年代から80年代にかけては，校内暴力や体罰の横行，いじめなど子どもの人権侵害が目立った。政府は臨時教育審議会を設けて，「教育の荒廃」を指摘し，1980年代半ばに四次にわたる教育改革の提言を行った。こうした状況のもとで，憲法・旧教基法の理念と児童憲章の精神に沿って，子どもの権利の実現を目指す「子どもの人権保障をすすめる各界連絡協議会」が発足し（1986年），いじめや体罰などをなくし，国連の子どもの権利条約の制定を促進し，子どもの人権保障の観点から現行制度の点検をすすめることを課題にしたことは，リアルな教育認識に立脚した教育改革と教育制度の検討に新鮮な視点を提示するものであった。

　こうした活動を基礎にして，1994年に国連の子どもの権利条約がわが国でも批准された後，子どもの権利の現実的な保障を課題とする活動を展開し，多くの教育市民団体等と共同して，日本政府報告書に対するカウンターレポートを数次にわたり国連に提出し，日本の教育現実と子どもの権利の状態について国際的に問題提起をし，教育政策・制度改革の課題を明確にしたことは，国連・子どもの権利委員会から日本の教育制度の競争主義的な性質についての批判と是正勧告が出される有力な要因となった。

③「日本の教育改革をともに考える会」の改革提言
　日本の教育現実の諸矛盾の克服を目指して，教職員，父母・住民の教育要求を基礎とする，「草の根からの教育改革」を求める1990年代の活動は，「日本の教育改革をともに考える会」（（代表・一番ヶ瀬康子，永原慶二，堀尾輝久，丸木政臣，三上満）1997年結成）を中心に展開された。この会は，教職員組合の委嘱を受けて設けられたのではなく，全く自主的な教育市民運動として始められたものであり，教職員，父母，地域の教育関係団体，研究者がともに教育改革の課題と視点について検討し，その結果を報告書として公表した。

　この会は，21世紀への教育改革を考えるにあたり，討議の結果を報告書にまとめ，Ⅰ「日本の教育はどうなっているか」―教育の現状と背景―を分析し，Ⅱ「日本の教育はどうあるべきか」―教育改革の理念と原則―を明らかにしたうえで，Ⅲ「教育改革をどう進めるべきか」―教育改革への具体的提案―を明

確に提示している（『21世紀の教育改革をともに考える』フォーラムＡ，2000年）。その基本的な発想は，「子どもの権利」を基軸にして，①子どもが主体となり，教職員が人間らしくはたらことのできる学校改革，②生きる力と学ぶ喜びをはぐくむ教育課程の創造と学習の改革，③子どもたちに最善の教科書を――教科書制度の改革，④青年のゆたかな自立を支える教育の制度と社会的条件を，⑤すべての障害児にゆたかな学習と発達の権利を，⑥すべての人に開かれ，社会の期待にこたえる高等教育を，⑦乳幼児期のゆたかな成長と発達を――安心と信頼の基盤とつちかう，⑧教育改革に「ジェンダーの平等」の視点を，⑨あの先生に会える――子どもとともに生きる教職員の役割と力量を，⑩教育行政の抜本的改革を――公正な民意と教育条理にもとづく教育行財の確立，⑪地域を子どもとおとなの「共育ち」の場に，という課題を提示し，学校から，地域から，「草の根からの教育改革」を模索している。

　ここには，子どもの発達と学校教育の現実から教育改革の課題を捉え，日本国憲法と戦後教育改革の理念及び子どもの権利条約に立脚しながら，現実の教育矛盾を克服し，国民の教育を受ける権利の実現に向けて，公費による無償教育の拡大，希望者全員の中等教育の機会の保障，国家による教科書検定の廃止，教職員の自由と人間らしく働ける労働・勤務条件の改善，少人数学級の実現による教育条件の改善，父母・国民の教育参加による学校運営の改革，教育行政への民意の反映等，多くの教育課題の実現を全国的にも，地域的にも追求しようとする教育改革への提言が示されている。

（2）**国民合意の教育改革を求めて**

　現代日本の教育改革は，改革の理念と制度原理，具体的な改革の課題をめぐる論争を含んで展開されている。義務教育である初等・中等教育の改革についても，文部科学省の「義務教育の構造改革」の提案と，これに批判的な「義務教育改革の提言」において，緊張した議論が展開されている。

　全日本教職員組合は，文科省による「義務教育の構造改革」は，政府の推進する構造改革路線を教育にそのまま持ち込み，「弱肉強食」を本質とする市場原理・競争原理によって平等と公平を崩し，政策的に新たな格差社会をつくり

だし，義務教育を大きく変えてしまうものだと批判し，義務教育を国民の権利としての教育を保障するものへと根本的に立て直すことが必要であり，『国民の手で，学校を変える―学校が変わる　国民の立場に立った義務教育改革の提言』を公表し，国民的議論によって教育改革についての国民的な合意を得る運動を進めることを提唱している。

　この提言は，「学びの楽しさをとりもどし，子どもも教職員も元気になる学校」を目指して，次のような学校改革の課題を提案している。

　（1）国は，もっと教育のお金をかけましょう。
①教育予算をせめて世界の平均並みにしましょう。――教育予算を世界の平均並みにして小中高校の30人学級と大学の学費の無償化が実現できます。
②義務教育は本来無償です。無償をめざし，父母負担を軽減させましょう。
③義務教育費国庫負担制度を拡充しましょう。――地方の財政力によって教育水準に格差が生まれないように，義務教育費国庫負担制度の維持・拡充をし，この制度をもっと確かなものにしましょう。
④教職員を増やしましょう。――子どもたちにゆきとどいた教育をすすめるために，30人学級を実現しようと思えば，教職員を増やすことこそ改革への道です。
　（2）義務教育制度をひとしく，ゆきとどいたものにしましょう。
　（3）子どもたちがしっかりとした学力を身につけ，人間的に成長できる学校へ変えましょう。――子どもの学力実態をよくつかんでいる教職員どうしが，学校でしっかりと研修を精選したり，授業をもっとわかるように改善するとりくみをすすめる必要があります。子どもたちが人間的に成長するために，学校だけではつかめない子どもの生活で気になることがあれば，学校へ問題提起をしていただくことが大切です。

　子どもたちの学力形成を困難にしてきたものの大きな一つである学習指導要領の押し付けをやめさせ，子どもたちが基礎学力を身につけられるものへと，抜本的に見直すことを求めましょう。
　（4）教職員がもっと力をつけ，学校が生きいきとするよう変えましょう。――子どもの成長・発達を励まし，父母の願いに沿って教育活動をすすめるために，教職員の資質向上は重要です。教員が常に自主的な研修に励むことができる条件を整えることが重要です。教員が力量を高めるためには，教育活動について，子ども，父母，同僚と対話し，お互いに話し合い，時には批判する評価活動を日常的におこなうことが必要です。

> （5）教育委員会をもっと父母・住民の身近で役に立つものにしましょう。――教育委員会は，本来，学校の施設・設備をはじめ教育条件の整備をおこなうための役所です。戦後すぐの段階では，教育委員は住民の選挙によって選ばれていましたが，それが50年前に奪われてしまいました。教育委員会に父母・国民の声が届くようにするルートをつくりましょう。

やさしい表現で教育改革の重点な課題を示したこの提言は，学校改革を進めるその決め手は「参加と共同の学校づくり」だとし，子どもの参加と教職員・父母の共同による学校づくりの実践を重視している。これは，各地の高校や中学校で，生徒会・PTA・教職員の各代表による「三者協議会」等の多様な取り組みによって，生徒の要求の実現や授業改善などが進んでいることを評価し，そこに学校改革の水路を見出そうとする提案である。こうした提言による改革の方向こそが，憲法・戦後教育改革の理念・子どもの権利条約を学校に生かし，義務教育をもっとしっかりした制度として確立する「可能態としての制度構想」の提案といえよう。

参考文献

海後宗臣編 1975『教育改革　戦後日本の教育改革　1』東京大学出版会。
山住正巳・堀尾輝久 1976『教育理念　戦後日本の教育改革　2』東京大学出版会。
伊ヶ崎暁生・吉原公一郎編 1975『米国教育使節団報告書』現代史出版会。
教育法令研究会 1947『教育基本法の解説』国立書院。
教育刷新審議会編 1950『教育改革の現状と問題』日本放送出版会。
文部省調査普及局編 1950『日本における教育改革の進展』文部時報第880号。
大田堯・堀尾輝久 1985『教育を改革するとはどういうことか』岩波書店。
堀尾輝久 1994『日本の教育』東京大学出版会。
川合章・室井力編 1998『教育基本法――歴史と研究』新日本出版社。
日本の教育改革をともに考える会 2000『人間らしさあふれる教育をめざして　21世紀への教育改革をともに考える――子どもから，学校から，地域から，草の根から』フォーラムA。

（土屋　基規）

第2章　憲法・教育基本法制

　本章では，第1節で日本国憲法の教育条項についてその制定時の解釈を確認し，第2節で，旧教育基本法制の特徴を，(1)制定経緯，(2)成立過程が示すもの，(3)憲法・教育基本法解釈の深化・発展，(4)教育制度の変遷とその背景，(5)国際教育法規からみる旧教育基本法制，という順に見ていきたい。そして，第3節では，教育基本法改正論議の特徴と新教育基本法の特徴を明らかにし，第4節では，「『可能性の理念』（未完の理念）としての旧教育基本法」という観点から，新教育基本法制下で私たちが取り組むべき課題を幾つか提起したい。

　本章を通して，読者の皆さんが(1)憲法・教育基本法制のもとでの戦後教育制度の歴史と課題についての基礎知識を獲得し，(2)新教育基本法の主たる特徴（旧教育基本法との異同）を把握し，(3)子どもの学習権・人格形成を保障する教育制度を充実発展させるためには，新教育基本法制のもとでいかなる制度改革が求められているのか，について学習・考察を深めていく手がかりにしてほしいと願っている。

1　日本国憲法の教育条項

（1）教育勅語体制下の教育法制と教育実践

　序章および第1章においても述べたとおり，戦前教育法制の根幹は「教育に関する勅語」（以下，教育勅語）であった。教育勅語体制とも呼ばれる戦前教育制度の特徴は次の諸点であった。

　第1に，帝国憲法には直接的な教育規定は設けられなかったが，教育は「臣民の国家（天皇）に対する義務」として観念され，天皇大権に属していた。第2に，教育の目的は教育勅語に規定された「忠君愛国」「滅私奉公」の思想を国民に体得させることであった。第3に，学校体系は尋常小学校（1941年に国

民学校と改称）を共通とするが，それ以降は複雑に分かれる複線型であり，また，中等学校以上は男女の共学は基本的に認められていなかった。第4に，教育内容は国定教科書や教則綱領により細かく縛られており，その内容も非科学的であり（学問と教育の分離），注入主義・教化主義を特徴としていた。第5に，わずかの例外を除いては，教育関係の法令は帝国議会における立法形式を取らずに，天皇の勅令によることとされた。第6に，教員養成は，特に初等教育教員については，師範学校を正系の養成機関とする閉鎖的制度であった。第7に，教育行政は一般行政のなかに位置づけられ，徹底した上意下達のもとに行われた。

特に，1925（大正14）年に治安維持法が制定された後，1933（昭和8）年の滝川事件，1935年の天皇機関説事件を経て，同年文部省内に設置された教学刷新評議会は，翌1936年，「教学刷新についての答申」を提出した。これは，教学の基本理念を「源ヲ国体ニ発シ，日本精神ヲ以テ核心トナシ，コレヲ基トシテ世局ノ進運ニ膺リ人文ノ発達ニ随イ，生々不息ノ発展ヲ遂ゲ皇運隆昌ノタメニ竭スヲソノ本義トス」とした。さらに，1941年4月施行の国民学校令第1条では，国民学校の目的を「皇国ノ道ニ則リテ初等普通教育ヲ施シ国民ノ基礎的錬成ヲ為ス」とし，戦時体制下の皇国民錬成の方針を明示した。

このような特徴をもつ戦前の教育制度のもとでは，教師の創造的実践が開花することはきわめて困難であった。しかし，忘れてはならないのは，困難な条件下でも，今日の教師が学ぶべき内容を有する優れた実践が行われたことである。それは，教育史上，大正新教育運動と呼ばれる自由主義教育の担い手である沢柳政太郎，木下竹次，及川平治，野口援太郎，野村芳兵衛，手塚岸衛たち，そして，当時公教育の対象から排除されていた知的障害者や肢体不自由者の教育に生涯をささげた教師たち，生活綴方という手法を通じて子どもたちのなかに不合理や社会の矛盾を見る眼を育てようとした村山俊太郎などの綴方教師たちである。また，政治への参加を禁止された聖職者教師としての存在の変革を目指して日本教員組合啓明会を結成した下中弥三郎らであり，さらに徹底して労働者農民の立場に立つ教育を追求した日本教育労働者組合（教労，1930年結成）やそれと密接な関係にあった新興教育研究所（新教，1930年創設）に結集

した教師群像である。そして，戸塚廉を編集主幹とする『生活学校』運動や，城戸幡太郎や留岡清男により1937年に結成された教育科学研究会は，教育科学の建設を目指して活発な活動を展開した。

これらの教育運動・教育実践・研究活動は，画一的教化の教育勅語体制下の学校教育においてその教育的遺産が光彩を放ちながらも，十分にその成果が結実しないうちに1930年代以降のファシズムの嵐のなかで，弾圧され消滅していった。しかし，それらの多くは地下水脈となって戦後の教育改革期に歴史的に継承されたと考えられる。

今日の教師や教育を取り巻く状況は，子どもが人格まるごとの評価と競争にさらされ，教師・学校も市場原理による競争を強いられている。しかも，2006年（平成18）12月には，旧教育基本法の理念を全面的に転換する新教育基本法が公布・施行された。このような厳しい時代であるがゆえに，戦前教師たちの教育実践は今日および未来の教師にいよいよ励ましと示唆を与えるものとなるだろう。

（2）教育条項についての帝国議会での審議

日本国憲法の教育条項（教育規定）の範囲については，狭義・広義さまざまな見解が存在するが，本章では，第26条と第23条についてのみ取り上げる。

① 第26条

> 第26条　すべて国民は，法律の定めるところにより，その能力に応じて，ひとしく教育を受ける権利を有する。
> 　2　すべて国民は，法律の定めるところにより，その保護する子女に普通教育を受けさせる義務を負ふ。義務教育はこれを無償とする。

第90回帝国議会（1946年6～10月）での憲法改正案審議における議論の焦点の一つは，教育の機会均等の内実であった。すなわち，「その能力に応じて，ひとしく」についての解釈である。1946（昭和21）年7月17日の衆議院帝国憲法改正案特別委員会では，木村公平委員が，「其ノ能力トシテ各個人ノ智的能力

ヲ御指シニナツテ居ルモノト考ヘル」が，実際には「保護者達ノ財的能力ニ依ツテ教育ガ左右サレル」のであるから「『その能力に応じて』ト云フ言葉ハ寧ロ削除サレタ方ガ宜シイノデハナイカ」と質問した。これに対して，金森国務大臣は，「其ノ能力—ソレハ決シテ知力バカリデハナイト思ヒマス，体力モアリマセウガ，ソレ等ノ能力アツテ而モ学問ガ出来ナイト云フヤウナ途ヲ，不公平ニ作ツテハイカヌト云フノガ此ノ趣旨デアルノデアリマスルカラ，能力ト云フ所ヲ取去ルコトハ，此ノ規定ノ趣旨ヲ全ク別ノモノニスルコトニナラウト思ヒマス」と答弁した。さらに，木村委員が「保護者ノ財的能力ヲモ御考慮ニ御入レニナル必要ガアルカト思フノデアリマスルガ，政府ノ御意見如何デゴザイマスカ」と尋ねると，金森大臣は，「此ノ能力ハ，其ノ人ノ持ツテ居ル，体ニクツ付イテ居ル能力ト云フ意味デアリマスルガ故ニ，財的ナコトハ眼中ニ置イテ居リマセヌ」と答弁している（帝国議会衆議院委員会議録162, 2000, 216頁）。

すなわち，経済的理由など能力以外の理由で教育機会が差別されてはならないが，各人の能力差（知的・身体的）による教育機会の差異を是認する解釈であった。憲法学の通説も，必ずしも教育内容の平等を保障するものではなく，人種・信条・社会的身分・経済的地位・門地によって差別待遇を受けぬことを意味するものと解していた。教育の内容は「能力に応じて」個別化されているというのである（法学協会, 1953, 502頁）。この憲法制定時の解釈およびその後の憲法学の通説は，経済的理由や性による教育差別が是認された戦前の教育制度*を是正する点では積極的な意味を有していたが，人間の能力について固定的に捉える弱点を有していた。

*法制上も，1941年施行の国民学校令までは，小学校令の就学義務の猶予・免除規定のなかに，「家計困窮」「貧窮」「保護者貧窮」などが猶予・免除の理由として存在していたのである。

帝国議会におけるもう一つの論点は，教育を受ける権利に対応する国民と国家の権利義務関係をどう理解するかという点であった。政府は，国民の請求権に対して国家が履行義務を負うものではない，という見解であり，この点でも憲法学説の主流は政府見解と一致するものであった。すなわち，特定個人が教育を受けるために必要な費用の支払いを国家に請求し得るというような具体的

権利を与えてはいない（法学協会，1953，501頁）と解していたのである。これは，「健康で文化的な最低限度の生活を営む権利」を規定した日本国憲法第25条についての解釈にも共通する目標規定説（プログラム規定説）の立場に立つものであった。

② 第23条

> 第23条　学問の自由は，これを保障する。

同条を教育条項として捉えることについては長年にわたる論争がある。それは，学問と教育の関係をいかに捉えるかに起因するものである。

「学問の自由」は，伝統的には大学の研究者の学問研究活動の自由を意味しており，その成果発表の自由と教授の自由を含むものであると解されてきた。しかし，日本国憲法制定時の政府解釈は「学問の自由」を大学教員には限定せず，一切の学問的研究の自由を保障する趣旨であるとした。それゆえ，「学問の自由」と「教授の自由」とは概念上別個のものであると考えられ（清水，1962，467-475頁），憲法学説もこの立場であった。すなわち，本条の「学問の自由」は学校段階の如何を問わず，また私人についても認められるべきものであるが，その際の「学問の自由」は「教授（育）の自由」を含まない。そして，「教授（育）の自由」は教育という営みの本質上，高等学校・中学校・小学校と下級の学校に至るにつれ制限される（法学協会，1953，460頁）と解するのである。これは下級教育機関における「教育の自由」を大幅に制限する論理を内包していた。

2　旧教育基本法制の特徴

（1）旧教育基本法の制定経緯

旧教基法立案の端緒は，第90回帝国議会における田中耕太郎文部大臣の教育根本法制定構想に遡ることができる。具体的な立案作業は，1946（昭和21）年

9月頃から，主として文部省と教育刷新委員会の併行・共同作業として進められた。この段階において立案の中心的役割を担ったのは，田中二郎（東京帝国大学法学部教授，文部省参事事務取扱）を指導者とする文部省調査局審議課であり，教育刷新委員会第一特別委員会の8人の委員であった。1947年1月からは，文部省（調査局審議課）とCIE（民間情報教育局）教育課の協議が行われ，1947年3月13日からの第92回帝国議会で審議され，3月25日貴族院本会議で可決され成立した。そして，3月31日公布と同時に施行された。

　今日までの精緻な研究成果に依拠するならば，同法案形成におけるGHQ（連合国軍総司令部）／CIEによる干渉・指示は限定的なものであり，ポツダム宣言受諾国としての平和的・民主的国家形成という国際的義務や，先だって国会で審議され公布された日本国憲法の理念を教育の分野において実現するための根本法としての性格規定を受けながら，自主的・主体的に法案が立案・審議され公布・施行されたといえる。GHQから「押し付けられた」という認識は，日本国憲法についてのそれと同様に戦後教育改革史研究の成果と明らかに異なっている。

　こうして旧教基法が公布・施行されたが，教育勅語との関係では，教育刷新委員会や政府内部においても厳しい意見の対立があり，教育勅語と訣別するまでには紆余曲折を経なければならなかった。教育勅語は，1948年6月19日に衆参両院においてそれぞれ「排除に関する決議」，「失効確認に関する決議」がなされ，6月25日に文部省が「教育勅語の取り扱いについて」を通達し，全国の学校に下賜されていた勅語謄本の返還措置が実施された。

（2）旧教育基本法の成立過程が示すもの

　旧教基法の成立過程から，私たちは次の5点を学びとることができる。

　第1に，日本国憲法との一体性である。すなわち，憲法理念の実現をはかるための教育根本法であり，準憲法的位置にある法律であることである。

　第2に，連合国の占領下ではあったが，基本的には，日本側が自主的・主体的に立案・制定したことである。立案過程においてGHQ／CIEが強く関与した点は，教育活動の「自主性」規定の「直接責任」規定への変更（第10条1項），

男女共学容認規定の付加（第5条），などに限られる。

　第3に，条文項目・内容の限定性である。すなわち，日本国憲法との関係で法律的に意味のある問題に限定し，かつ平和で民主主義的な国家社会建設のために必要な事柄だけに限定し，価値的事項に関わる規定を抑制したのである。

　第4に，制定過程で削除されたが，教基法案の前文原案に示されていたように，戦前の教育への批判と反省に立って書かれていることである。

　第5に，これは弱点として押さえるべきことであるが，立案作業が国民から閉ざされたところで行われ，また，新学制（六・三制）の実施時期に間に合わせるために，帝国議会での審議もきわめて限られた期間に行われた。確かに，教育刷新委員会では当代の英知を傾けた濃密な議論が展開されたが，広範な国民的議論のなかで制定されたとは言い難い。この点は，旧教基法についての国民的理解がその後容易に普及しなかったことに関係するのではないだろうか。空気のように，酸素のように，戦後教育の根幹として重要な役割を果たしながらも，国民にその価値が十分に認識されなかった要因の一つであると思われる。

（3）憲法・教育基本法解釈の深化・発展
① 学問の自由

　先に見たように，憲法第23条についての政府解釈および憲法学説は「学問の自由」と「教授の自由」を別個のものとして捉え，「教授の自由」は教育の本質上，下級の学校に至るにつれ制限されることがあるとした（法学協会，1953，460頁）。しかし，1960年代以降の教育法学の発展は，憲法第23条が大学教員の「教授の自由」にとどまらず，小・中・高等学校などの初等中等教育機関の教師（以下，教師）の「教育の自由」をも本質的には同様に保障していると考え，「教育の自由」は児童生徒の発達段階に応じた教育を受ける権利から内在的に制約されているに過ぎないと解する見解を創出した（永井，1977，151頁）。さらに，「学問の自由」が国民の真理探求の自由，真実を知る権利，学習権を保障することを前提としていることに着目し，教師の「専門的職能的自由」としての「研究の自由」および「教育の自由」を保障する学説が有力となっている。この場合の「研究の自由」とは，研究活動を「妨害・干渉しない」自由だけで

はなく，時間的・経済的措置により実質的に保障することである*。

 *この点で，教師の勤務時間中の研修時間確保と研修費支給の問題は重要な課題であるが，政府の研修統制・自主研修抑制政策と，主体的問題（理論的・運動的）により十分に発展していない。

　1966年に採択されたILO・ユネスコ「教員の地位に関する勧告」第6項は，「教育の仕事は，専門職とみなされるものとする」とした上で，第61項において「専門的職務の遂行にあたって学問の自由を享受するもの」と明記した。「承認された計画の枠内」ではあるが教師の「教育の自由」を積極的に認めている。なお，第61項から第69項は「職業上の自由」と題する条項であり，教師の専門的職能的自由を具体的に明示している。

　また，教科書検定不合格処分取消請求事件の東京地裁判決（いわゆる杉本判決，1970年7月17日）は，教師に対する「教育の自由」が保障されなければならない，と判示した。特に，国側が教師に「教育の自由」を認めない根拠とする「教育的配慮」論について，教育的配慮をなすこと自体が科学的知識の探究を必要とする一つの学問的実践であり，ゆえに，憲法第23条は教師に対し学問研究の結果自らが獲得した学問的見解を教授する自由を保障している，という結論を導いていることが注目される（牧，1976，212-213頁）。

　さらに，1976年の旭川学力テスト事件最高裁大法廷判決は，教師の「教育の自由」も一定の範囲では憲法第23条の「学問の自由」に含まれると判示した。これは，1963年の東大ポポロ事件最高裁大法廷判決が，憲法第23条の「学問の自由」には教師の教育の自由は必ずしも含まれない，とした判旨を変更したものである（日本教育法学会，1993，26頁）。

② 教育の機会均等

　憲法第26条の「その能力に応じて，ひとしく」，旧教基法第3条1項の「ひとしく，その能力に応ずる教育」および2項の「能力があるにもかかわらず」をいかに読むかが議論の焦点となってきた。前述のように，政府は，各人の能力差による教育機会・教育内容の差異を是認する解釈であった。この点を捉えて，「『能力に応じて（応ずる）』と規定しているにもかかわらず『ひとしく』

ばかりを追求して来た」「戦後の教育は悪平等である」という批判が根強く存在する。「能力に応じて」ということを，能力の豊かな子どもには豊かな教育を施し，そうでない者にはそれなりの教育でよい，と考える立場であり，1990年代以降は，「個性尊重」の衣装を纏いながらしばしば強調されるようになった。

　しかし，学説としては，「能力に応じて」という規定は「子どもの発達の必要に応じて」と捉え直すべきだ，という見解が有力である。戦後の障害児教育の実践・運動・研究蓄積のなかから創出されたものである。ハンディキャップをもっている子にはそのもっている能力を発現させるためにより豊かなより丁寧な教育が必要だと考えるのである。これは，障害児だけではなく，すべての子どもの教育に共通する普遍性を有した優れた見解であるといえる。

③ 義務教育の無償制

　憲法第26条2項は「義務教育は，これを無償とする」と規定した。しかし，義務教育について定めた旧教基法第4条2項では「授業料は，これを徴収しない」とされた。したがって，無償の範囲は，戦後長い間，授業料のみであったが，親や教師の運動のなかで，教科書広域採択制という教育内容統制につながる施策と抱き合わせではあるが，1963年度から義務教育段階における教科書の無償配布制度が発足した（教科書無償措置法）。ところで，2006〜2007年には，給食費の未納問題がマス・メディアで大きく取り上げられた。当時の新聞記事やテレビのコメンテイターの論調は，保護者の怠慢を厳しく糾弾するものであり，管見の限り義務教育費無償の原則や完全無償化への展望が語られることはなかった。未納自体は放置できないが，この点についての国民的理解の立ち遅れを象徴する事象であった。

④ 教育権についての構造的把握

　兼子仁，堀尾輝久，牧柾名，永井憲一氏らに代表される教育法学研究は，子ども・親・教師の教育権について構造的に把握する上でも重要な成果を築いてきた。まず第1に重要なことは，子どもの学習権保障を中核とすることである。

親・教師の教育権限はこの中核目標を達成するための義務性を濃厚に帯びた権限である。第2に，民法第820条に規定するように，子どもの教育についての第一義的権限と責任は保護者にあるが，それは，子どもの学習権・発達権を保障する義務を負った親の権利である。第3に，教師の教育権の教育条理上の根拠は，子どもの学習権・発達権保障のために親がその教育権を専門家である教師および教師集団に委託していることに求められる。第4に，それは無条件委託ではなく，親は教育要求権を有している。第5に，親の教育要求に対して，教師は応答責任はあるが要求をそのまま受け入れる必要はない。教育専門職としての見識にもとづいて自己の教育観や教育方針を親に表明し，合意形成に向けて協議していくことが重要である。第6に，個々の親の教育要求は互いに矛盾対立することがあるので，PTAや保護者会などの組織的検討を経た集団的要求とすることが望まれる。第7に，子どもは単に受動的立場を押し付けられるものではなく，教育要求を提示し，その実現を求める権利をもっているのである。

（4）教育制度の変遷とその背景

　日本国憲法と旧教基法のもとでの戦後教育改革であったが，その理念と制度はそう長い期間をおかないうちに，アメリカの対日占領政策の変化や財界の労働力要求を反映して逆風にさらされるようになった。しかし，一方では，親や教師の運動により旧教基法の理念を具体的に制度として実現していく成果もあらわれた。ここでは，前者の例として，①教育委員会制度の改変，②高校通学区の大規模化，③学校運営組織の重層化，について，後者の例として，④養護学校の義務制実施，⑤学級定員の改善，についてその過程を見ておこう。

① 教育委員会制度の改変

　憲法・旧教基法のもとに戦後教育制度が発足してから，最初のそして重大な制度改変は，1956年に地方教育行政の組織及び運営に関する法律（地教行法）を制定し教育委員会法を廃止したことである。その核心は教育委員を公選制から任命制に変えたことである。後述するように教育委員会法は，その第1条で，「この法律は，教育が不当な支配に服することなく，国民全体に対し直接に責

任を負って行われるべきであるという自覚のもとに、……教育委員会を設け、教育本来の目的を達成することを目的とする」と規定していた。すなわち、旧教基法第10条の国民全体に対する教育の直接責任性を制度的に実現するものとして教育委員会制度が創設されたのであった。その特徴は、(i)教育委員は議会において選挙される1名以外は住民の直接選挙によって選出すること、(ii)教育委員会は教育予算の原案作成・送付権を有していたこと、であり一般行政からの独立性が顕著であった。しかし、その機能をようやく発揮し始めた頃に地教行法が制定されたのである。同法は、(i)教育委員の公選制を廃止し議会の同意を得て首長の任命制としたこと、(ii)教育予算の原案作成・支出命令権、教育財政に関する権限が首長に移されたこと、(iii)県費負担教職員の任免権を市町村から都道府県教育委員会に移したこと、(iv)学校管理規則の制度と教師の勤務評定の実施等にその特徴がある。教育行政に対する一般行政の支配権が強まり、また、文部省を頂点とする中央集権的教育行政の制度基盤を整えることになった。

② 高校通学区の大規模化

　1948年度に旧制の中学校・高等女学校・実業学校を再編統合して発足した新制高等学校は、特定の中学校から進学する高校を1校とする小学区制もしくは2～6校程度の中学区制を基本としていた。特に小学区制下では、人間の全面的発達を目指す総合制教育理念とは別に、生徒の多様な進路選択に対応するために複数学科を併置する総合制高校の必要性が存在した。しかし、小学区制・総合制は前身校・エリート校である旧制中学校・高等女学校の卒業生や地方議会などから、学力低下や伝統の崩壊などの非難を浴びた。地域的差異があるが、早いところでは2～3年で中学区制に改変され、しだいに大学区制が増加し高校の序列化・格差拡大が進行していった。一部の地域では、学区拡大による弊害を避けるために、学区内の高校の募集定員を一括して選抜を行い、居住地・成績などの基準で各学校の入学者を決める総合選抜制度が実施された*。

　　＊1948年度に発足した新制高校の理念と制度実態は、「高校三原則」と呼称されるほどには一様ではない。この点と変遷については、佐々木享、1976『高校教育論』大月書店、を参照されたい。

1990年代以降，通学区規模の拡大はいよいよ進み，東京都，神奈川・埼玉・奈良・和歌山・滋賀県などは通学区を撤廃し，愛知県（2学区）や大阪府（4学区）も巨大学区となっている。これらの都府県ほど巨大学区ではないA県で筆者らが1999年に行った調査では，いわゆるトップ校入学者は，全員が中学3年生になるまでにその高校への志望を決めており，また，入学後の高校への満足度や学校に対する誇りも高かった。一方，「公立最底辺」といわれる高校では入学者の4割が中学3年生の3学期に志望を決めており，入学後もなかなか学校に誇りをもてない複雑な心情が顕著であった*。中学生の生活・心理にも強い圧迫を与え，また，自己肯定感をもてない不本意入学者を大量に生み出し，優越感や劣等感を生み出す主要な直接的制度的要因は高校通学区・入試制度にあるが，近年の事態はますます悪化の一途をたどっているといわざるを得ない。

　　＊これらのいわゆる困難校では，「この学校に来てよかった」と生徒が心から思えるように教師たちの懸命な教育活動が続けられており，卒業するまでに大きく成長・変化する生徒が多いこと，さらに，卒業後も地域に暮らし地域を支える人間を育てていることはもっと認識され評価されてよいだろう。

③　学校運営組織の重層化
　1957年の学校教育法施行規則（学校法施規）改正により，学校には特別の事情のあるときを除き教頭を置くものと規定されたが，独立した職ではなく教諭をもって充てるとされた。
　1974（昭和49）年に教頭職が学校法に法定され，1975年には主任が学校法施規に規定された。いわゆる省令主任である。主任は職名ではなく，教諭（2007年改正により指導教諭または教諭）をもって充てる職であり，連絡調整・指導助言機能をもつものである。
　しかし，多くの地域や学校における実態は，主任が中間管理職的な機能を果たし，また，職員会議の補助機関化の進行も相俟って（2000年1月学校法施規改正，第23条の2。現第48条），上意下達の学校運営に転換していくことが多かった。2007年の第166回国会での，副校長・主幹教諭・指導教諭等の新たな職の設置に関する議論の際に，一般の会社でも各種の管理職がいるのに校長と教頭

以外はすべて平等という学校組織はおかしい，という趣旨の発言が行われた。しかし，それは二重の意味で不正確である。一つは，学級担任・教科担任として児童生徒の前では誰もが教師として同じ責任と教育権限をもっていることがむしろ当然である，という意味において。もう一つは，実際の学校現場には，前述のように主任層の教師が存在し，学校運営の中核的役割を担ってきたという意味においてである。少なくとも1970年代半ば以降の学校組織の実態は決して「ナベブタ型」ではすでになかった。2007（平成19）年の学校法改正により副校長・主幹教諭・指導教諭が職名として法定された（2008年度施行）。これらは必置ではないが，この法改正は，学校組織をさらに重層化し上命下服組織化することになるだろう。

④ 養護学校義務制の実施

　2006（平成18）年の学校法改正により，2007年度からは従来の「特殊教育」が「特別支援教育」に改変された。これは，戦後障害児教育が出発してからの2回目の大改革である。では，1回目の大改革とは何か。それは，1979年度に遡る。

　教基法・学校法のもとでの戦後の義務教育制度は，学校法第22条・39条（改正学校法第17条，2007年）において，保護者に対して，その子が満6歳に達すると小学校または盲・聾・養護学校（2007年度から特別支援学校。以下，同じ）の小学部に就学させる義務を課すとともに，市町村に小・中学校設置義務を，都道府県に盲・聾・養護学校設置義務を課し，さらに，市町村に就学援助義務を課した。しかし，盲・聾・養護学校の義務制は，学校法附則第93条により，その「施行期日は，政令で，これを定める」とされた。盲学校と聾学校については，1年遅れで1948年度より義務制が実施されたが，養護学校については，1979年度からようやく施行されることになった。実に，30年以上にわたって，「就学（させる）義務の猶予・免除」という形で，学校教育から排除される多くの人たちを生み出し続けてきたのである。文部省（文科省）の学校基本調査（不就学学齢児童生徒）によると，1970年は2万1,283人，1975年は1万3,088人であったが，1980年には2,593人に大きく減少し，1985年には1,388人にまで

減少した。教育を受ける権利，換言すると学習権を保障する歴史のなかで，養護学校義務制実施がもつ意味はきわめて大きい。

⑤ 学級定員の改善

今日，小・中学校および高等学校，中等教育学校の学級規模は40人を標準としている。さらに，近年では親や教師の要求に応えた地方自治体の施策により，2009年度現在，東京都を除くすべての道府県が何らかの形で30人や35人学級等の少人数学級を実施している。半世紀前の様子を振り返ってみると，学校法施規（1947年制定）は1学級の児童生徒数50人以下を標準としていたが，いわゆるベビーブーム世代がそろって学齢期に達する1956年頃には各都道府県の学級編制基準は55人を越えていた。

このような事態のなかで，国民の改善要求を結集し，「すし詰め学級解消」を目指して全国的に運動を展開する中核となったのが日本教職員組合や日本高等学校教職員組合であった。その成果として，1958（昭和33）年には公立義務教育諸学校の学級編制及び教職員定数の標準に関する法律（義務教育標準法）が公布・施行され，小・中学校学級編制の標準を50人とした。1961年には，公立高等学校の適正配置及び教職員定数の標準等に関する法律（高校標準法）が公布・施行された。そして，公立小・中学校では1964年度には45人学級，1980年度には40人学級が始まった。ただし，いずれも学年進行での実施である。高等学校においても1993年度には40人学級がスタートした。21世紀に入ってから，法律上は40人学級編制のままで，自治体独自の少人数学級実現への努力が続けられているが，財政的制約や義務教育標準法第17条の規定から臨時教員が増大するなど問題点が多い。少子化の急速な進行を背景としながら，子どもの学習権保障をめざす教育条件の整備確立の観点から，早急な法改正が必要である*。

＊中教審初等中等教育分科会は，2010年7月26日付で「今後の学級編制及び教職員定数の改善について（提言）」を発表した。これに基づき文科省は新教職員定数改善計画（案）を策定し，政府内部における検討の結果，2011年度から小学校1年生の学級編制標準を35人とすることを柱とした義務教育標準法改正案を第177回国会に提出し可決・成立した。

（5）国際教育法規からみる旧教育基本法制
① 国際人権規約

1966年に採択された国際人権規約では，そのA規約（「経済的，社会的及び文化的権利に関する国際規約」〈社会権規約〉）第13条1項において「人格の完成及び人格の尊厳」を規定し，さらに2項において(a)「初等教育は義務，無償」，(b)「中等教育における無償教育の漸進的な導入」，(c)「高等教育における無償教育の漸進的な導入」，を規定している。旧教基法の理念は同規約の規定に合致しているが，「初等教育は義務，無償」については現在では授業料・教科書の無償にとどまっており，また「中等・高等教育における無償教育の漸進的な導入」については進展してこなかった。わが国は1979年に批准したが，前記(b)と(c)の規定については，政府はこれを留保したのである。2009年12月現在で，160カ国の締約国のうち，この条項を批准していないのは日本とマダガスカルの2カ国である。

2009年9月に発足した民主党政権は，第174回国会において「公立高等学校に係る授業料の不徴収及び高等学校等就学支援金の支給に関する法律」を制定した（2010年3月31日公布，翌日施行）。同法は，「家庭の状況に関わらず，全ての意志ある高校生等が安心して勉学に打ち込める社会をつくるため」（文科省HP），①公立の高校・中等教育学校後期課程・特別支援学校高等部の授業料を無償化し，授業料該当分の国費を設置者である地方公共団体に交付する，②国私立の高校・中等教育学校後期課程・特別支援学校高等部，高等専門学校（第1～3学年），専修学校・各種学校のうち高校に類する課程を置くもの，に在籍する生徒に対して就学支援金として年額11万8,800円（①の授業料相当分）を支給する，というものである。なお，②の場合，国からの支援金は学校が受け取り授業料に充てる。また，保護者の所得水準が低い場合には，前記の金額に5万9,400円あるいは11万8,800円が加算される。

② 子どもの権利条約

子どもの権利条約は1989年11月に国際連合第44回総会で採択され，1990年9月に国際法として発効した。わが国では，1994年3月に国会で批准が承認され，

5月に発効した。日本政府は,「児童の権利に関する条約」と呼称しているが,同条約が対象とする 'child' は,「18歳未満の者」を指しており,学校法等でいう「児童」の意味ではない。

同条約中,第2条の差別の禁止,第3条の最善の利益,第12条の意見表明権,第13条の表現の自由,第14条の思想・良心・宗教の自由,第15条の結社・集会の自由,第23条の障害のある子ども,第28条の教育を受ける権利,第29条1項の教育の目的などは,わが国の教育課題と特に密接に関係した規定である。

同条約と国内法との関係について,政府は「特に法令等の改正の必要はない」(文部事務次官通知,1994年5月20日)と表明しているが,第12条の意見表明権を中心に,国内法や校則等を改定する必要性が存在するという学説が有力である。また,1996年と2004年,2010年の3回にわたって,国連子どもの権利委員会から日本の子どもが置かれた競争的環境についての是正措置が勧告された。さらに,同条約は批准後16年が経過したが,権利主体である子どもはもちろんのこと,親そして教師にすらその内容が十分に認識されているとはいえない。第42条に規定されているように批准国として早急に普及する義務がある。

そのなかで,2000年に制定された「川崎市子どもの権利に関する条例」をはじめとし,奈井江町(北海道),多治見市,最近では札幌市や石巻市などで子どもの権利条例が制定され,地域において条約の理念を実現する取り組みが行われていることが注目される。

(ⅰ) 子どもの最善の利益

「最善の利益」とは,「子どもに関係のあることを行うときには,子どもの成長にとってもっともよいことは何かを第一に考える」ことであり,すべての教育活動の基本である。それは,決して,安易に児童生徒にとっての目先の有利な取扱いをするというのではなく,彼らの成長・発達にとり,何が「最善の利益」かを考え行動することである。子どもに直接に責任を負う教師が日々そして瞬時に教育活動のあり方を決める重要な基準である。

(ⅱ) 意見表明権

第12条の意見表明権は,わが国の学校教育のあり方を大きく変える可能性をもつ規定である。それは,本条の規定と日本の学校教育の実態とは矛盾抵触す

る点が多いということでもある。また、学校教育だけではなく、家庭（親子関係）や福祉・医療の場においても現行法令の改変を迫る条文である。

> 1　締約国は、自己の意見を形成する能力のある児童がその児童に影響を及ぼすすべての事項について自由に自己の意見を表明する権利を確保する。この場合において、児童の意見は、その児童の年齢及び成熟度に従って相応に考慮されるものとする。
> 2　このため、児童は、特に、自己に影響を及ぼすあらゆる司法上及び行政上の手続において、国内法の手続規則に合致する方法により直接に又は代理人若しくは適当な団体を通じて聴取される機会を与えられる。
>
> （政府訳）

(ⅲ) 教育の機会均等と無償

　第28条は、1項で、初等教育の無償、中等教育を受ける機会の保障と無償化、高等教育のすべての人たちへの開放、を規定している。しかし、国際人権規約の第13条2項(b)(c)を留保したことから、政府は、これまで前記第28条1項の中等教育の無償化については実質的に留保する姿勢をとってきた。

　同条2項では学校の規則が人間の尊厳に適応するように制定され運営されること、3項では無知および非識字の廃絶などを規定している。この2項・3項の規定も、日本の教育現実を考えるとき、重要な意義を有している。

(ⅳ) 教育の目的

　第29条1項は、教育の目的を「児童の人格、才能並びに精神的及び身体的な能力をその可能な最大限度まで発達させること」と明確に規定している。これは、第2節の（3）で述べた旧教基法制のもとでの教育実践と教育運動、教育法学研究の成果が生み出した到達点とも合致している。一部に根強く残存する「能力に応ずる（応じた）教育」についての固定的差別的能力観にもとづく解釈が、国際教育法規の水準からいかに乖離しているかを示すものである。

③ 教員の地位に関する勧告

　国際教育法規のなかには、法的拘束力はもたないが国際的合意事項を示す「勧告」も含まれる。特に、第2節の（3）で言及したILO・ユネスコ「教員

の地位に関する勧告」(1966年)は,「専門職としての教師像」を把握する上で重要である。その第6項は「教育の仕事は,専門職とみなされるものとする。教育の仕事は,きびしい不断の研究を通じて獲得され,かつ,維持される専門的知識および特別の技能を教員に要求する公共の役務の一形態であり,また,教員が受け持つ児童・生徒の教育および福祉に対する個人および共同の責任感を要求するものである」と規定している。また,第61項では「専門的職務の遂行にあたって学問の自由を享受するもの」とし,教材および教科書の選択・使用や教育方法の適用にあたって「不可欠の役割を与えられるもの」と規定している。しかし,1964年度からの義務教育段階での教科書無償措置と広域採択制の実施以降,義務教育諸学校教員は教科書採択にほとんど関与できなくなっている。この勧告に規定する専門職としての教師の地位は,わが国では21世紀の今日もその多くがなお未達成の課題である。さらに,2006年12月に改定された新教基法(特に第16・17条)や2007年改正の教育職員免許法に基づく免許更新制は,専門職としての教師の地位をさらに脆弱化する危険性をもっている。

3 改正論議と新教育基本法

(1) 改正論議の歴史と系譜
① 改正の手法

1947年に制定された旧教基法は2006年12月,その歴史を閉じた。旧教基法を変えようという動きは制定後2~3年の間に早くも顕著になっていた。以降,この60年間の改変の企ては一貫して日本国憲法改正論と一体となって進められてきた。それを大前提としながら,土屋基規は教基法改正の手法には,①基本法の直接的改正論,②旧教基法に抵触する疑いのある教育法令・通達等の制定による実質改正,③旧教基法の解釈改正論,の3つの系譜があったと整理している(土屋, 2006, 10-12頁)。

② 改正に至る経緯の特徴

2006年4月末,政府は教基法改正案を第164回国会に提出した。今回の改正

の動きは，1996年11月の経団連創立50周年記念講演において中曽根康弘元首相が「教基法を根本から見直す必要がある」と述べたことを契機としている。さらに，2000年12月の教育改革国民会議報告は，「新しい時代にふさわしい教育基本法を」と改正を提言した。改正にいたる経過は，(1)中央教育審議会（以下，中教審）答申「新しい時代にふさわしい教育基本法と教育振興基本計画の在り方について」(2003年3月20日）に見られる改正理由の非論理性，(2)与党（自民・公明）改正案審議の非公開性，閉鎖性（与党教育基本法改正協議会・改正検討会は非公開・配布資料回収），(3)「『日本の教育改革』有識者懇談会」（以下，民間教育臨調）や日本会議による中教審答申批判（教基法改正の本音の発露），などの特徴をもっている。

　旧教基法改正論の内容は，復古主義的改正と新自由主義的改正の2つの要素が相互補完的に入り混じっていた。改正にこめられた意図を把握するうえで，前記(3)の民間教育臨調の中教審答申批判は重要である。特に，2003年3月の前記中教審答申に対して，同年4月に河村建夫文部科学副大臣に提出した「教育基本法改正8原則」・「答申をどう読むか」＊にその意図が顕著に表現されている。

　　＊この文書は，民間教育臨調（「日本の教育改革」有識者懇談会）のホームページ（http://www.kyouikukaikaku.net/）に掲載されていたものである。その後，このホームページは消失したが，その経緯は筆者には定かではない。読者が民間教育臨調の主張について把握するためには，同会の2003年3月20日付「中教審最終答申に対する見解」（教育学関連15学会共同開催シンポジウム準備委員会編『教育基本法改正問題関連資料集』第三集，同，2003年8月，289頁），同会著『なぜいま教育基本法改正か──子供たちの未来を救うために』（PHP研究所，2004年）や会長の西澤潤一氏監修『日本の教育改革をどう構想するか：民間教育臨調の提言』1〜4（学事出版，2005〜2006年。著者は1〜4について，それぞれ金井肇，村田昇，林道義・西澤潤一，小林正，の各氏），さらに，同会と密接なつながりをもつ日本会議のホームページ（http://www.nipponkaigi.org/）に掲載されている同会関連記事等を参照されたい。

　改正案は，第164回国会では継続審議となり，第165回国会において可決・成立した（2006年12月15日）。しかし，第165回国会における審議はタウンミーテ

ィングにおける「やらせ」問題の発覚や高校世界史未履修問題により，これらについての質疑に多くの時間を費やした。これらは法案提出資格を疑わせる重要な問題ではあるが，この件に関する時間も合わせて十分な審議時間を費やしたという理由に使われ，改正案の逐条審議をしないまま採決が強行された。準憲法ともいえる教基法が逐条審議をしないまま，つまり立法者意思が確定されないまま改正されたことは，日本の教育と社会の未来に禍根を残す恐れが大きい。

（2）新教育基本法の特徴
① 日本国憲法との一体性の希薄化

旧教基法は，その前文で「われらは，さきに，日本国憲法を確定し，民主的で文化的な国家を建設して，世界の平和と人類の福祉に貢献しようとする決意を示した。この理想の実現は，根本において教育の力にまつべきものである」と謳っていたが，この記述は全面削除された。前文末尾の「日本国憲法の精神にのっとり」という文言は残ったが，憲法との一体性が希薄になったことは否めない。

②「公共の精神」と「伝統の尊重」

前文中の「公共の精神を尊び」，第2条「公共の精神に基づき」のように，旧法にはなかった「公共の精神」を強調している。教基法改正の文脈からは，この「公共」は，「市民的公共」ではなく「国家的公共」であり，政治権力が支持する特定の価値観にもとづく「公共の精神」である可能性が懸念される。なぜなら，前述の民間教育臨調「教育基本法改正8原則」・「答申をどう読むか」のなかでは，「答申で挙げられている公共への参画の具体例は，阪神・淡路大震災のボランティア活動や，地域社会の生活環境の改善，地球環境問題や人権問題であり，あたかも従来の公共に変わり，国家共同体と離れたところで新しい公共の概念が生じてくることを唱えている」と批判し，「公共心・道徳心・自律心の涵養は，日本の伝統文化のなかで育まれてきた歴史的な公共の観点に立って明記されるべきである」と述べているからである（「日本の教育改革」

有識者懇談会 HP）。

③ 教育の目標規定

　旧教基法第2条は「教育の方針」であったが，新教基法では第2条を「教育の目標」として，1号から5号まであわせて20にのぼる「徳目」を国民に「必要な資質」（第1条）として掲げている。法律で特定の価値を規定することについては旧教基法制定の際にも議論があったところであり，日本国憲法との関係で最少限必要な事項に絞って規定したのである。「方針」から「目標」に変わることにより，この第2条の「徳目」が学校法の各学校の目標規定に侵入することは，教基法改正案国会審議の段階から指摘されていたが，実際に2007年の第166回国会で改正された学校法では，小・中学校の教育目標（改正学校法第21条「義務教育として行われる普通教育」の目標）が新教基法第2条を受けて大きく改変された。すなわち，従前の学校法第18条（小学校教育の目標）や第36条（中学校教育の目標）にはなかった「公共の精神」「伝統と文化を尊重し，それらをはぐくんできた我が国と郷土を愛する態度を養う」などの文言が新たに登場している。

　学校教育の目標として規定されることは，通知表に記載される（公式簿としては指導要録）評価の対象となる。心や態度を評価することについては重要な問題点が含まれている。この点を象徴するのがいわゆる「愛国心通知表」である。これは，2003年に福岡市の公立小学校で「国を愛する態度」を評価項目に掲げた通知表が使われていることが問題となったことを契機に，学習指導要領改訂を受けて全国各地で同様の通知表が用いられていることが判明した。2006年の第164回国会でも，「我が国と郷土を愛する態度」を評価することについて質疑がなされ，小泉純一郎首相は不適切であるという見解を表明した。これにより，この評価項目の撤廃表明が相次いだが，新教基法と改正学校法により，今後，心や態度を評価する項目が復活し拡大するものと思われる。

④「男女共学」規定の消失

　旧教基法の第5条では「教育上男女の共学は，認められなければならない」

と規定していたが，新教基法では，この条項はすべて削除された。その理由としては男女の共学が普及したということがあげられたが，額面どおり受け止めるのはやや困難である。なぜなら，前述の民間教育臨調の「教育基本法改正8原則」中の第7原則と「答申をどう読むか」に如実に示されているように，教基法改正を積極的に推進した人たちや組織のなかには「男女平等」や「男女共同参画社会」を嫌悪する傾向が紛れもなく存在するからである。そこでは「答申が示した『男女共同参画社会の寄与』の名の下に，男女の特性を否定するジェンダーフリーの傾向に拍車を掛けることがあってはならない」と述べた後，「男女共同参画の理念を新たに明記することは，ジェンダーフリー教育にいっそうの拍車を掛ける恐れがあり，望ましくない」と主張しているのである（「日本の教育改革」有識者懇談会HP）。

⑤「直接責任性」規定の消失

　旧教基法第10条に関わる改正は，おそらく，今回の教基法改正中，第2条とともにもっとも重大な影響を日本の教育に与えることになるものと思われる。改正の内容は，大きく捉えると2つある。

　第1に，第10条1項から「国民全体に対し直接に責任を負つて」という文言が削除され，「この法律及び他の法律の定めるところにより」（第16条1項）に改変された。この意味するところは，「子どもとその保護者に直接責任を負う教師」から，ありていにいえば「法律の執行人」としての教師への転換である。前述したように，教師の教育活動は，子どもの学習権保障のために，日々研鑽によって培われた専門的力量により，その時々に最善と思われる教育方法を採用し，子どもに働きかけていく創造的かつ自律的営みである。しかし，新教基法のもとでは教育の論理よりも法律が教育活動を支配する。さらに，「他の法律」が文字どおり国会での議決成立を要する「法律」なのか，または，政令・省令あるいは通達・通知までも含むのか，明確ではない。一方で，忘れてならないのは，「他の法律」には日本国憲法や国際教育条約が含まれることである。

　第2に，旧教基法第10条2項に規定されていた教育行政の教育条件整備確立義務が消失し，それに代わって，新教基法では「教育に関する施策を総合的に

策定し，実施」する義務（第16条2項）が登場した。これは教育行政が教育内容にも容易に介入できる法的構造への改変と捉えることができる。

⑥ 教育振興基本計画の規定

　新教基法において，その第17条には教育振興基本計画が規定された。教育振興基本計画は政府が策定するものであり，国会での議決は要しない。それが教基法に規定されたことにより，計画の内容の如何を問わず教育根本法である教基法により担保されるという法的構造である。すなわち，政府が策定する教育振興基本計画に盛り込まれた事柄は，自動的に教基法にその法的根拠をもつことになる。したがって，子どもの学習権保障の観点からであっても，教育振興基本計画を批判したりその遂行に反対する場合には「この法律及び他の法律の定めるところにより行われる」（第16条1項）教育に対する「不当な支配」とされかねない。たとえば，教育振興基本計画のなかに，全国一斉学力調査の実施や学校選択制，さらに，バウチャー制度の実施などが入ると，これを実施しなかったり，あるいは，この計画を批判することは，ことの教育的是非を問わず教基法違反とされる可能性がないとはいえない。

（3）新教育基本法と憲法・国際教育法

　新教基法は2006（平成18）年12月22日に公布と同時に施行された。同法のもとでの教育制度や教育実践を子どもの成長・発達を支えるものにするために，私たちは新教基法といかに向き合えばよいのであろうか。新教基法の捉え方と教育実践上の留意すべき事項について，4つのことを指摘しておきたい。

　第1に重要なことは，日本国憲法の理念・条文にもとづいて新教基法を解釈することである。それは，単に憲法が上位法というだけではなく，新教基法前文において，「ここに，我々は，日本国憲法の精神にのっとり，我が国の未来を切り拓く教育の基本を確立し，その振興を図るため，この法律を制定する」と明言しているからである。第2に，子どもの権利条約や国際人権規約など教基法より上位に位置する国際教育法（条約）に則って新教基法を解釈し運用することが重要である。たとえば，前述の新教基法第16条1項の解釈・運用につい

ても，憲法とともに国際教育法が前提でなければならない。すなわち，その主体の如何にかかわらず，憲法・国際教育法の原理・条文に違反するものは，「不当な支配」に該当するのであり，「この法律及び他の法律」はすべて憲法と国際教育法に合致していることが前提である。第3に，新教基法第2条には「教育の目標」として多くの「徳目」が記されているが，この規定に基づく教育活動においても，憲法第19条で保障している「思想及び良心の自由」や第20条の「信教の自由，国の宗教活動の禁止」規定に抵触しないように，細心の注意を払う必要がある。第4に，旭川学力テスト事件に関する最高裁大法廷判決（1976年）が教育内容への国家の介入について，「抑制的であることが要請されている」と判示していることが重要である。特に，「誤った知識や一方的な観念を子どもに植え付けるような内容の教育を施すことを強制するようなこと」は憲法第26条，13条の規定からも許されないのである。

4　「可能性の理念」（未完の理念）としての旧教育基本法

　旧教基法に示された教育理念は，いまだ「未完の理念」であり，「可能性の理念」（土屋，2006，79頁）である。そのわけは，これまで述べてきたように，①旧教基法の理念が制定後60年を経ても，なお，国際的にも先進性をもっていること，②その理念の実現のためには法律や制度を作り出す国民の教育要求の高まりを必要としていること，③旧教基法解釈が教育実践と教育法学研究の発展により変化・発展してきたこと，④制定直後より旧教基法はそのままにしながら立法趣旨と異なる運用や制度改変が行われてきたこと，あるいは立法趣旨実現の努力を政府が忌避してきたことがあげられる。本節では「可能性の理念」を現実化するために幾つかの問題提起を行いたい。

（1）「ひとしく，その能力に応ずる（応じた）教育」*

　第1に，憲法でも教基法でも，「教育を受ける権利」を保障している。しかし，実際には，非識字者を含む義務教育未修了者が多数存在し，そのうち一部の人たちは，いわゆる夜間中学（正確には，中学校の二部学級）に学びの場を

得てきたが，未修了者の多数の人たちは学ぶ機会をもてぬまま放置されている。また，多様な事情から新たに夜間中学を求める人たちが増加している。公立夜間中学の設置を求める運動は各地で続けられているが，現行学校法の規定では，学齢年齢（15歳）を過ぎた人たちのために学校を設置する義務は市町村に課されていない。憲法第26条で保障される教育を受ける権利が，下位法の規定によって制約されている。さらに，より根本的には，政府は義務教育未修了者が何人存在するのかを把握する調査すら未だに行っていないのである。

＊旧教基法の「応ずる教育」（第3条）は新教基法では「応じた教育」（第4条）に変化した。この変化は，能力を固定的に捉える印象がぬぐえないが，本章では深入りしないことにする。

第2に，就学（させる）義務の猶予・免除の適用者は2009年度で3,336名である（文科省調査）。内訳は，肢体不自由9名，病弱・虚弱33名，知的障害12名，児童自立支援施設等78名，その他3,204名である。一人ひとりのケースが，本当にやむを得ない，その子どもにとって最善の利益にかなう措置なのかについては疑念なしとはしない。つまり，教育条件の貧しさが生み出している就学義務の猶予・免除者（改正学校法第18条）が存在するのではないかと懸念される。特に，猶予・免除者数の96％を占める「その他」に含まれる一人ひとりの状況について，具体的に把握することが必要である＊。

＊重国籍者については，「国籍法の一部改正に伴う重国籍者の就学について」（1984年12月6日付文部省初等中等教育局長通知）により，「保護者と十分協議の上，猶予又は免除を認めることができること」とされている。

第3に，「ひとしく，その能力に応ずる（応じた）教育」について，教育法学は「その児童生徒の可能性を最大に開花させるために必要な教育」とする解釈を切り拓いてきたが，小・中学校では，21世紀に入ってから「その能力に応ずる（応じた）教育」を根拠として，また，「個性尊重」や「一人ひとりを伸ばす教育」を掲げて習熟度別授業が広く行われるようになっている＊。

＊2001～2005年度にかけて実施された第7次公立義務教育諸学校教職員定数改善計画において，少人数指導や習熟度別指導（少人数学級ではない）を実施した場合に加配教員を配当する施策が中核とされた。

習熟度別授業の実施にあたっては，ある時点での子どもの「学力」により学

習内容の異なる集団に分けざるを得ない。その「学力」により学習内容が差異化されれば、ますます学力差は拡大するのが当然である。それは、教基法の理念・条文や国際教育法規に違反していないのであろうか。

(2) 保護者・児童生徒の学校参加

　今日、「開かれた学校づくり」という言葉は、全国ほとんどすべての地域・学校で使われるようになった。学校評議員制度は、2000年1月の学校法施規改正（第23条の3。現第49条）で規定されて以来、2006年8月1日現在で、幼稚園を含む全国の公立学校の約82％に設置されている。ただし、この制度は学校運営組織ではなく校長に対する助言者という性格が強い。一方、学校運営協議会（コミュニティスクール、地域運営学校）は、2004年の地教行法改正（第47条の5）により法制化されたものであり、2010年4月1日現在、全国で629校（幼稚園36園を含む）がその指定を受けている。これら学校評議員や学校運営協議会は形式的制度に堕する恐れもあるが、特に後者はその民主的運用・活用によっては学校のあり方を改善する積極的意味をもち得るものである。

　しかし、「開かれた学校づくり」の現況は、①学校が保護者（地域住民）に評価資料としての学校情報を提供する、②学校・教師が保護者（地域住民）の協力を得て子どもたちによい教育環境を提供する、という場合が中心であるように思われる。すなわち、保護者も児童生徒も「学校づくり」の主体としては位置づけられていないことが多い。この場合、保護者は学校商品の消費者であり、あるいは学校・教師への協力者であり、児童生徒は常に教育を施される客体である。そして、彼らは「学校」の構成員としては位置づけられていない。

　特に今、児童生徒を学習権の主体者であり名実ともに学校の主人公として位置づけることが急がれる。そして、初等教育段階から学校生活全体を通じて児童生徒の自治能力を系統的に養成していくことが、「開かれた学校づくり」のみではなく、民主主義社会の主権者を育てる観点からもっと重視される必要がある。その点で、近年、長野県辰野高校や大東学園の三者協議会、香川県立志度高校の学校会議など、各地で継続的実践が進みつつあることは大いに注目される。この取り組みは一朝一夕に成果が出るものではなく、時として後退的現

象も起こり得る。それだけに，地域ぐるみでの合意の上に小・中・高校での系統的組織的で気の長い取り組みが求められているのである。

参考文献

第90回帝国議会衆議院・帝国憲法改正案委員会議録第15回 2000 『帝国議会衆議院委員会議録』162，東京大学出版会。
法学協会編 1953 『註解日本国憲法』上巻，有斐閣。
清水伸 1962 『逐条日本国憲法審議録』第2巻，有斐閣。
沖原豊 1980 『日本国憲法教育規定研究』風間書房。
鈴木英一 1970 『教育行政』（戦後日本の教育改革3）東京大学出版会。
高柳信一 1972 「学問の自由と教育」日本教育法学会編『日本教育法学会年報』第1号，有斐閣。
高柳信一 1983 『学問の自由』岩波書店。
永井憲一 1977 「憲法23条・26条および教育基本法10条の体系的解釈」永井憲一編『文献選集・日本国憲法8・教育権』三省堂。
牧柾名 1976 『教師の教育権』青木書店。
日本教育法学会編 1993 『教育法学辞典』学陽書房。
平原春好・牧柾名編 1994 『教育法』学陽書房。
堀尾輝久 2002 『いま，教育基本法を読む』岩波書店。
佐々木享 1976 『高校教育論』大月書店。
永井憲一・喜多明人・寺脇隆夫・荒巻重人編 2000 『[新解説]子どもの権利条約』日本評論社。
土屋基規 2006 『輝け！教育基本法』部落問題研究所。(「可能性の理念」の初出は，教育科学研究会編 1958 『教育』第83号の「主張」)
浪本勝年・三上昭彦編 2008 『「改正」教育基本法を考える――逐条解説』(改訂版) 北樹出版。
佐藤学 2004 『習熟度別指導の何が問題か』岩波書店。
宮下与兵衛 2004 『学校を変える生徒たち』かもがわ出版。
澤田治夫・和田真也ほか編 2006 『子どもとともに創る学校』日本評論社。
市川須美子ほか編 2010 『教育小六法』(2010年版) 学陽書房。
「日本の教育改革」有識者懇談会 http://www.kyouikukaikaku.net/link.htm

（久保富三夫）

資料2-1　現行教育法体系概要

　すでに第1章および第2章において，教育制度とその運用のあり方を規定するさまざまな法規が登場した。これらは教育法と呼ばれる。ここで，これからの各章の学習のために，現在の教育法の体系について概観しておこう。第1に教育法の法源（法規範としての存在形式），第2に教育法の効力についての優位・優先関係について解説し，第3に主たる教育法規について表示する。

教育法の法源・種別
　法の存在形式のことを法源と呼ぶ。その法源には成文法と不文法がある。したがって，教育法についても成文教育法と不文教育法が存在し，さらに立法主体により次のように種別化される。

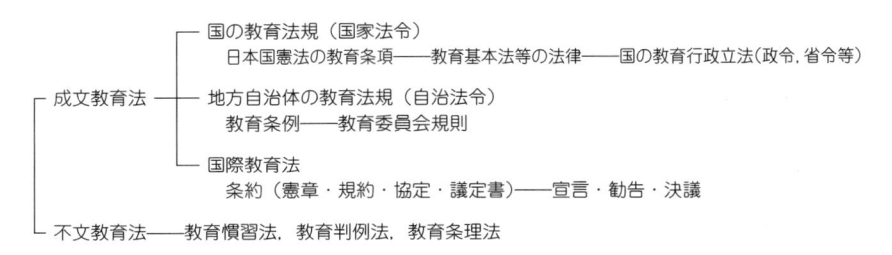

```
          ┌ 国の教育法規（国家法令）
          │   日本国憲法の教育条項──教育基本法等の法律──国の教育行政立法（政令,省令等）
 ┌成文教育法─┼ 地方自治体の教育法規（自治法令）
 │        │   教育条例──教育委員会規則
 │        └ 国際教育法
 │            条約（憲章・規約・協定・議定書）──宣言・勧告・決議
 └不文教育法──教育慣習法，教育判例法，教育条理法
```

　成文教育法は，国の教育法規，地方自治体の教育法規，国際教育法の3つに分かれる。第1の国の教育法規（国家法令）には教育行政立法が含まれる。政令は内閣が閣議で制定する命令であり，学校教育法施行令のように○○法施行令と称せられる。省令は各省の大臣が発する命令であり，学校教育法施行規則のように○○法施行規則と称せられる。なお，告示は，行政機関が行政処分や重要な事実について周知させる行為のことであり，法規の形式ではない。学習指導要領がその代表例である。これらの教育行政立法については，教育行政の法律主義原則を崩す要因となる恐れもあるので，その教育法上の限界が厳しく吟味される必要がある。
　第2の地方自治体の教育法規（自治法令）は，日本国憲法第94条の規定を根拠にして，法律の範囲内で条例を制定することができる。また，地教行法第14条1項の規定にもとづいて，教育委員会は法令・条例に違反しない限りにおいて教育委員会規則を制定することができる。
　第3の国際教育法とは，国際的な合意文書であり，正式な締約手続きを経て制定され法的拘束力をもつ条約（憲章・規約・協定・議定書等も含む）と法的拘束力をもたない

宣言・勧告・決議がある。

　次に，不文教育法とは，成文法以外の条文化されていないものであり，教育慣習法，教育判例法，教育条理法の3つが存在する。第1に，教育慣習法とは，たとえば，かつて職員会議が成文法の規定はなかったけれども多くの学校において議決機関として位置付けられていたように，教育における慣行・慣習が関係者の間で法的な地位をもつに至ったものである。第2に，教育判例法とは，教育裁判における判決例に示される教育法論理の集積が教育関係者の行為規範・基準となることがあり，この場合をいう。第3に，教育条理法は，教育の本質や原理から導かれる法理であり，成文法が存在しない場合の補充的法源のみならず，成文法の解釈の際にも重要な基準となると考えられている。

教育法規の優位・優先関係

日本国憲法 ＞ 国際教育条約 ＞ 教育法律 ＞ 教育法律の施行令（政令）＞ 文部科学省令（＞ 文部科学省告示）＞ 教育条例 ＞ 教育委員会規則

　教育法規の優位・優先関係についての上記の表において，留意すべきことが4つある。
　第1に，条約（憲章・規約・協定・議定書）は，国の教育法規との関係では，その拘束力は法律より優位にあることである。第2に，旧教育基本法は，その制定経緯や内容から日本国憲法との一体的性格が認められ，法形式としては他の法律と同様の一法律であるが，教育法制の基本原理を定めた基本原理的性格を持つとされ，他の教育法令の解釈運用を拘束するものとされてきた（旭川学力テスト事件最高裁大法廷判決，1976年5月21日）。この点が，新教育基本法についてもそのまま適用されるのか検討を要すると思われる。第3に，文部科学省告示は，法規を示す形式ではなく，文部科学大臣が所掌事務についての公示を行うために発するものであるから，優位・優先関係の範疇外であると考えられる。しかし，実態としては，学習指導要領が学校教育法施行規則第52条等に「教育課程の基準」として明示され，その法的拘束力が重要な論争点となっているので，あえて表示した。第4に，地方自治体の教育法規である教育条例・教育委員会規則と国の教育法規に関しては，教育条例と政令・省令の優位・優先関係をいかに理解するかが課題である。

教育法体系　（　　）内の数字は公布年を示す

日本国憲法（1946）
　　子ども（児童）の権利に関する条約（1994批准）
　　国際人権規約（1979批准）
　　　　教員の地位に関する勧告（1966），学習権宣言（1985）

教育基本法（旧教育基本法，1947）
　　　　　（新教育基本法，2006）

★学校教育に関するもの
　・学校教育法（1947）　・私立学校法（1949）　・学校図書館法（1953）
　・教科書の発行に関する臨時措置法（教科書発行法，1948）
　・義務教育諸学校の教科用図書の無償措置に関する法律（教科書無償措置法，1963）
　・公立義務教育諸学校の学級編制及び教職員定数の標準に関する法律
　　　　　　　　　　　　　　　　　　　　　　　　　　　（義務教育標準法，1958）
　・公立高等学校の適正配置及び教職員定数の標準等に関する法律（高校標準法，1961）
　・産業教育振興法（1951）　・理科教育振興法（1953）
　・就学困難な児童及び生徒に係る就学奨励についての国の援助に関する法律
　　　　　　　　　　　　　　　　　　　　　　　　　　　（就学奨励法，1956）
　・学校給食法（1954）　・学校保健安全法（1958，2008改称）　・食育基本法（2005）

　　　　　　　　　　　　　　　小学校設置基準（2002）
　　　　　　　　　　　　　　　中学校設置基準（2002）
　　　　　　　　　　　　　　　高等学校設置基準（2004）

★社会教育に関するもの
　・社会教育法（1949）
　・生涯学習の振興のための施策の推進体制等の整備に関する法律（生涯学習振興法，1990）
★教育行政に関するもの
　・文部科学省設置法（1999）
　・地方教育行政の組織及び運営に関する法律（地教行法，1956）
★教育財政に関するもの
　・義務教育費国庫負担法（1952）
　・市町村立学校職員給与負担法（1948）
　・私立学校振興助成法（1975）
　・義務教育諸学校等の施設費の国庫負担等に関する法律（施設費負担法，1958）
　・公立高等学校に係る授業料の不徴収及び高等学校等就学支援金の支給に関する法律（2010）
★教職員に関するもの
　・地方公務員法（1950）
　・教育公務員特例法（1949）
　・教育職員免許法（1949）
　・公立の義務教育諸学校等の教育職員の給与等に関する特別措置法（教職給与特別法，1971）

コラム 1　日本弁護士連合会「学齢期に修学することのできなかった人々の教育を受ける権利の保障に関する意見書」(2006年8月10日)

　2003年2月20日，全国夜間中学校研究会は，各都道府県・政令指定都市に1校以上の夜間中学（中学校の二部学級）を設置することなどを求め，日本弁護士連合会（以下，日弁連）人権擁護委員会に対して人権救済申し立てを行った。これに対して，日弁連は，2006年8月10日，「学齢期に修学することのできなかった人々の教育を受ける権利の保障に関する意見書」を総理大臣，文部科学大臣，厚生労働大臣，両院議長に提出した。現行法令上は，学校教育法施行令第25条の「二部授業」に辛うじて法的根拠を求めているが，この意見書は教育法学の研究成果に依拠しながら，教育基本法や国際教育法をも援用して，義務教育未修了者の学習権保障についての法理論を構築しようとするものである。今後，この文書が大きな役割を果たすことが期待される。

　同意見書では，「義務教育未修了者の教育を受ける権利の内容及び義務教育未修了者のカテゴリー毎の検討」を行っている。前者については，「学習権が充足されることは，すべての人々が人としてその人格を形成し，発展させていくために不可欠なものである」から「自己の意思に反し，又は，本人の責めによらずに義務的かつ無償とされる普通教育を受ける機会を実質的に得られていない者については，学齢を超過しているか否かにかかわらず，国に対し，合理的な教育制度と施設等を通じて義務教育レベルの適切な教育の場を提供することを要求する権利を有する」と述べている。後者については，中高年の義務教育未修了者，障害を理由とした就学免除適用者，中国帰国者，在日韓国・朝鮮人，新渡日外国人（ニューカマー），それぞれに応じた施策の必要性を指摘している。

　具体的要求としては，第1に，義務教育を受ける機会が実質的に得られていない者について全国的な実態調査を速やかに行うことである。第2に，実態調査の結果をふまえ，①公立中学校夜間学級設置が必要な地域の市町村・都道府県に対して指導助言および財政的措置を行う，②個別ニーズと地域の実情に応じ，既存の学校の受け入れ対象者拡大，自主夜間中学を運営する民間グループに対するさまざまな援助（施設の提供，財政的支援など），③個人教師の派遣，など義務教育を受ける機会を実質的に保障する施策を推進すること，である。

　なお，2010年度において，公立の夜間中学は全国でわずかに35校であり，しかも，8都府県にしか設置されていない（東京8，神奈川6，千葉1，京都1，大阪11，兵庫3，奈良3，広島2）。北海道や埼玉，愛知，福岡，沖縄などをはじめとして，様々な理由から夜間中学を求める人々が各地に存在し，その設置を求める運動が行われている。しかし，学校教育法では，15歳を過ぎた人々が就学する学校を市町村が設置する義務は規定されていないので，公立夜間中学の増設は長年にわたり厚い壁にぶつかっている。公立の夜間中学が設置されていないところでは，いわゆる自主夜間中学が開設され（全国で20を越える），学習活動が続けられている。

第3章　現代学校制度の原理と機能

　本章では、第1節で教育の機能と社会が「学校」にもとめる機能について、近代以降の流れを振り返りながら、「義務教育」、「教育の機会均等」、「教育権」といった事項についての基礎知識を獲得する。第2節で現代社会において学校が果たしている役割という視点から、まず現行の学校制度について概観し、社会の学校への期待の変容と教育改革の動向、それに伴う学校制度の見直しの方向性について考える。第3節で、学校を「組織」という捉え方で見たとき、学校運営の実際や進む改革のいくつかの課題を提起する。本章は、読者のみなさんが、学校制度についての基本的知識を獲得し、進む教育改革のなかで、「学校とは何か」という基本的で、しかし重要な問いかけに対して、考える手がかりになれば、との思いで編んだものである。

1　現代学校の基本原理

（1）教育の機能と学校

　民主主義と人権概念を基本原理としている現代社会において、学習権・教育を受ける権利は、子どもが将来、自己実現できるように発達を支援することを権利として保障している。では、民主制の主体であると同時に基本的人権の享受者として自律した自由をもつ主体として形成されるために必要な支援とは何であろうか。

　ある一定の知識、技術・技能を修得させることだけで可能であるとすれば、「学校」は知識、技術・技能を効率的に教える場としての機能をもつことのみが期待され、自己実現の多様性、教育の私事性を強くみればさまざまな「学校」の存在が求められることになり、一定の制度のもとで「学校」を規定する

ことはほとんど意味がないことになる。

　これに対してエミール・デュルケム（Durkheim, É.）は，「教育は子どもが生活することが予定されている社会環境に子どもを適応させることを目的としている」と指摘している。いかなる社会であってもその社会集団が存続するためには，支配的な秩序に「社会化」させるための装置を備えており，その主たるものが近代以前にあっては「教会」であり，近代以後にあっては「学校」であった。つまり，社会において相互作用のなかで子どもが自己実現していくということを前提とし，そのために「学校」においてその社会における支配的規範，価値観を修得させる必要があるということになる。と同時に，たとえ他人の子どもであったとしてもそれはもはやその子，その親の教育の自由のみに属することではなく，社会存続のために，「学校」という制度が社会全体の関心事となる。

　しかしこの場合，知識，技術・技能といった知的体系については親や子どもの意志を越えて研究者や教師などの専門家による裁量を認めざるを得ないであろうが，規範，価値観についての教育においては，国家・学校が提示するものが親・子どもの思想・良心と一致するとはかぎらない。さらに，社会の存続のために国家・学校が特定の規範，価値観を子どもに教えようとすることは，必ずしも子どもの権利保障であるとはいえず，場合によっては権利を制限するものともなり得る。

　では，子どもの受ける教育は誰の意志によって決定されるのか。それは「教育する権能すなわち教育内容を全面的ないし具体的に決定できる機能」として法論理では「教育権」と称される。まず，子どもの教育についての第一義的権利が自然発生的にその親にあると考え，現在では，世界人権宣言（1948年）の「親は，子に与える教育の種類を選択する優先的権利を有す」（第26条3項），民法の「親権を行う者は，子の監護及び教育をする権利を有し，義務を負う」（第820条）に規定されており，さらに日本国憲法第13条の「幸福追求の権利」には「親の教育権」が含まれると解釈されている。この「親の教育権」から，学校は「まず，家庭の延長，ないし，家庭の機能を委託された機関として成立する」，つまり，学校は「親権の共同化」，ないしは「私事の組織化」であると

する考え方が提示される。

この「親の教育権」の信託を基底として論理展開されるのが「教師の教育権」である。それは，ILO・ユネスコ「教員の地位に関する勧告」(1966年)における「教職にある者は，専門的職務の遂行にあたつて学問の自由を享受するものとする」(61項)，「…教員は，本質的に教員の専門職上の責任である問題についての父母の不公正または不当な干渉から保護されるものとする」(67項)とする国際的確認のもと，学校教育法「教諭は，児童の教育をつかさどる」(第37条6項)を根拠規定として主張されている。

その一方，最高裁「学テ判決」(昭51・5・21判決)で示された国の「教育内容についての決定権」をさらに進め，社会の存続という役割を重視し，「国家にとって教育とは一つの統治行為」であるとして，「国家を統合し，その利害を調停し，社会の安寧を維持する義務のある国家は，まさにそのことのゆえに国民に対して一定限度の共通の知識，あるいは認識能力を持つことを要求する権利を持つ」(同懇談会「21世紀の日本の構想」2000年)とする考え方もある。

現行法上の国の役割は，教育基本法第16条2項において「国は，全国的な教育の機会均等と教育水準の維持向上を図るため，教育に関する施策を総合的に策定し，実施しなければならない」，第5条3項においては義務教育の機会を保障，水準確保の責任を負うこととされている。また，教育課程の事項については，学校教育法第33条によって規定されているが，実際には文部科学大臣が公示する「学習指導要領」によっている。

(2) 教育の機会均等と学校

アメリカ独立宣言やフランス人権宣言に示されるように，市民革命によって自由と人権の平等という理念が確立され，それは資本主義社会における根本理念となった。それまでの身分制度によって社会的階層が固定的に構成されていた伝統的な社会においては，教育制度は労働者階級のための教育と支配階級のための教育に分断されていた。こうした状況に対し社会的不平等の根源を教育の不平等にあるとして，教育の大衆への開放が求められるとともに，大衆教化としての役割を担うために初等教育段階における義務教育制度が成立していっ

た（複線型学校体系　分岐型）。

　さらに，アメリカにその典型がみられるように，すべての学校が等しく上級学校につながり，教育の機会が社会的身分などの理由によって差別されることなく等しく開かれていることを具現化した単線型学校体系をとる国が出現した。このとき掲げられた「教育の機会均等」の原則は，近代教育制度の基本原則のひとつであり，ホーレス・マン（Mann, H.）が学校を「社会の平等化」の装置と呼んだように，学校教育の門戸を開放することによって，社会階層の流動性が高まり，平等な社会に近づくと考えられたのである。

　このことは，日本国憲法第26条1項には，「すべて国民は，…その能力に応じて，ひとしく教育を受ける権利を有す」とあり，旧教基法第4条1項においては「すべて国民は，ひとしく，その能力に応じた教育を受ける機会を与えられなければならず，人種，信条，性別，社会的身分，経済的地位又は門地によって，教育上差別されない」と明記されている。

　では，機会が拡大すればどうなるのか。初等教育が義務化され機会が拡大すれば，中等教育をうける機会を得るための競争は激化し，その選抜の機能もより精緻になるという現象が必然的に発生する。中等教育が大衆化すれば高等教育に同様の現象が移動することになる。では何によって「選抜」するのか。社会的地位や経済的理由によらないとすれば「能力」ということになるであろう。近代社会は個人をその「能力」によって評価し，その評価によって社会的地位を決定していく。単線型学校制度下では子ども一人ひとりの能力を評価することに忠実であろうと努めれば努めるほど，その評価システムは精緻なものとなり，一元的価値を生み出すことになる。そして現代社会においては公正であるのは，「能力」によって教育の機会が制限される場合のみとなり，学校は社会の分業への選抜配分機能をもつシステムとして位置づけられることが正当化されることになった。

　しかし，このような形式的に機会が平等に開かれたことによって「競争の自由」とその結果としての出世（学歴を含む）が公正なものとなるという期待はすぐに現実的なものではなく，一元的価値にもとづく「能力主義」によって形成された学歴社会においては，学校は階層の流動性を高めるのではなく，階層

の再生産の場として機能することが明らかとなる。

　先進国においては「競争の自由」による経済的格差は資本主義社会の進展とともに拡大，固定化し，1930年代にはもはや「開かれた機会」を我がものにできないことを個人的な問題とは言い難い状況が出現した。そこで，第二次世界大戦後，こうした「競争の自由」を原理とする市場経済の欠陥を是正するために，国民の広汎な生活領域に関与することを国の責務とする「福祉国家」という新たな理念が登場した。

　この「福祉国家」の目標は，第1に貧困の解消，第2に生活水準の安定，第3に富・所得の平等化と機会の平等化，第4に国民一般の福祉の極大化であるといわれている。そのなかで教育は，現代社会において生活し，生きていくためには欠くことができない「生存権」としてだけではなく，福祉国家という理念の登場によって成立した「社会権」としても捉えられるようになった。「社会権」とは，人が社会で人間らしく生きていく権利であり，「生存権」，「教育を受ける権利」，「勤労の権利」「労働基本権」などを含む概念である。ここで「教育を受けることによって貧困から脱出し，人間的，文化的な生活を営むことができる」，「能力による選抜にもとづく機会均等は公正である」という命題に対して現実社会において解答が求められるに至った。

　その大規模な実験的政策が，1960年代アメリカにおいて社会的経済的に不利な立場にある子どもを対象として，彼らに機会を傾斜配分して，その不利益を解消しようと導入された「補償教育政策」である。ではその目的は果たされたのか。それは「コールマン・レポート」に見ることができる。ジェームズ・コールマン（Coleman, J.）は，全米の第1学年から第12学年までの児童・生徒を対象に行われた調査分析を行った。同レポートはアメリカにおいて大きな反響を呼ぶが，「能力」はたんに個人に起因するものではなく家庭環境に因るところが大きく，さらに学校教育についても，たとえ同じ「能力」をもつものであっても，そのすべてに平等な効果をもたらすものではないことを明らかにした。

　日本においても，教基法で「…能力があるにもかかわらず，経済的理由によって修学が困難な者に対して，奨学の措置を講じる」責務を国や地方公共団体

に負わせるとともに（同法第4条3項，学校教育法第19条，以下学校法），義務教育については就学奨励法によって教育補助，さらには生活保護法によって教育扶助を行っているが，生活保護世帯や母子家庭などにおける高校，大学への進学率をみれば，こうした措置だけでは十分ではないことがわかる。

（3）教育の公共性と学校

　近代社会において，公費によってまかなわれ，公的関与のもとに置かれる教育を「公教育」と呼ぶ。公費負担は，欧米において19世紀半ばから国家主導のもとで成立した義務教育制度によって，学校建築費と教員給与費に対するものからはじまり，20世紀初めには授業料の無償へと拡大していった。日本においては，1886（明治19）年小学校令によって義務教育制度が発足したが，授業料が不徴集になったのは1900年からであった。ここに見られる「公費負担」の理念は，義務教育の学校への就学義務を臣民に強制することに対し「義務とする以上国家ができる限りの便宜をはらう」とする考えであった。

　これに対し戦後は，旧教基法において「法律に定める学校は，公の性質をもつもの」（第6条1項）とした。これは学校の設置主体が国や地方公共団体といった「公の性質」をもつからではなく，学校で行われる教育が「公の性質」をもつためであると解されるのが通説であり，私立学校についての「…私立学校の特性にかんがみ，その自主性を重んじ，公共性を高める…」（私立学校法第1条）との規定とも整合性をもつ。私立学校はその公共性を担保するため，学校法人によってのみ設置が認められた（学校法第2条）。しかし，「公の性質」とは何か，さらには国の教育への関与の在り方や範囲については，さきに指摘したようにその解釈は多様である。

　教育への「公費負担」については，義務教育においては権利保障と公共性に根拠づけられて，学校の設置義務が市町村に課せられ（学校法第38条，第49条），無償（日本国憲法第26条2項），国公立学校における授業料の不徴収（教基法第5条4項，学校法第6条）が定められた。しかし義務教育以外の高等学校などについては設置義務としての規定はないため，国や地方公共団体にあるのは教育機会の均等を図るための条件整備としての責務ということになる。また私立学校

に対しては、その公共性に鑑み1970年に補助金制度が創設され、公費による助成が行われている（私立学校振興助成法）。

（4）義務教育と学校

　保護者は、近代社会以降においては「教育を受けさせる義務」を負う。それは近代においては国家に対しての「義務」であったが、現在では子どもの権利を保障するためのものであると解される。日本国憲法第26条2項、教育基本法第5条1項、学校教育法第17条にその義務が定められている。

　その課せられている義務について具体的にみてみると、日本国憲法第26条2項で定められているのは「義務教育を受けさせる義務」である。これに対して、学校教育法第17条が定めているのは、「就学させる義務」であり、「小学校」及び「中学校」に義務教育年齢にある学齢児童・生徒を就学させる義務を定めている。つまりこの条項によって、保護者は学齢児童・生徒を「所定の学校に籍を置く」ことが義務づけられたことになる。

　さらに、学校教育法施行令第5条2項において市町村の教育委員会は、就学する「学校の指定」を行うことになっており、市町村教育委員会が「通学区域」を定める。現行法のもとでは、高等学校、大学で認められている「通信制」は認められておらず、保護者の義務を果たすとは、学齢児童・生徒を所定の学校に通学させることとなる。

　就学に際しては、市町村教育委員会は健康診断を行わなければならない（学校保健安全法第11条）。またその結果にもとづき、「治療の勧告、助言」の他、障害がある場合はその程度によって義務の猶予・免除、特別支援学校への就学に関する指導を行うなどの措置をとらなければならない（同法第12条）。

　「就学」が猶予・免除されるのは、「病弱、発育不全その他やむを得ない事由」の場合だけであり、このように狭義に明示されているのは子どもの権利を制限することの危険性を防ぐためである。「やむを得ない事由」とは児童・生徒の失踪、少年院・児童自立支援施設への入所などであり、経済的理由などは含まれない。また、現行法では、保護者の教育方針としてのホームスクーリングなどによって「就学」に替えることも認められていない。さらに、教育委員

会は保護者が就学義務を果たさない場合,「督促」を行わなければならず（学校法施行令第21条），督促を受けても履行しない保護者に対しては罰則規定が設けられている（学校法第144条）。

　病弱，発育不全など特別な支援を必要とする児童生徒のために特別支援学校等の設置が1947年に学校教育法によって都道府県に課せられたが（学校法第80条），施行期日は別途定めるとされた。実際の施行については，盲学校及び聾学校の就学義務及び設置義務に関する施行令が1948年に出されたが，養護学校については1979年になって施行された。1979年以後においては子どもの権利をできる限り保障するという観点から免除制度を廃止するべきであるとする意見もある。さらに，2007年から導入された特別支援教育の趣旨に鑑みてもこうした事由による猶予・免除は見直すべきであろう。

2　学校の役割──現代学校教育の機能

（1）現行の学校制度
①「法律に定めるところの学校」とは

　学校法第1条に「この法律で，学校とは，幼稚園，小学校，中学校，高等学校，中等教育学校，特別支援学校，大学及び高等専門学校とする」と定めており，「一条校」と称され，それ以外の専修学校，各種学校，文部科学省以外の管轄である大学校と称せられる学校などとは異なる性格づけや取り扱いがなされている。「一条校」の設置を認められるのは国，地方公共団体以外には学校法人のみである。認められたもの以外の教育施設が，これらの名称を勝手に用いることはできない。さきに学齢児童・生徒が籍を置くとした「所定の学校」とはこの「一条校」のことを指す。「一条校」以外の場における学習によって替えることはできない。小学校が初等教育に，中学校，高等学校が中等教育，大学・短期大学以上が高等教育の各段階にあたる。

　学校の設置にあたっては，最低基準が設置基準として学校種ごとに示されており，学校の経費の負担は設置者がこれを負うという「設置者負担の原則」がある（学校法第5条）。ただし例外として，公立義務教育学校については，施設

費（施設費負担法），教職員給与（義務教育費国庫負担法，給与負担法）などにおいて国及び，都道府県が負担をすることとなっている。学校の設置者別でみると，義務教育である小・中学校では公立が99.0％，92.8％とほとんどを占めているが，高等学校では73.7％となり，大学では逆転し私立が77.3％を占めている（2012年度）。

② 義務教育修了後は

　義務教育以後の進学については，公立であっても入学希望者に対して何らかの選抜が行われる。高等学校への進学率は98.3％であり準義務教育化しているといえるが，公立でも年間12万円程度の授業料がかかり，私立ではその3倍以上の学費が必要である。2010（平成22）年4月から「公立高等学校の授業料無償化」法が施行され，公立学校では原則として授業料を徴収しないこととなった。また同時に「高等学校等就学支援制度」も施行され，国立・私立高校等の生徒の授業料に充たる額が支給されることとなった。

　高等学校では，課程として全日制の他，定時制，通信制が認められている。修学年限は，全日制は3年，定時制及び通信制は3年以上である（学校法第53，54，56条）。さらに学年による教育課程の区分を設けず，決められた単位数を修得すれば卒業が認められる単位制の導入も認められており，全日制，定時制，通信制すべての課程で設置が可能である。また近年，定時制課程では従来の夜間定時制課程以外に昼間定時制を設けるなど多部制をとったり，単位制を併用したりするなどして生徒のニーズや生活パターンに合わせた多様化が進んでおり，不登校，中途退学者などの修学の可能性を広げている。

　また，高等学校では，義務教育とは異なり「普通教育」以外に「専門教育」を行うことが目的として掲げられている（学校法第50条）。このため，普通科，専門学科，総合学科といった学科を設け，専門学科にあっては，さらに専門分野によって工業科，農業科といった学科を置いて，専門教育を行う。

　近年中高一貫教育を希望する保護者も増加しているが，中高一貫教育校と呼ばれるものには，設置者が同一である中学校と高等学校における教育を一貫して行う併設型，中学校と高等学校が連携して一部授業を乗り入れで行う連携型，

1999年に導入された「中等教育学校」がある。中等教育学校とは，はじめから中学校と高等学校における教育を一貫して行う1つの学校として設けられたもので，前期3年と後期3年（学校法第7章）の課程をもつ。公立の中等教育学校においては前期から後期への入学において学力検査は行わない（学校法施規第110条2項）。

　高等専門学校とは，中学校を修了したものを対象とし，5年間の一貫教育で専門分野において職業に必要な能力を育成することを目的としており，工業分野を中心に設置されている。専修学校における専門課程，いわゆる専門学校とは異なる。卒業したものには「準学士」が与えられ，短期大学を卒業した者と同様に，4年制大学に編入学が可能である（学校法第10章）。

③　大学に入るには

　大学・短大への進学率は53.6％であり，少子化の進行によって2007年には高等教育機関の入学者定員と進学希望者数が一致するといわれ，あたかも希望者が全員希望どおり進学できるかのような幻想を抱きがちであるが，現実には一部の大学に志願者が集中する一方で，入学定員を満たしていない私立大学が，大学で39.0％，短大で66.6％も出ている（2012年）。

　大学に進学するためには，高等学校を卒業していることが入学資格となるが，中途退学などによって卒業していない者に対しては，「高等学校卒業程度認定試験」（2005年）という制度があり，合格すると大学への入学資格が得られる。また，外国人学校や在外の学校において12年間の教育を受けた者に関しても，2003年以降資格要件が緩和されるとともに，18歳以上の者に対して大学において個別の入学資格審査により認めることがでるようになった（学校法施規第150条）。

　大学の修業年限は4年（医学，歯学，薬学，獣医学については6年）である。卒業すると学士の称号が得られる。短期大学の修業年限は2年または3年であり，卒業すると短期大学士の称号が得られる。大学への編入学については，高等専門学校卒業者，短期大学卒業者以外に，専修学校の専門課程修了者にも認められている（学校法第132条）。

（2）学校への期待の変容

　戦後学校教育制度の制度としての完成は，教育機会を拡大するとともに，その選抜分配機能を精緻化させた。学校間の序列化は巧緻なまでに達し，学歴資格が雇用と深く結びついた結果，「学校」の地位は絶対的なものとなった。それは学校で教える「知識，技術・技能」を絶対価値とするだけではなく，「学校規範」さらには「学校文化」をも社会全体のものとし，学校からの逸脱は社会からの逸脱と同一視されることとなった。「無償」義務教育を享受し，そのなかで努力することによって，確実に親世代よりも一つ上級学校に進学し，よりよい生活を送ることができるという期待が，「学校」への信仰となった。

　こうして高校，大学へと受験競争の大衆化が進むと，激化する競争を勝ち抜くための準備が，中学校から小学校高学年，さらには低学年へと低年齢化していった。長期にわたる競争は，時間としての負担だけではなく，経済的負担の拡大，それは公教育における機会を獲得するための塾などの私的教育費負担の出現と拡大を一般化した。

　このように子どもは，長期間にわたり「学校価値」のなかで生きることを強いられ，その息苦しさ，歪みはいじめ，不登校，校内暴力といったさまざまな問題を発生させた。一方，「学校」は唯一の学びの場，成功へのステップから，過程通過・選抜分配機関としてのみの場となり，それを支えるための「学び」が公教育から私費による教育に依ると保護者は認識するようになった。1980年代半ばには，戦後経済発展の頂点を極めるなかで，保護者にとって，この教育への投資とその見返りを秤にかけたとき，無限に思える競争への支出に家計がどこまで耐えることができるか，が大きな不安要因であり，不公平感を増大するものとなった。

　こうした社会状況を受けたかたちで，1984年，それまでの中央教育審議会とは別に，内閣総理大臣の諮問機関として「臨時教育審議会」が発足した。1987年の第4次答申まで3年間で4つの答申をまとめた。画一主義と学校中心教育からの脱却を目指して，「個性の重視」と「選択の自由」をキーワードに改革が提案された。自由・自律，選択の自由，権利を推進するものとしての規制緩和，さらには市場原理の導入の提言は，学校価値に対して画一的・押しつけ

的・閉鎖的であると感じ，うんざりしていた人々にとってある意味で魅力的なものであった。

　そして1990年代，その信仰を支えてきた日本経済がバブル経済の崩壊によって混迷をきたすことによって，これまで個々の反抗はあったものの社会全体では絶対的な価値であった「学校規範」，「学校知」に対して，自らの価値観，生活パターンを第一に置き，それとの相対のなかで学校を位置づけるということが肯定されるようになった。

　それはこれまで学校制度のなかで「One Best System」として守られてきた義務教育レベルに大きな影響を及ぼした。義務教育に対して個々の子どもの個性化，多様化，自由化が直接的に要求されることによって，「共通教育」としての意義が薄れる傾向がみられるようになり，一方では都市部における公立学校離れ，一方では「学び」の否定，「学習からの逃走」という現象があらわれた。2005年の中教審答申「新しい時代の義務教育を創造する」では，「学ぶ意欲や生活習慣の未確立，後を絶たない問題行動など義務教育をめぐる状況には深刻なものがある」として，その責任を「学校教育，教育行政が十分対応できなかったことも否めない」と捉えている。

　同答申では「今こそ，義務教育の構造改革が必要である」との提言を行っているが，同答申が出される以前から，戦後築かれてきた学校教育制度の根幹に係わる改革が進行していたのである。

（3）学校制度の再編
　義務教育における改革の転換は，「新しい学力観」と呼ばれる政策の理念の導入から始まったといえるであろう。1989（平成元）年の学習指導要領の改訂，直接的には1991年指導要録の改訂に際して，「児童生徒一人一人のさまざまな可能性…よりよく生きたいという願い」にたつ「新しい学力観の定着をめざす評価」として各教科の観点として「関心・意欲・態度」を最初に掲げ，観点ごとに3段階の絶対評価を行うというものであった。また，中学校においては，選択履修の幅が拡大され，習熟度別学習が導入された。これらの改革の根底にあるのは教育の多様化の肯定である。

義務教育の学校制度改革に直接的な提言を行ったのは，第16期中教審答申（1997年）であり，政府すべてにおいて規制緩和を推進しようとする行政改革委員会・規制緩和小委員会の報告であった。小委員会は通学区域について「保護者などに子供を通わせたいと思う学校を選択する機会は制度的にも実態的にも保障されていない」として，「特色ある学校づくり」を進め，学校選択を弾力化することによって「単一の価値を前提とした序列化の懸念は払拭されるとともに，学校間に多様性が存在することが『格差』であるならば，今後はそのような『格差』を義務教育制度の中でも積極的に肯定していく必要がある」（1996年）と提言した。また，中教審答申では，「形式的な平等の重視から個性の尊重への転換」によって「中高一貫教育の導入」が提案された。これは戦後六・三制による単線型が貫かれてきた義務教育段階に，「選択の自由」を論拠とする複線化による多様化を導入するものであった。

　「学校選択」については，当初，文部省（当時）は，さきの報告書を受けて1997年「通学区域制度の弾力的運用について」の通知を出し，「地域の実情に即し，保護者の意向に十分配慮した多様な工夫を行うこと」とはしたが，「学校選択」とする記述は認められなかった。ところが，1998年「教育改革プログラム」からは「学校選択の弾力化」という語句が用いられるようになり，2000年には品川区が「中学校における通学区域制度の弾力化」として，実質的な学校選択を導入するに至った。こうした状況を後押しするように，2001年総合規制改革会議の第一次答申において，「保護者や児童生徒によって学校が選ばれる環境を創り出すこと」の重要性が強調された。

　また一方では，学校の設置形態の多様化への動きもみられる。内閣総理大臣のもとに設置された教育改革国民会議は2000年に出した報告書で「コミュニティ・スクール」の設置を提案した。この提案は，総合規制改革会議，中教審答申「今後の学校の管理運営の在り方について」（2004年）へと引き継がれ，2004年地教行法の一部改正によって，「地域運営学校」として教育委員会が指定した学校については，教育委員会の管轄下にあるとはいいながらも「学校運営協議会」が学校運営を行うことが認められた（同法第47条の5）。さらに，構造改革特別区域法によって，教育特区として認められたもののなかには，株式会社

やNPOによって学校が設置・運営されるケースも出てきている。

このように学校選択は,「特色ある学校づくり」と一体として進められるが,学校の個性化推進のために2002年,文部科学省は小学校設置基準と中学校設置基準を制定した。これまで小・中学校については大綱的な設置基準は設けられず,学校施設,学級編成などについてそれぞれの法令によって定められてきたことからみれば,この基準制定は大綱として最低基準を確立することが目的であったといえよう。

3　学校の組織と運営

(1) 組織としての学校

まず「組織」とは何であろうか。「特定の共同目標を達成するために,人々の諸活動を調整し制御するシステムのこと」(『新社会学辞典』有斐閣)とある。この定義よれば「学校」は組織であるといえよう。しかし,企業と同じ意味で「組織」であるのかと問われるとその回答は難しい。

それでは,学校が企業などとどの点において異なるのか。その組織特性について考えてみよう。企業が行う行為は,まちがいなく経済的行為であり,財とサービスの獲得を指向する行為である。一方学校が行う行為は,社会的行為である。教育サービスを提供するがそれによって得るのは財ではなく,それによって「人を育てる」ことを指向するのである。このため目標の達成についても,企業に比べ数量的測定によって一律に評価できないものの割合が高い。

また,企業の組織構造は近年変化したとはいえ職務上の階層からなる「タテ」型であるが,学校は教育という営みの特質から一人ひとりの教師の専門的裁量を重視した,ほとんどフラットな組織構造をもつ。

さらに,近年は,社会的責任が強く問われるようになってはきたが,企業にとっては満足させなければならない関係者の第1は顧客であり,それは1種類である。しかし,学校には満足させなければならない関係者がもともとたくさんいる。児童生徒,保護者,教育委員会,納税者たる国民。この関係者がそれぞれ異なる角度から学校をみて,評価する。学校の存在意義そのものが問われ

ている近年においては，どの評価も無視することができない，大きな影響力をもつ。

　ではなぜ近年，「学校組織」という用語が頻繁に用いられるようになったのであろうか。そこには，規制緩和・構造改革のもと，国の責任がナショナル・スタンダードの確保に限定され，その後は市町村や学校の創意工夫によるとする国の方針がある。分権改革によって市町村，さらには学校の権限と責任を拡大する。そして，学校の自主性・自律性を確立するというものである。しかしその一方には，規制緩和・構造改革の流れに乗った，選択などの行為をとおして市場原理を導入することによって改革を図ろうとする動き，地域運営学校などにみる学校経営形態の新たな動き，さらには，アメリカのチャーター・スクールを手本とする学校設置を求める動きなどがある。

　学校の裁量権の拡大という言葉のもと，各学校が直接，保護者，生徒，地域住民を新たな学校運営の構成員とし，需要と供給とが相対してその価値を決める市場に引き出され，さらに環境に迅速かつ適切に対処することを求められているのである。こうした変化を乗り切るためには，学校はどのような組織である必要があるのか，どのように管理・運営するのか，という課題に対して「経営（マネジメント）」という概念を導入することによって改革を推進しようとしている。学校は組織として今，転機を迎えているのである。

　それでは，「管理」と「経営」の違いはどこにあるのだろうか。社会学では「目標や方針を設定して戦略を決め，得られた成果を評価して次なる活動の性格づけをするといったような，事業活動の全体を対象にするのが経営であるのに対し，管理は執行業務としての色彩が濃い。…経営の下位概念として見なされる。管理はそのプロセスに則して，計画し，執行（実行）し，統制する活動だといわれている」（『新社会学辞典』有斐閣）とされている。しかし，学校組織における「管理」と「経営」の関係をみたとき，果たして管理が経営の下位概念であるといえるか，つまりこれまで「経営」という概念がないところで学校に関して「管理」という表現を用いられてきた諸活動が，こうした経営学でいわれるところの「管理」と一致するものであるのか，検討が必要であろう。

（２）学校運営の実際

① 学校の管理とは

　学校の管理とは，①教職員の任免，服務，懲戒などの人的管理，②学校の施設・設備などの物的管理，③組織編成，就学，出席などの運営管理，の３つの領域にわたると考えるのが一般的である。こうした学校の管理は，原則として設置者が行う（学校法第５条）。文部科学省，教育委員会（地教行法第23条），私立であれば学校法人の理事会（私立学校法第36条）が権限を有し，責任を負う。

　教育委員会は，法令または条例に違反しない限りにおいて，「施設，設備，組織編制，教育課程，教材の取扱その他学校その他の教育機関の管理運営の基本的事項について」教育委員会規則で定めることができる（地教行法第33条）。これにより，学校の判断によって処理する事項と教育委員会の判断による事項を区別し，日常における円滑な学校運営を行うことができるようにする。しかし実際には，すべての事項がこうした規則に書かれているわけではなく，通知などによって多くのことが定められており，細かい事項についても許可，承認を得なければならず，許可・承認事項ではないものに関してもさまざまな形で教育委員会による管理が働いており，学校が本当に独自の判断で行うことができることは限られている。また，その内容が画一的で地域や学校の実態に必ずしも則していないなど，教育委員会と学校との関係については課題も多く，学校の裁量権の拡大が進むなか，見直しが必要である。

② 学校規模・学級規模とは

　学校規模については，公立の小・中学校は「12学級以上18学級以下」（学校法施規第41条，第79条），公立高等学校は「240人」（高校標準法第５条）と標準が示されている。しかし，標準学級数の小・中学校は，全体のわずか３割程度であり，市町村の合併，過疎，少子化などによる小規模学校の統廃合の問題は全国的にみられる。

　学級規模については，公立の小・中学校については，設置基準において「40人以下とする」（小学校設置基準第４条，中学校設置基準第４条，義務教育標準法第３条），幼稚園は「35人以下を原則とする」（幼稚園設置基準第３条）と定められて

おり，特別な事情がない限り同学年の児童生徒で編制することになっている（小学校設置基準第5条，中学校設置基準第5条，幼稚園設置基準第4条）。公立高等学校については，「40人を標準」とする（高校標準法第6条）。特別支援学校については，盲・聾学校では10人以下，養護学校については15人以下を標準としている（学校法施規第120条）。

　この学級数が基本的にはその学校の教員数を決めるもととなる。小学校，中学校は義務教育であるため，教職員定数について国による財政負担が行われる関係上，「義務教育標準法」によってその算定方法が定められている。

　しかし，2001（平成13）年からは，地域の実情や子どもの実態に応じた教育を進めるために，都道府県教育委員会の独自の判断により，この国の基準を下回る学級編制をとることができるようになった。都道府県によっては小学校1年生に限って，30人学級をとるところもでてきている。だだし，国の負担額の算定は40人学級で行われるため，少人数学級を編制する場合には都道府県教育委員会がその負担総額のなかで工夫を行うか，別途独自に財源を確保することになる。また，2006年からは市町村教育委員会においても自ら財源を確保すれば，独自に教職員を採用することが可能となった。

③ 置かなければならない職員とは

　学校には「校長及び相当数の教員を置かなければならない」（学校法第7条）。小学校，中学校では，「校長，教頭，教諭，養護教諭及び事務職員」を置かなければならないが，うち，事情により教頭，事務職員，養護をつかさどる主幹教諭を置くとき養護教諭を置かないことができる（同法37条，第49条）。高等学校では「校長，教頭，教諭及び事務職員」（同法60条）を，幼稚園では，「園長，教頭及び教諭」（同法27条）を置かなければならないが，高等学校では副校長を置くとき，幼稚園では事情によって教頭を置かないことができる。また，2007年の改正によって，幼稚園から高等学校までで，栄養教諭の他に「副校長（副園長），主幹教諭，指導教諭」を置くことができるようになった。

　それぞれの職務については，学校法第37条に示されている。校長は「校務をつかさどり，所属職員を監督する」。副校長は，複数配置が可能で「校長を助

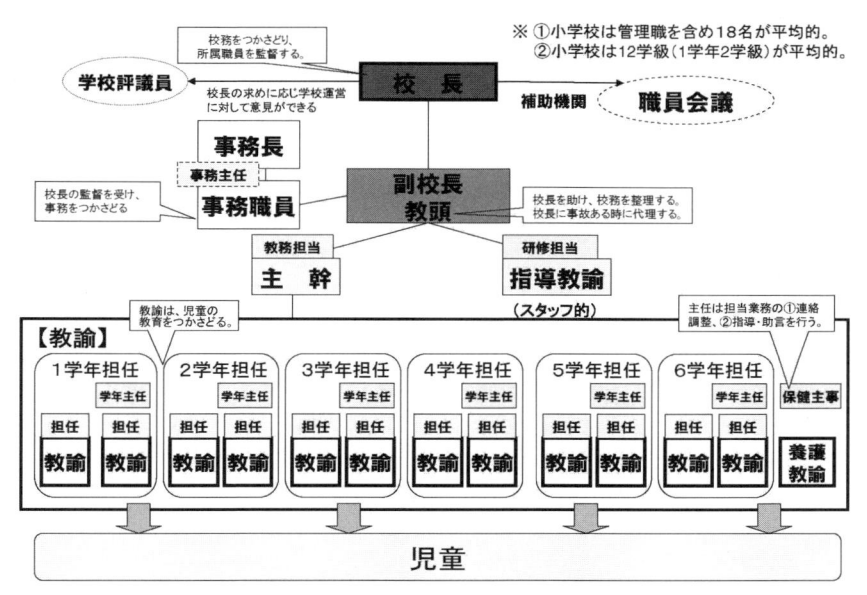

第 3 章　現代学校制度の原理と機能

図 3-1　学校の組織運営のイメージ（中学校の新タイプ）
（出所）「今後の教員給与の在り方について（答申）」2007 年 3 月，参考資料より。

け，命を受けて校務をつかさどり」，校長に事故などがあったときには「職務を代理する」。教頭も複数配置が可能であり，「校長を助け，校務を整理し」，事故などがあったときには校長の職務を代理するほか，「必要に応じ児童の教育をつかさどる」。教諭は「児童の教育をつかさどる」ことを職務とするが，そのなかで主幹教諭は，「校長及び教頭を助け，命を受けて校務の一部を整理」し，指導教諭は，「教諭その他の職員に対して，教育指導の改善及び充実のために必要な指導及び助言」を行うとされている。この度の改革がどのような学校の組織運営を目指しているかを示したものが図 3-1 である。

④　校務分掌とは

　法令では，「調和のとれた学校運営が行われるためにふさわしい校務分掌の仕組みを整えるものとする」（学校法施規第 43 条，第 79 条）と規定され，「校務分掌の仕組みを整えるとは，学校において全教職員の校務を分担する組織を有機

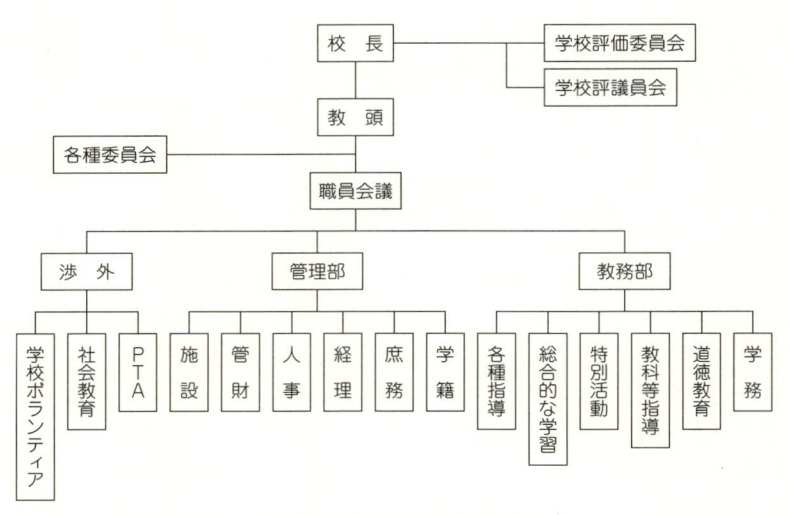

図3-2　ある小学校の校務分掌

的に編制し，その組織が有効に作用するよう整理することである」（1976年文部次官通達）。校務分掌は，学校種，規模などによって実際の構成は異なるが，全教職員がそれぞれの専門，経験などから校務を分担してあたり，教育活動が円滑に行えるよう学校運営を支えるためにある。

⑤ 職員会議の法的地位と性格

　高等学校以下の各学校では，児童・生徒に関する情報交換，校務に関する諸連絡など学校運営上，日常において重要な役割を「職員会議」が担っているのが一般である。しかし，慣習法的に設けられてきた「職員会議」については，その設置，構成，運営について法令上の明文規定はなく，その性格をめぐって論争が続き，2000年にはじめて学校法施規に以下のように位置づけられた。

　小学校には，設置者の定めるところにより，校長の職務の円滑な執行に資するため，職員会議を置くことができる。
　2　職員会議は，校長が主宰する。

（第48条，第79条）

職員会議の性格と機能についての議論は，校長の諮問機関・補助機関説，学校の最高議決機関説，に大別できる。この対立は，前述した校長の校務掌理権について定めた学校法第37条4項の解釈の相違も深く関係している。

　「諮問機関・補助機関説」では，「校務をつかさどり，所属職員を監督する」との条文を校長の掌理権が学校運営全般に及ぶと解し，意思決定権を有する校長の諮問機関・補助機関として職員会議を位置づけている。文部科学省（当時文部省）は，職員会議を「補助機関」であるという考えを示してきた。

　これに対して「学校の最高議決機関説」では，同法第37条11項における「教諭は，児童の教育をつかさどる」の規定によって，教員が構成員となる職員会議を学校の意思決定機関であると位置づけ，校長を対外的に代表する執行者であると解している。

　1998年9月中央教育審議会は「今後の地方教育行政の在り方について」において職員会議を取り上げ，「（ⅰ）その運営等をめぐる校長と教職員の間の意見や考え方の相違から，職員会議の本来の機能が発揮されてない場合もあること，（ⅱ）職員会議があたかも学校の意思決定権を有するような運営がなされ，校長がその職責を十分に果たせない場合もあること，（ⅲ）校長のリーダーシップが乏しい，職員会議が形式化して学校全体で他の学年や学級，教科などに係る問題を話し合うような雰囲気が乏しい，あるいは，運営が非効率であるなど」の運営上の問題点が指摘されているとし，「職員会議の法令上の位置付けも含めて，その意義・役割を明確にし，その運営の適正化を図る必要がある」と答申した。

　そこで職員会議の在り方について，「イ　学校に，設置者の定めるところにより，職員会議を置くことができることとすること。ウ　職員会議は，校長の職務の円滑な執行に資するため，学校の教育方針，教育目標，教育計画，教育課題への対応方策等に関する教職員間の意思疎通，共通理解の促進，教職員の意見交換などを行うものとすること。エ　職員会議は，校長が主宰することとし，教員以外の職員も含め，学校の実情に応じて学校のすべての教職員が参加することができるようその運営の在り方を見直すこと。」を提案した。

　この中教審答申を受けて，同施行規則第48条が定められ，職員会議の任意設

置，補助機関としての位置づけが明示された。しかし，答申は「職員会議については，校長を中心に教職員が一致協力して学校の教育活動を展開するため」，「教職員間の意思疎通を図る上で，重要な意義を有するもの」とその意義を認めているように，任意設置であるとはいえ，実際には職員会議を欠いた学校運営は，答申の求める「円滑かつ機動的に行われ，その透明性を確保」した運営であるとは言い難いであろう。また，答申では校長の職務として「教職員の意欲を引き出す」ことをあげ，「教職員一人一人が，学校の教育方針やその目標を十分に理解して，それぞれの専門性を最大限に発揮するとともに一致協力して学校運営に積極的に参加していくこと」を求めているが，この観点からも，職員会議は校長にとってその職務を果たすための重要な機関であるといえよう。

⑥ 学校評議員制度

先の「今後の地方教育行政の在り方について」においては，「より一層地域に開かれた学校づくりを推進するためには学校が保護者や地域住民の意向を把握し，反映するとともに，その協力を得て学校運営が行われるようなしくみを設けることが必要であり，このような観点から，学校外の有識者等の参加を得て，校長が行う学校運営に関し幅広く意見を聞き，必要に応じ助言を求めるため，地域の実情に応じて学校評議員を設けることができるよう，法令上の位置付けも含めて検討することが必要である」との提案もなされた。

答申を受け，2000（平成12）年1月に学校法施規に第49条を追加し，同年4月からこの制度を導入した。学校評議員制度に類似した制度は諸外国にもみられるが，日本の同制度の特徴は，「校長の推薦により」教育委員会が委嘱し，「校長の求めに応じ」意見を述べることができるとなっているように，あくまでも校長の権限であり，評議員に学校運営への発言権や参加権がないことにある。また，答申では「校長は，必要に応じて，学校評議員が一堂に会して意見を述べ，助言を行い，意見交換をする機会を設けるなど運営上の工夫を講じること」との提案が示されたが，条文には意見交換の機会の設定についての規定は盛り込まれていないことも特徴のひとつである。

⑦ 学校運営協議会

　学校運営協議会議は，2000年の教育改革国民会議の報告で提案されたことを受け，2004年に中教審答申「今後の学校の管理運営の在り方」において具体的な制度としての提案がなされ，地教行法に第3節が追加され，同年9月に施行された。

　実施方法としては，所管する教育委員会が，学校運営協議会制度をとる学校を指定し，指定学校の所在する地域住民，指定学校在籍児童・生徒の保護者，その他教育委員会が必要と認める者を委員として任命する。

　学校運営協議会には，学校評議員とは異なり，かなりの権限が認められている。指定学校の校長は教育課程の編成など基本的方針について学校運営協議会の承認を得なければならず，また意見を述べることも認められている。さらに，指定学校の職員採用・任用にあっても，意見を述べることができ，その意見は教育委員会において尊重されるものとされている。ただし，「学校運営協議会の運営が著しく適正を欠くことにより，当該指定学校の運営に現に著しい支障が生じ，又は生ずるおそれがあると認められる場合」指定は取り消される。これら指定や指定取消，委員の任免，会議事手続きなどについては教育委員会規則で定めることとされている。

　保護者などが有益な意見を提供するためには，学校や子どもの実態をより的確に理解する必要があり，また保護者の意見を学校改善に的確に反映させるためには教職員が十分に保護者の思いを理解する必要がある。そのためには，教職員の参加が必要欠くべからざることであると考えられるが，現行法では教職員の参加は明示されていない。教職員が教育委員会によって必要と認められるか否かに依ることになる。また年齢にもよるが子どもの参画が位置づけられていないことも国際的な子どもの権利保障のレベルや長野県の高校などで実施されている「三者協議会」の実践からみて課題である。

（3）教育目的組織としての学校と評価

　学校評価は，1998年中教審答申「今後の地方教育行政の在り方について」においてもとめられた「開かれた学校」の実現という流れのなかでまず2002年に

自己点検・評価という形で導入された（小学校設置基準，中学校設置基準等）。

その目的は，学校設置基準の制定時に出された文部科学省事務次官通知（13文科初第1157号）によれば，改善への寄与，開かれた学校づくり推進の上における説明責任を果たすための情報提供にある。点検・評価の項目については，各学校が教育目標等を踏まえて適切に設定することと説明されている。実際には，各都道府県教育委員会が点検・評価のためのハンドブックなどを作成し，各学校がそれに若干の特色を取り入れ実施されていることが多い。

その後，2005年「経済財政運営と構造改革に関する基本方針2005」（閣議決定）において，「評価の充実，多様性の拡大，競争と選択の導入の観点をも重視して，今後の教育改革を進める」上で，「学校の外部評価の実態と結果公表のためのガイドラインを平成17年度中に策定する」と外部評価の導入の方向性が示された。また，中教審答申「新しい時代の義務教育を創造する」（2005年）においては「教育の質の保証」，「保護者などへの説明責任」といった観点から学校評価の充実が求められた。

2006年3月，学校運営の改善，信頼される開かれた学校づくり，教育の質の保証・向上を目的として「義務教育諸学校における学校評価ガイドライン」が示された。このガイドラインは，「自己評価，外部評価」「評価結果の説明，公表」と「支援・条件整備」の3つの要素から構成されている。2007年には，設置基準において規定していたものを学校教育法にあげて，学校運営評価に関する条項（同法42条），情報提供義務（同法43条）を追加し，同法施行規則第4章に第5節を起こし，学校運営自己評価と結果公表の義務（第66条），保護者等による学校評価（第67条），学校評価結果報告義務（第68条）を定めた。

しかし，次々に導入される評価に関して学校現場では混乱がみられる。「学校評価の在り方と今後の推進方策について第1次報告」（2007年）において，特に「外部評価」の用語について狭義・広義で意味合いが異なることを認め，「学校関係者評価（外部評価）」として，「外部評価者により構成された委員会等が，当該学校の教育活動の観察や意見交換等を通じて，自己評価結果を踏まえて評価を行う」との定義を行っている。また，しばしば外部評価として扱われていることがある保護者を対象としたアンケートについては，「自己評価を

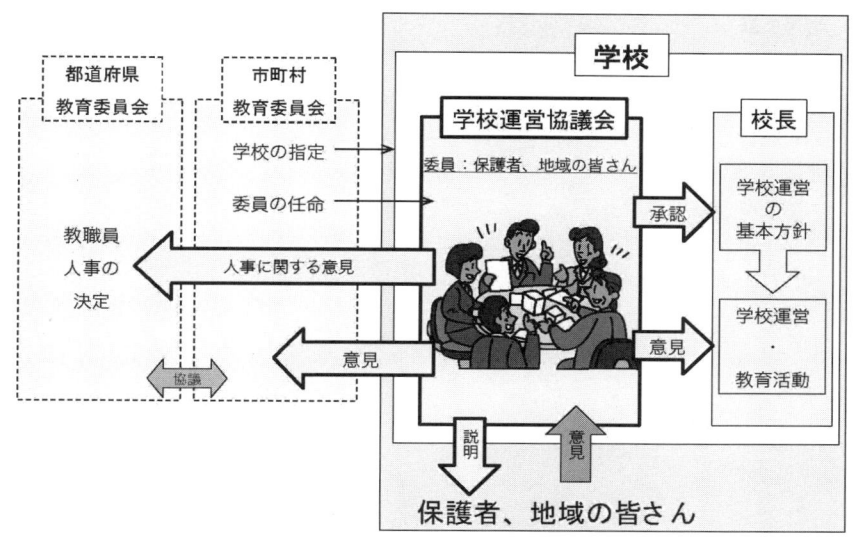

第3章　現代学校制度の原理と機能

図3-3　学校運営協議会のイメージ
（出所）　文部科学省ホームページ「学校運営協議会制度について」より抜粋引用。

行う上で，意見や要望等を把握するために行う」ものとする位置づけが示されている。さらに，今後導入が検討されている「第三者評価」については，「当該学校に直接かかわりをもたない専門家等が，…専門的・客観的立場から評価を行う」と定義している。

　2008年1月には，さきの学校教育法，同法施行規則の改正を受け，こうした混乱を解消するために，「学校評価ガイドブック」が改訂された。さらに2010年4月にも「第三者評価」について改訂された。

　このような学校評価の導入については，学校改革の資料として学校運営に利用することや保護者や地域社会へのアカウンタビリティを果たすという観点からは，有益であるといえるであろう。しかしながら，競争と選択の導入といった観点での利用に寄与させることについては，さまざまな問題があり，本来の学校改善やアカウンタビリティに寄与するという目的を阻害することにもつながるであろう。

参考文献

平原春好編著 2009『教育行政学』東京大学出版。
堀尾輝久ほか編 2006『講座学校　組織としての学校』柏書房。
大田直子・黒崎勲編著 2007『教育行政と学校経営』学事出版。
佐藤学 2006『学校の挑戦，学びの共同体を創る』小学館。
苅谷剛彦 2009『教育と平等——大衆教育社会はいかに生成したか』中公新書。
市川須美子 2007『学校教育裁判と教育法』三省堂。
山田昌弘 2006『新平等社会』文藝春秋。
久野善之ほか 2007-2008『未来への学力と日本の教育　1〜9』明石書店。

（添田久美子）

第4章　教育行政の原理と組織

　教育行政とは何かを明らかにすることは，教育制度研究に不可欠である。本章は，第1節で教育行政のしくみについて，教育行政の定義，中央・地方の関係，および戦後改革における教育委員会制度創設の意義を概説する。第2節で中央教育行政のしくみと役割について，戦後改革における文部省改革の意義と現文部科学省の組織を概説する。第3節で地方教育行政のしくみと役割について，教育委員会の組織，および教育委員会と学校の関係を概説する。第4節で旧教育基本法(1947年，以下旧教基法)と新教育基本法(2006年，以下新教基法)の間に生じる日本国憲法（1946年，以下憲法）との一体的関係をめぐる教育行政の役割の相違点，および新教基法制定下で進む教育行政の地方分権化を概説し，憲法が内在する〈人権としての教育〉を実現する立場から教育行政の課題について学び問う。

1　教育行政のしくみ

（1）教育行政の定義と組織の概観
① 教育行政の任務とは何か

　教育行政の任務とは何かを考えるにあたり，「教育行政」についての定義を，事実規定と規範規定に分けて理解することの意義から始めることにする。

　前者には，その対象範囲を直接に明示する「教育を対象にする行政」（平原，1993）という考えがある。これは，教育行政が直接・間接に教育を対象に及ぼす作用の事実を合理的に把握する上で有効な定義である。この場合の「教育」とは，「国又は地方公共団体によって組織された教育」に限定された「制度としての教育」を意味する。全くの私的な教育組織は含まれないが，大多数の人々に影響を与える私的な教育組織は例外的にこれに含まれる。具体的には，

一条校（学校教育法第1条，以下，学校法），専修学校（同法第124条），各種学校（同法第134条），日本人学校等の学校教育，社会教育，その他学術及び文化，宗教に関する事務等も幅広く「制度としての教育」の範疇に入る（文部科学省設置法第3条，以下，文科省設置法，地方教育行政の組織及び運営に関する法律第4条，以下，地教行法）。この場合の「行政」の定義とは，行政主体の行為・作用の事実を把握・分析する上で有効性をもつ行政作用として捉える。この場合の行政作用は，規制，助成，実施にわたる作用である。規制作用は，「制度としての教育」に対して一定の義務を課し，基準を設け，外的に統制する作用である。助成作用は，「制度としての教育」に対して経費を補助し，指導・助言・援助する作用である。実施作用は，必要な事業を行政主体が自ら行う作用である。一般に行政作用については，社会教育よりは学校教育，一条校以外よりは一条校，義務教育以外よりは義務教育の方が強くなる傾向がある。また，一般行政と教育行政における作用にも異なる特徴があり，一般行政が許認可を与える規制作用が中心であるのに対して，人間発達に資する教育的価値の実現を目指す教育行政は，規制作用より指導・助言，財政的援助等の助成作用が中心となる。その点で「行政らしからぬ行政」といわれる。また「制度としての教育」の骨格として，最高法規たる憲法及び教育関係法の，すなわち教育法の存在がある。その点で教育行政は，教育法に基づき「制度としての教育」を対象にし，助成・規制等の作用を及ぼすものとして捉えられる。

　次に規範規定としては，教育行政を「教育条件整備の行政」（宗像誠也『増補版・教育行政学序説』有斐閣，1969年）と捉え，教育行政の任務を明確にした定義がある。「憲法26条から出発する教育行政学」という立場から，権利主体としての子どもを大切にし，子どもの可能性を最大限に発達させる目的をもつ教育の特殊性に立って，教育の自主性・自由を守り，教育条件の整備を行うことを，教育行政の任務とする考えである（教育法令研究会，1947）。つまり，教育行政は，教育に対する「不当な支配」を及ぼす支配統制，教育を権力的・強制的要素ではなく，技術的な助言・指導，サービス的活動を主とする教育条件整備義務に徹しなければならないとするものである。そこには，わが国の戦前の国家による強い支配統制のもとで，軍国主義または極端な国家主義の要請（政治的

価値)への反省があった。つまり国民として,「忠良な臣民」としての人間形成が至上の教育目的となり,国民一人ひとりの人間としての「個人の尊厳」を尊重し,「人格の完成」(教育的価値)を目指す教育と教育行政の関係への根本的な転換があったのである。戦前・戦時中は,教育を受け,学習することにより発達する権利を内容とする,国民一人ひとりの「人格の完成」を目指す学習権の実現(教育的価値)と,政府の国家・社会の形成者の国家的要請(政治的価値)の間に根本的な矛盾が存在した。それゆえ,戦後の教育行政には,権力が個人の尊厳を侵し過度に不当な支配を及ぼし,特定の価値に個人を束ねる国家・社会の形成者への国家的要請を調停する役割や,国民主権を担う個人の資質・能力を開花させ人格の完成をなし「平和的な国家・社会の形成者」の教育目的へ至る国民の学習権の実現を進める役割が期待された。このような期待からみれば,「教育行政は教育の目的を実現し,国民の学習権を保障するために教育を組織し運営する公権力の作用と組織である」(平原,1993)と考えることが,教育目的を明示し,教育行政の任務を規範的に規定する上で重要である。したがって,教育行政の役割を「教育を対象にする行政」の作用の事実として捉え,その事実を是正し人間発達に資する教育的価値実現を目指すためには,教育の自主性・自由を守り,教育条件の整備を任務とする教育行政の規範的な捉え方が重要である。

② 中央・地方の教育行政の組織関係

　教育行政の機関は,国を中枢にして,都道府県,市町村レベルの組織を含む中央・地方の教育行政が相互に連携・協力する関係にある(文科省設置法第4条,地教行法第51条等)。中央教育行政及び地方教育行政のしくみについては,後述するが,ここではまず,中央・地方の教育行政の組織関係を図で示しておく(図4-1)。

　中央・地方の教育行政の組織関係の根拠法は,表4-1の通りである。

　表4-1の⑥〜⑧は,2008(平成20)年4月1日から施行されている。これらは,後述する中央・地方の関係に対する分権化(地方分権一括法2000〔平成12〕年施行以降)で削除された内閣総理大臣の是正改善要求(地方自治法旧第246条の

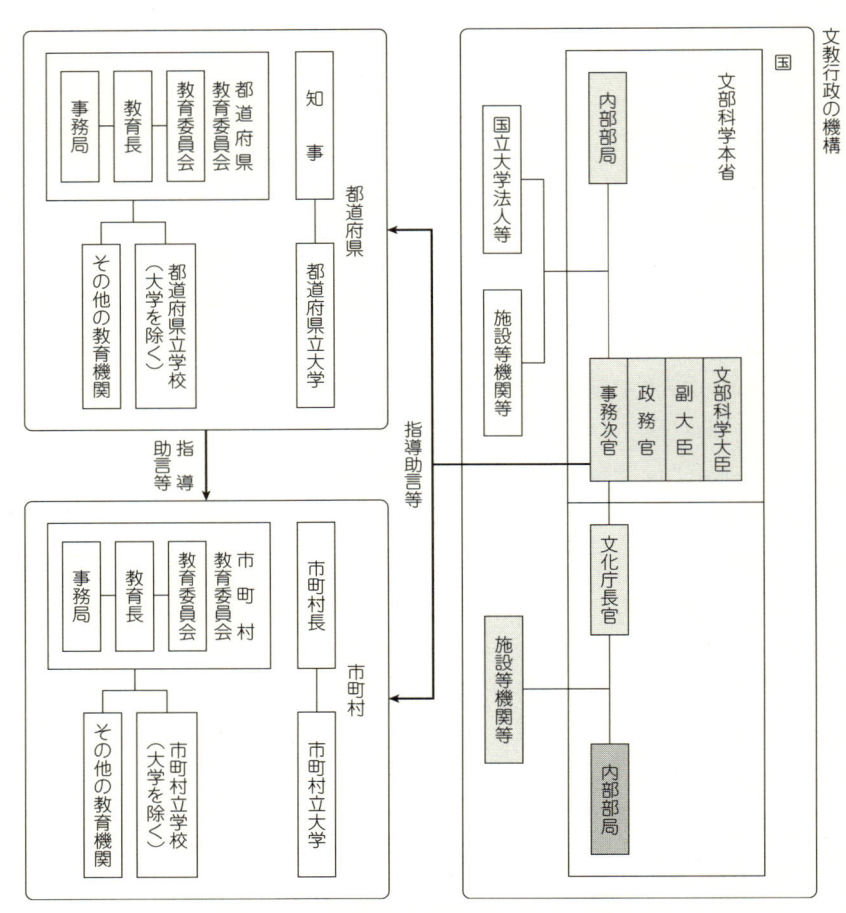

図 4-1 文部科学省・都道府県・市町村の関係図
(出所) 小川・窪田 (2008) より。

2, 以下, 自治法) の特例としての文部科学大臣の是正改善要求 (地教行法旧第52条) が, ⑥〜⑧の49条 (是正要求の方式), 50条 (是正指示), 50条の2 (通知) によって復活したことを意味する。これは, 教基法「改正」(2006 〔平成18〕年) を具体化する2007 (平成19) 年の教育三法 (以下の実質四法, 学校法, 教育職員免許法 (以下, 免許法) 及び教育公務員特例法 (以下, 教特法), 地教行法)「改正」で進む現在の教育改革のひとつの特徴——文科省の地方に対し,

表4-1　教育行政の組織関係の根拠法

中央→地方	根拠法
① 文部科学大臣による学校設置基準等の設定→教育委員会・地方公共団体の長の遵守義務	学校法第3条 地教行法第25条
② 文部科学大臣による教育に係る調査・統計ならびに広報及び教育行政に関する相談に関する指導・助言・援助→上記の指導・助言・援助を求めることができる	地方自治法第245条の4（以下，自治法） 地教行法第48条
③ 文部科学大臣による調査→文部科学大臣の指定する事項の調査を行う	地教行法第53条
④ 文部科学大臣の教育委員会・地方公共団体に対する資料，報告の提出要求→文部科学大臣が調査を求めた場合，教育委員会は報告する法律上の義務を負う（昭和34.12.19初等中等局長回答）	地教行法第54条
⑤ 国の負担金・補助金の交付申請等に関する事務の処理→初等中等教育に関する補助を受ける	文科省設置法第4条
⑥ 文部科学大臣による是正要求→教育委員会の法令違反や怠りによって児童等の教育を受ける権利が明白に侵害される場合，教育委員会は是正要求を受ける	自治法第245条の5 地教行法第49条
⑦ 文部科学大臣による指示→教育委員会の法令違反や怠りによって緊急に児童等の生命・身体を保護する必要が生じ，他の措置によって是正を図ることが困難な場合，教育委員会は改めるべきことの指示を受ける	地教行法第50条
⑧ 文部科学大臣が⑥⑦を行う場合に通知を行う→当該地方公共団体の長及び議会は，その旨の通知を受ける	地教行法第50条の2

分権化を進めながら実質的に中央統制機能を強化する「中央集権的分権化」ともいうべき動向――を象徴するものである。

(2) 教育委員会とは何か

　教育に関する事務については，地方公共団体が地域の実情に応じて主体的に処理する教育行政の地方自治・独立性が教育行政の原理として採用される。つまり，これを具体化する現行制度が，自治法第138条の4及び地教行法第23条等に根拠をもつ地方公共団体の一行政機関である教育委員会である。教育委員会は，国や知事・市町村に特に留保されたものを除き，地方公共団体のすべての教育行政事務を執行する（地教行法第23条，第24条，自治法第180条の5），合議制の独立した行政委員会である（地教行法第3条，第13条，第55条）。現行制度は，

各地方公共団体の長が，教育委員会を構成する委員を，議会の同意を得て任命する行政機関である（地教行法第4条）。

① 戦後改革における教育委員会制度創設の歴史的経緯
　さて，地方教育行政組織としての教育委員会については，創設の歴史的経緯があり，当初の公選制から現行の任命制へ変化した事情を理解することは，同制度の意義を考える上で重要である。
　それは，戦前の軍国主義・超国家主義による中央集権的な教育行政の内務官僚による一般行政に従属した教育行政を反省し，戦後教育改革期に創設された教育委員会制度に起源がある。その基本的考え方は，地域住民の教育意思を住民を代表する公選による教育委員を通じて教育行政に反映させる素人統制（layman control）と，教育及び教育行政の専門家としての教育長の専門的指導性（professional leadership）を統一して機能させるということにあった。1948（昭和23）年に教育委員会法が成立し，「教育が不当な支配に服することなく，国民全体に対し直接に責任を負つて行われるべきである」（第1条）ことを鮮明にし，地域住民の教育意思を直接に反映させる責任ルートとして公選制教育委員会制度を発足させた。それは，教育行政の地方分権，教育の民衆統制，教育行政の一般行政からの独立，という教育行政の民主化の3原則を基本理念としていた。具体的な制度としては，①教育を国の事務から地方公共団体の事務に移したこと，②教育委員会を合議制の執行機関とし，教育委員を住民による公選制としたこと，③教育に関する予算や条例の原案を地方議会に送付する権限を教育委員会に認めたこと，などである。
　ところが，1956（昭和31）年に公選制教育委員会制度は制度原理の転換を余儀なくされた。そこには，1950年代初期からの戦後教育改革の修正動向が反映されていた。独立後の事態に備える日本政府はリッジウェイ連合国司令官声明を受け，占領下に成立した法令を再審査するために，吉田茂首相の私的諮問機関として政令改正諮問委員会を設置した。同委員会は，戦犯追放解除，行政機構改革，労働・経済・治安立法とともに，教育制度改革の是正をについて検討を行った。「教育制度の改革に関する答申」（1951〔昭和26〕年）は「国力と国

情」にあった「合理的な教育制度」への「改善」を目指し，「公選制の教育委員会制度を任命制に改め，教育に対する文部大臣の責任体制を明確にする」地方教育行政の抜本的改革の方向を示した。この方向に沿い，地方財政危機を背景に当時の財界の要求や保守政党などの議論によって，中央教育行政と地方教育行政の「調和」的関係が強調され，地教行法が強行採決され成立した（1956〔昭和31〕年）。同法では，①教育委員の公選制から任命制への転換，②文部大臣の都道府県教育長任命の事前承認制・都道府県教育委員会の市町村教育長任命の事前承認制，③教育予算の原案送付権の削除，④学校管理規則の制定，⑤文部大臣・都道府県教育委員会の措置要求権の規定，⑥県費負担教職員の任命権の都道府県教育委員会への移管など，住民代表性及び民衆統制をはじめ教育行政の民主化3原則について大幅な後退が見られ，中央教育行政の統制機能の権限も強化された。

② 都道府県と市町村の教育委員会の現行法上の関係

現行の教育委員会のしくみについては，後述するが，ここでは都道府県と市町村の地方教育委員会の現行法上の関係及び，その根拠法を次に示しておく。

表4-2 都道府県と市町村の教育委員会の現行法上の関係

都道府県→市町村	根拠法
① 都道府県教育委員会による指導・助言・援助→市町村は市町村の教育事務に対する指導・助言・援助を受ける	地教行法第48条
② 文部科学大臣の指示による都道府県教育委員会の調査→市町村は市町村の教育事務に対する調査を受ける	地教行法第53条2項
③ 都道府県教育委員会による資料，報告の提出要求→市町村は市町村の教育事務に対する資料，報告を提出する	地教行法第54条2項
④ 都道府県教育委員による県費負担教職員の任命を，市町村の内申をまつて行う→市町村は，内申を行って上記の任命を受ける	地教行法第37条，38条1項
⑤ 都道府県教育委員会による初任者研修に係る非常勤講師の派遣→市町村は，上記の非常勤講師の派遣を求める	教特法第23条1項 地教行法第47条の4
⑥ 都道府県教育委員会による特別に必要な職員の派遣→市町村は，上記の職員の派遣を求める	自治法第252条の17 1項

表4-2中の③に関して，1961（昭和36）年に導入された「全国中学校学力調

査」(以下,「全国一斉学テ」)の根拠法とされたことがあった。「全国一斉学テ」の際に,文部省(当時)は事前に実施期日及び実施についての書面と調査実施要項を送付し,地教行法第54条2項を根拠に,「文部省は…教育委員会に対し,区域内の教育に関する事務に関し,必要な調査…の資料の提出を求めることができる」として,文部省が個々の学校の教育内容に不当に支配するものではなく,都道府県教育委員会が独自に教育行政の地方自治に基づき自主的に「調査」を行うという主張をした。実際には,文部省通達で全国一斉学テは行われ,決して地方教育委員会が独自に主体的に行ったわけではなかった。市町村教育委員会のなかには,この全国一斉学テの実施を拒否したところもあった。

翻って,教基法の全面的な「改正」後の2007(平成19)年に実施された「全国学力・学習状況調査」(以下,「全国学力調査」)の際にも同様に③が根拠法とされた。しかし,後述するように,新自由主義を原理とする学校の評価活動に見られる「P(計画)→D(実施)→C(評価)→A(改善)」サイクルで,学校の裁量権を拡大し,「全国学力調査」に自主的に参入させ,「結果」の公表で〈全国学力調査→学校評価・教員評価→学校選択→入学生一人当たり教育費の傾斜的財政配分〉を行う,こうした施策を国が強いる動向を考えるとき,はたして都道府県が独自に教育行政の地方自治原則にもとづいて市町村に対して自主的に行動したとみるのが妥当かどうかは疑わしい。

2 中央教育行政のしくみと役割

(1) 文部科学省の概要
① 文部省の戦後改革における中央教育行政組織としての歴史的経緯

敗戦後の教育改革によって,文部省は中央集権的監督行政の色彩を一新し,地方自治・地方分権を尊重した「戦後の教育の民主化を推進するにふさわしい中央教育行政機構」(文部省設置法提案理由,1949〔昭和24〕年)として,非権力的な行政事務を主とする指導助言行政の「サービス・ビューロー」へ転換した。この機構改革の具体化として,管理行政と指導・助言行政を明確に分離し,相互抑制により行き過ぎを防ぐ「チェック・アンド・バランス方式」が採用され

た。たとえば，教科書行政に関しては，教科書内容事務は初等中等教育局，検定事務は「当分の間」は管理局，刊行事務は調査普及局の3局に分離し，相互抑制方式で行き過ぎを抑え民主化を図った。なお「当分の間」の意図として，当時非常に資材不足のため一時的に文部省が行い，教科書の検定事務も教科書用紙の需給関係等に基づく臨時的措置で対応しながら，早晩地方に移譲し，将来的には，都道府県教育委員会が行うという地方分権の方針を確認していた。

ところが，1952（昭和27）年以後になって，行政の簡素化を図り，日本の独立後の新事態に即するよう所要の調整を加えるとの理由から，文部省設置法の改正が行われ，文部省の権限が復権し，指導・助言機関の性格が後退した。具体的には，管理行政と指導・助言行政を明確に分離し民主化を図った方針が不合理不便であるとされ，「チェック・アンド・バランス方式」が廃止された。たとえば，教科書行政は，3局にまたがる機構を改め，初等中等教育局に一本化された。文部省設置法附則第6項が，学習指導要領は教育委員会の作成に関して「妨げるものではない」としていた文言が削除され，「初等中等教育においては，当分の間，学習指導要領を作成するものとする」との規定だけになった。こうして，教育行政の「地方分権の行き過ぎ」の是正として文部省の権限の復権・集中が図られて，文部省は「サービス・ビューロー」としての性格を弱めた。

その後，臨時教育審議会最終答申を受けて，文部省は1988（昭和63）年に社会教育局を廃止し，生涯学習局を筆頭局として設置し，生涯学習体系への移行に向け，政策形成機能を高めるための組織改編が行われた。1990年代以後，国や都道府県の関与を地方教育行政本来の方向に再修正する地方分権化推進・規制緩和（地方分権一括法2000〔平成12〕年施行）が推進されたが，後述するように，教育内容の国家統制を合法化する危惧を有する新教基法（2006年）も含め，今日なお中央教育行政の統制機能の権限は問われ続けている。

② 文部省再編後の文部科学省の組織構成（局等）

現行の文部科学省（以下，文科省）は，中央省庁等の改革（①政治主導の確立，②縦割り行政の排除と行政機関の大くくり再編，③行政の透明化と自己責

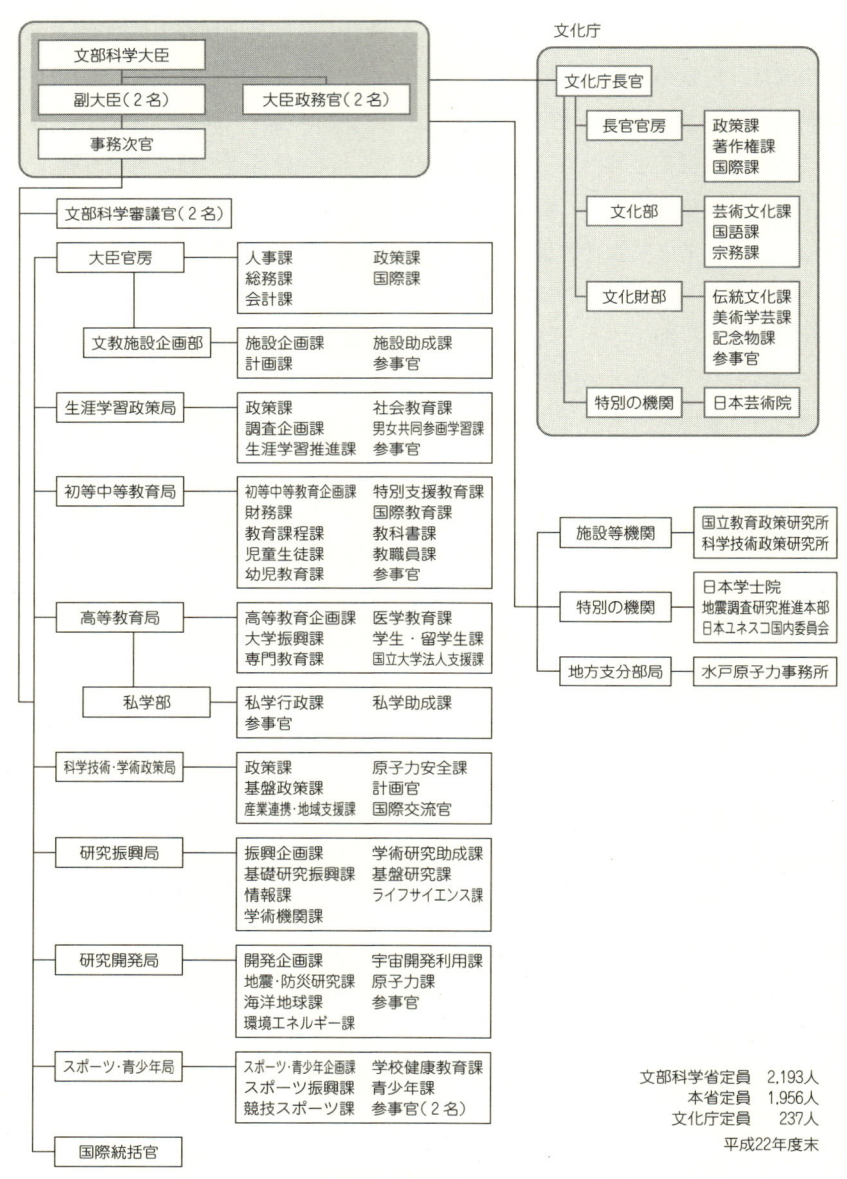

図4-2　文部科学省の組織図（平成23年4月1日現在）
（出所）　文部科学省HPより。

任，④行政のスリム化）で，2001（平成13）年1月に文部省と科学技術庁が統合され，文科省の官房・局は13（旧文部省7・旧科学技術庁6）から8に再編成された（図4-2参照）。

文科省設置法によると，本省には，文部科学大臣の下に，政治的任用職としての副大臣（2人）・大臣政務官（2人），事務方のトップとしての事務次官（1人），そして重要な政策に関する事務の統括整理をする「特別な職」の文部科学審議官（2人）が置かれる。

また，本省には，詳細は後述するが，文部科学大臣の諮問機関としての中央教育審議会，教科用図書検定調査審議会，大学設置・学校法人審議会が置かれる。この他，科学技術・学術審議会，宇宙開発委員会，放射線審議会，文化審議会，宗教法人審議会，国立大学法人評価委員会，文部科学省独立行政委員会がある。新設置法施行令によると，本省の内部部局は大臣官房，7局（生涯学習政策局，初等中等教育局，高等教育局，科学技術・学術政策局，研究振興局，研究開発局，スポーツ・青少年局）及国際統括官（1人）を，大臣官房に文教施設企画部を，高等教育局に私学部を，施設等機関として国立教育政策研究所，科学技術政策研究所，国立特別支援教育総合研究所，国立科学博物館等を，地方支分部局として水戸原子力事務所を置く。特別の機関として，日本学士院，地震調査研究推進本部，日本ユネスコ国内委員会がある。文科省の任務は，教育の振興及び生涯学習の推進を中核とした豊かな人間性を備えた創造的な人材の育成，学術，スポーツ及び文化の振興並びに科学技術の総合的な振興を図るとともに，宗教に関する行政事務を適切に行うことである（文科省設置法第3条）。文科省の所掌事務は，前述する任務を達成するため，豊かな人間性を備えた創造的な人材の育成のための教育改革に関すること，生涯学習に関すること，地方教育行政に関すること，地方教育行政に関する制度の企画及び立案並びに地方教育行政の組織及び一般運営に関する指導，助言及び勧告に関すること等97項目である（文科省設置法第4条）。

さて，全国的な教育機会の均等確保と教育水準の維持向上を理由とする教育内容統制へ及ぶ文科省の規制作用の実態は，これまで「教育は，不当な支配に服することなく」という，旧教基法第10条に矛盾する動きとして見られた。司

法解釈では，教育の機会均等の確保をはかる上からも，全国的に一定の水準を確保すべき強い要請があるとし，全国一斉学力テストは「教育への不当な支配」に触れないとされた（最高裁大法廷昭和51・5・21北海道学力テスト事件判決）。行政解釈は，憲法第26条や教基法第3条は教育の機会均等を定めるが，単にそれだけでは足りないとし，子どもの受ける教育内容が誰にとっても能力に応じて均等で同一水準のものであることを保障せずしては子どもの教育を受ける権利を真に保障したことにならないとも公言してきた（菱村幸彦『教育課程の法律常識[新訂第二版]』第一法規，1989年）。いずれも，子どもの教育を受ける権利を真に保障する教育の機会均等原則が，教育内容の全国的画一化の要請を導き，教育内容に対する国家統制を正当化する。新教基法は「国は，全国的な教育の機会均等と教育水準の維持向上を図るため，教育に関する施策を総合的に策定し，実施」する（第16条2項）と法定した。これは従来の中央教育行政が教育内容を規制する国家統制の合法化にひとしく，今後，教育内容の仔細に強力な規制を及ぼすならば，「教育内容への関与は抑制的であるべき」という判示（最高裁大法廷昭和51・5・21北海道学力テスト事件判決）や，後述する通り，憲法に内在する旧教基法第10条の論理――〈人権としての教育〉の憲法学的自由権的人権――との矛盾は深まるだろう。

　財政面では，補助負担金の改革（「三位一体改革」の一環）が進み，県費負担教職員の給与等の実額の二分の一を国が負担してきた義務教育費国庫負担金制度が，2004（平成16）年から地方公共団体の総量・創意工夫が発揮できる「総額裁量制」で分権化・規制緩和が進む一方で，2006年度から国の負担金が，三分の一となった。こうした改革動向で教育条件整備に必要な予算が削減されるなら，後述する通り，憲法に内在する旧教基法第10条の論理――〈人権としての教育〉の憲法学的社会権的人権――から，教育条件整備義務に対する中央教育行政の責任が問われる。また，分権化のもとで地方集権の統制強化が進行し，憲法の価値理念から逸脱するトラブルが教育現場に起こるケースがある（コラム2参照）。地方公共団体の教育施策・教育行政が憲法の価値理念から逸脱する場合には，中央政府の教育行政が地方公共団体に憲法を遵守させる責任も問われる。

（2）文部科学省の教育関係審議会

　前述の中央教育行政機関に付置され，特定の行政分野における政策の決定・実施に関する諮問を受け，助言・勧告的な情報をまとめて答申を提供する合議体に，審議会，委員会，審査会，調査会，協議会，協力者会議などがある。名称も，法的手続きで設置されるもの，行政機関の決定での設置，私的諮問機関での設置等多様に存在する。

　文科省の教育関係審議会は，中央教育審議会，教科用図書検定調査審議会，大学設置・学校法人審議会等である。現状では，委員の構成には教育学者や教職員団体の代表者がほとんどなく，財界の代表者や政府の意向に従う委員中心の構成であるものも少なくない。政府の教育政策を正当化する「御用機関」とか，審議会の答申を受けた政府の教育政策実施後の責任を転嫁する「隠れみの」との「審議会行政」への批判もある。

　現行の文科省の教育関係審議会は，中央省庁等の改革で従来の23から8に再編された。たとえば，2001（平成13）年の再編で誕生した新しい中央教育審議会は，従来の中教審の一部と生涯学習，理科教育及び産業教育，教育課程，教育職員養成，大学，保健体育の各審議会を統合し，教育・スポーツ・生涯学習振興等の重要事項の調査審議と処理をつかさどるようになった。旧中教審と異なり，審議会・分科会に部会を置き部会の決議をもって，審議会の決議とできるようになった。現行の中教審の部会構成は，教育制度，生涯学習，初等中等教育・大学，スポーツ・青少年となっている。

3　地方教育行政のしくみと役割

（1）教育委員会の概要

　現行教育委員会制度は，学校その他の教育機関を管理し，学校の組織編成，教育課程，教科書その他の教材の取り扱い及び教育職員の身分取り扱いに関する事務を行い，並びに社会教育その他教育，学術及び文化に関する事務を管理しこれを執行するものと定められている（自治法第180条の8）。

　教育委員会は，都道府県，市（特別区を含む）町村，及び地方公共団体の組

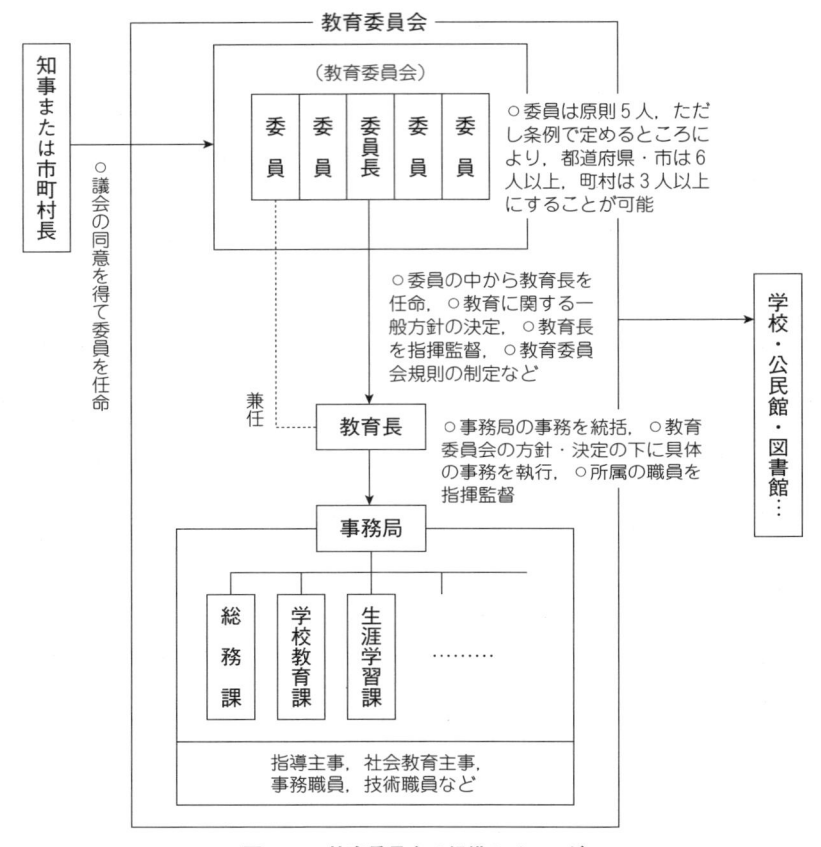

```
          ┌──── 教育委員会 ────┐
知事   ──→ │  （教育委員会）    │  ○委員は原則5人、ただ
または     │ 委 委 委 委 委    │  し条例で定めるところに
市町村長   │ 員 員 員員 員 員  │  より、都道府県・市は6
           │         長         │  人以上、町村は3人以上
   議会の                         にすることが可能
   同意を
   得て委     ↓
   員を任   ○委員の中から教育長を任命、○教育に関する一
   命       般方針の決定、○教育長を指揮監督、○教育委員
            会規則の制定など
                                                    学
       兼任  ↓                                      校
       ・・・教育長  ○事務局の事務を統括、○教育     ・
                    委員会の方針・決定の下に具体     公
                    の事務を執行、○所属の職員を     民
                    指揮監督                         館
             ↓                                      ・
            事務局                                   図
                                                    書
       ┌────┼────┐                             館
       総   学  生涯                                 …
       務   校  学
       課   教  習
            育  課
            課
       指導主事、社会教育主事、
       事務職員、技術職員など
```

図4-3　教育委員会の組織のイメージ

（出所）　文部科学省HPより。

合に設置される行政委員会である（地教行法第2条）。

　教育委員会は、5人の委員で組織された合議制の独立行政委員会である。都道府県、指定都市もまたはこれらの加入するものの教育委員は6人以上、町村またこれらが加入するものの教育委員は3人以上の委員をもって組織できる（同法第3条）。教育委員は任命制で、当該地方公共団体の被選挙権を有する者で、人格が高潔で、教育、学術及び文化に関して識見を有するもののうちから、地方公共団体の長が、議会の同意を得て任命する（第4条1項）。委員の欠格要

件は，破産者で復権を得ない者と，禁固以上の刑に処せられた者である。二分の一以上が同一政党に所属することとなってはならないとし，教育行政の中立性を確保する配慮がなされている（第4条3項）。委員の任命にあたって，委員の年齢，性別，職業等に著しい偏りがないように配慮するとともに，委員のうちに保護者である者が含まれるように努めなければならない（第4条4項）。委員の任期は4年で，再任されることができる（第5条）。教育委員会は，委員のうちから教育委員長を選挙しなければならない。委員長は，任期1年で，再任ができ，教育委員会の会議を主宰し，教育委員会を代表する（第12条）。

また，教育長は，地方公共団体の議員若しくは委員等の兼職禁止規定（第6条）にかかわらず，当該教育委員（委員長を除く）のなかから教育委員会が任命する（第16条）。教育長は，教育委員会の権限に属するすべての事務をつかさどり（第17条），教育委員会事務局の事務を統括し，所属職員を指揮監督する（第20条）。教育長の任命方式については，地方分権化・規制緩和（地方分権一括法2000〔平成12〕年施行）の推進によって，従来の画一的に過ぎ権力的であった教育行政の体質改善を目指し，その一環として都道府県教育長は文部科学大臣の，市町村教育長は都道府県教育委員会の承認を必要とする任命承認制が廃止された。教育委員会に，その権限に属する事務を処理する教育委員会事務局を置き，その内部組織は教育委員会規則で定める（第18条）。教育委員会を狭義に捉えると，合議機関の教育委員会（教育委員長，教育委員（教育長））を指すが，広義に捉えると，それに加え教育委員会の下に置く執行機関の教育委員会事務局（＝教育庁）を含む組織として捉えることができる。

（2）都道府県教育委員会（事務局）の組織と権限

都道府県教育委員会事務局に，専門職員としての指導主事，事務職員，技術職員その他の所要の職員を置き，市町村教育委員会事務局も，都道府県教育委員会事務局に準じる（地教行法第19条）。地方教育行政は，教育委員と地方公共団体の長が分担する。その職務権限は，公立初等・中等学校は教育委員会が，私立学校などは地方公共団体の長が担当する。教育委員会の職務権限は，当該地方公共団体が処理する教育に関する事務で，次に掲げるものを管理し，及び

執行する――①学校その他の教育機関の設置，管理及び廃止に関すること，②教育財産に関すること，③教育委員会及び学校その他の教育機関の職員の任免その他の人事に関すること，④学齢生徒児童の就学，入学，転学及び退学に関すること，⑤学校の組織編成，教育課程，学習指導，生徒指導及び職業指導に関すること，⑥教科書その他の教材の取扱に関すること，⑦校舎その他の施設及び教具その他の設備の整備に関すること（以下⑧～⑲略，同法第23条）――。この他教員の研修や相談事業，カリキュラムセンターという機能を有するセンター（教育研究所），小・中学校関連事務を担当する教育事務所が置かれる。たとえば，O県の組織と権限を挙げると，教育長のもとに，教育長を補佐する教育管理統括監（総務課・財務課・施設課・福利課の統括）と教育指導統括監（県立学校教育課・義務教育課・保健体育課・生涯学習振興課の統括），必要に応じて参事が置かれ，その他に教育事務所，県立学校教育機関以外の教育機関（総合教育センター，図書館，埋蔵文化センター，博物館・美術館，青年の家，少年の家）が管理される。

（3）市町村教育委員会（事務局）の組織と権限

市町村教育委員会事務局は，前述したように，都道府県に準じて所要の職員を置き（地教行法第19条），教育長の下に総務係，学校教育係，社会教育係という編成で，事務職員が数名のところも多い。N市の組織と権限を例に挙げると，教育長の下に，生涯学習部（総務課・生涯学習課・市民スポーツ課・文化財課・施設管理課）と学校教育部（学校教育課・総合青少年課・学務課・学校給食室）が置かれ，教育機関（公民館，図書館，博物館，教育研究所，学校給食センター，市立幼稚園・小学校・中学校）が管理される。

その他に，教育委員会以外の権限を有する地方公共団体の長も，以下の教育に関する事務を管理し，及び執行する――①大学に関すること。②私立学校に関すること。③教育財産を取得し，及び処分すること。④教育委員会の所掌事務に関する契約を結ぶこと。⑤教育委員会の所掌事務に関する予算を執行すること（同法第24条）。

「地方分権一括法」施行（2000〔平成12〕年）以降，地方行政の構造改革とし

て市町村合併が促進したが，合併によって住民に身近な質の高い教育行政の地方自治が形骸化するのではという疑問もある。また，分権化のもとで教育委員会に強く影響を与える地方自治体首長のリーダーシップが教育改革を推進する動き——東京都教育委員会「2003/10/23通達」の「国歌・国旗起立斉唱」の命令教育等（コラム2参照）——，首長部局が社会教育分野を「生涯学習」という曖昧な言葉で一括し，これを教育委員会から地方公共団体の生涯学習部門に移す動きもあるが，それに対し一般行政と教育委員会の違いを曖昧にし，教育委員会の固有の職務権限・任務を不明にする教育行政の形骸化につながるとの批判もある。

（4）教育委員会と学校

教育委員会と学校の関係について，学校等の職員の任命は，教育委員会の所管に属する学校等の校長，園長，教員，事務職員，技術職員その他の職員を，この法律に特別の定めがある場合を除き，教育長の推薦により，教育委員会が任命する（地教行法第34条）。校長の意見具申権は，この法律及び教特法に特別の定めがある場合を除き，その所属の職員の任免その他の進退に関する意見を任命権者に対して申し出ることができる。この場合，大学附置の学校の校長にあっては，学長を経由する（同法第36条）。市町村立学校職員給与負担法第1条及び第2条に規定する県費負担教職員の任命権は都道府県委員会に属する（同法第37条）。都道府県教育委員会は市町村教育委員会の内申をまって，県費負担教職員の任免その他の進退を行う。市町村教育委員会は，教育長の助言により内申を行う。市町村教育委員会は，校長の意見の申出があった県費負担教職員について内申を行うときは，校長の意見を付するものとする（同法第38条）。

近年，教育委員会と学校の関係は，地方分権化の推進，学校の自主性・自律性を確立する方向で改革が進められた。このことにより，教育委員会と学校との関係のあり方を規定する学校管理規則も見直されてきた。つまり，学校管理規則とは，教育委員会が「その所管に属する学校その他の教育機関の施設，設備，組織編成，教育課程，教材の取扱その他学校その他の教育機関の管理運営の基本事項について」（同法第33条）定めたものである。従来，教育行政の上下

関係・管理関係を強める地教行法下で,「実際の学校管理規則においては,許可・承認・届け出・報告等について詳細に教育委員会の関与を規定し,学校の自主性を制約しているものが少なくな」かった(中央教育審議会答申『今後の地方教育行政のあり方について』1998年)。この状況の改善のために,教育委員会の関与を整理縮小し学校の裁量を拡大する観点から,全国的に画一的で各学校や地域に必ずしも合わない学校管理規則を見直し,地域や学校の特性等に応じる制定が提案されてきた。地方分権化の推進,学校の自主性・自律性を確立する方向で校長権限も拡大されるが,これは職員会議を校長の主宰する補助機関として法令化し(学校法施規第48条〔旧第23条の2〕),校長の指導力を強調する方向で進んだ。ちなみに,教育三法「改正」で,2007(平成19)年に副校長・主幹制度の新管理職を導入し,「鍋ぶた型」学校運営を見直し,校長→副校長→主幹教諭→指導教諭→教諭へと指揮命令系統を強め,「文部科学大臣が定める」学校運営評価とその情報提供の義務化によって,機動的・効率的な学校運営を強化した(学校法「改正」第37条,42条,43条)。これにより,トップダウン方式の学校管理が民主的運営を破壊するおそれが出てきている。

4　教育行政の課題

旧教基法が,全面「改正」されて新教基法(2006〔平成18〕年)が成立したことによって,憲法との一体的な関係をめぐる教育行政の課題が浮上している。最後に,こうした状況は,教育と教育行政をどこに導くのか,現代的な状況を認識し,憲法が内在する〈人権としての教育〉を実現する立場に立って,教育行政の課題について考えてみよう。

(1) 教育基本法「改正」と教育行政の役割
① 日本国憲法が内在する教育行政の役割:旧教基法第10条の示すもの
　憲法が保障の対象とする「教育を受ける権利」(憲法第26条)は,人間(子ども)の精神が偏見から解放されて,自由な精神の開花・内面形成を行う上で不可欠な基本的人権のひとつである。そのためには,最も広い意味で,すべての

人々が本来もっている真理探究の要求が自由になされ，学問の自由の尊重と教育の自由が初等教育以降においても生かされる必要がある。それゆえ，子どもの「教育を受ける権利」が，教師の「学問の自由」（憲法第23条）を導く。つまり，子どもの人間発達を保障するところに，教師の教材研究・教育方法の創意工夫を可能にする「学問の自由」・「教育の自由」を求める所以がある。教師の「学問の自由」・「教育の自由」は，子どもの人間発達に必要な真理・真実の学習に対する教育責任を直接に負うために不可欠な自由として，見出される（東京地裁昭和45・7・17家永第二次教科書訴訟判決）。そして，自然・社会・人間に関する真理・真実の学習によって精神が偏見から解放され，人間を人間たらしめる精神の自由（自由権的人権）を守る条件づくりとして，「不当な支配」をしない教育の自主性・自由を確保する役割が，教育行政に課される（旧教基法第10条1項）。旧教基法成立の経緯も，戦前の教育が，支配的な政治力に服して，わが国の教育行政が極端な国家主義・軍国主義のイデオロギーによる統制や「不当な支配」を学問・思想・教育に及ぼした歴史に対する反省を示し，この反省から「不当な支配」を排し教育の自主性・自由を確保する，という教育行政の重要な役割を導き出している。これは，教育に対する権力による「不当な支配」を排除し，子どもの精神の自由を守ることなのである。その点で，憲法に内在する自由権的人権が，教育の自主性・自由を確保する責任を負う教育行政の役割を導いているといえる。

　また，「教育を受ける権利」（憲法第26条）は，ひとしく健康で文化的な最低限度の人間らしい生活を営む「生存権」（同法第25条）を保障するために，不可欠な基本的人権として捉えられる。子どもは，自らの人権の本質を理解し人権を守る能力をひとしく獲得しなければ，健康で文化的な最低限度の生活，人間らしい幸福な生活を営むことはできない。それゆえ，「教育を受ける権利」とは，憲法に内在する「生存権的基本権の文化的側面」（東京地裁昭和45・7・17家永第二次教科書訴訟判決），すなわち社会権的人権として理解されなければならない。したがって，教育行政に，子どもの教育をひとしく受ける権利を保障させる上で必要な「教育の諸条件整備」の徹底（旧教基法第10条2項）が求められる。これは，ひとしく教育を受けて，健康で文化的な最低限度の人間らしい

生活を営む能力を育てる教育の諸条件を整備する教育行政の責任なのである。この点で、憲法に内在する社会権的人権が、生存権を自ら守ることができる能力をひとしく育てるような教育の条件整備の確立をする責任を負う教育行政の役割を導く。

　旧教基法第10条において、教育の自主性確保（1項）と教育諸条件整備（2項）の責任を負うのは、広義には教育行政である。しかし、前者は、子どもの人間発達に必要な真理・真実の学習に対する責任として、直接的には教育者の責務・倫理観に属する。後者も、教育への国民全体（父母・住民）の自らの意思を直接に反映させる直接責任ルートとして、直接的には地方分権化の下での教育委員会制度の責任に属する。後者は、教育の機会均等の確保・教育水準の維持向上、つまり教育を受ける権利を実現する観点からも国の責任に属する。これら責任のあり方を、旧教基法において、教育空間のあり方と関連させて捉えていたことは、教育の本来のあり方を考える上で重要である。旧教基法第2条（教育方針）は、教育の目的を実現するために「あらゆる機会に、あらゆる場所において実現されなければならない。この目的を達成するためには、学問の自由を尊重し、実際生活に即し、自発的精神を養い、自他の敬愛と協力によつて、文化の創造と発展に貢献するよう努めなければならない」と定めていた。ここには、あらゆる機会にあらゆる場所における「学問の自由を尊重する」真理教育の教育空間、「実際生活」に結びつく教育空間、「自他の敬愛と協力」の共同性をつくる教育方針のキーワードがあった。教育空間において一人ひとりまたは集団が人間的主体性の自由を発揮し、学び深めることが教育の重要方針とされていたのである。自由な教育空間が、人間を人間たらしめる精神の自由な形成を実現する〈人権としての教育〉、学習権の自由権的側面――憲法第13条・19条・23条・26条――を保障する。その点で、不当な支配に服さない教育の自由とは、教育者や保護者のわがままの自由・支配的権能のためにあるのではない。憲法に内在する子どもの学習権を実現する保護者・教育者の責任を果たすための教育の自由として確保されなければならない。

　立法者意思においては、また責任を負うというのは、教育が国民から信託されたものであり、教育は国民全体の意思に基づいて行われなければならないの

であって，それに反する教育は排斥されなければならないとし，教育者のことは教育者だけが決めるとするような教育者の独断も排されるべきとされた。こうして，教育者の独断と区別される教育の自主性の確保を前提に，国民全体に直接に責任を負う自律的倫理的な教育専門家のあり方が，狭義の責任として求められた。また，国民全体に対する直接責任とは，国民の意思と教育とを直結するために，現実的な一般政治上の意思とは別に国民の教育に対する意思が表明され，それが教育の上に反映される組織として，公選制教育委員会制度が想定されていたのである。

　以上のように，憲法に内在する子どもの〈人権としての教育〉・学習権を実現するために，旧教基法第10条には，「教育の自主性の確保」，「教育諸条件整備の確立」，そして「国民全体の教育意思に直接に応える責任」のあり方が，教育行政の原理として書かれていたのである。

日本国憲法が内在する教育行政の役割

（1）旧教育基本法第10条1項―「教育は，不当な支配に服することなく，国民全体に対し直接に責任を負」うとは―
　① 憲法の自由権的人権＝精神の自由（第19条〔内心の自由〕から第23・26条〔学問の自由・教育の自由〕へ）を出発点に
　②「教育への不当な支配」の排除という教育行政の責任へ
　・偏見から自由になるための真理学習への要求⇒「国民全体の教育（真理学習）に直接に責任を負う」教育専門家の「教育の不当な支配からの自由」（憲法第23条〔学問の自由〕＋第26条〔教育の自由〕）を求める論理へ
（2）旧教育基本法第10条2項―(1)を実現する上で必要な「教育諸条件の整備確立」の責任―
　① 憲法の社会権的人権＝健康で文化的に人間らしく生きる権利（第25条〔生存権的基本権〕を実現する能力を教育を受けて獲得をする権利（第26条〔教育を受ける権利〕）へ
　②「教育を受ける権利」をひとしく保障する教育諸条件整備という教育行政の責任へ
　・教育諸条件整備を徹底させる教育行政の責任（第25条〔生存権的基本権〕の文化側面としての第26条〔教育を受ける権利〕を実現する国の責務）を求める論理へ

> （3）「教育を受ける権利」を実現するために，国民（父母・住民）に応える教育行政の責任へ
> 　①　国民全体に直接に負う自律的倫理的な教育者の責任へ
> 　②　国民全体の意思と教育とを直結させ，教育の上に反映させる地方教育委員会制度の責任へ
> 　③　①②を実現して「教育を受ける権利」をひとしく保障する教育条件整備等の教育行政の責任へ

②　新旧教基法の教育行政の比較対照と問題点

　こうした憲法に内在する旧教基法の教育行政の役割（規範規定）に対し，「改正」された新教基法の定める教育行政のあり方には，少なくない問題点がある。

【「教育の自主性の確保」をめぐって】

　まず「教育行政の法律主義」をめぐる問題点である。そもそも「教育行政の法律主義」とは，教育行政は法律に基づいて行わなければならないということである。その意義は，国民の権利及び義務に関する重要事項の一つである教育の体制については，戦後の国民主権原理に基づき，国会で成立する法律で定め官僚支配を排する点にあった。

　その際，教育内容の統制に関する学界通説（学習指導要領に対する「大綱的基準」説，教科科目名等を定める「学校制度的基準」説等），判例（安易に教育内容の仔細を支配できず，教育行政機関が法令に基づく行為も不当な支配にあたるとした最高裁大法廷昭和51・5・21北海道学力テスト事件判決），そして教育の自主性・自由の確保を法律で定めた旧教基法のもつ教育の自主性擁護の立法者意思の特徴を思い起こさなければならない。これら従来の議論の前提には，教育が人間の自由な精神活動に関する特殊な分野で，時の政府与党の多数決で法律として定める現実的妥協の政治的な論理になじまず，法律で教育内容も含むすべてを決することのできる法律主義万能論の限界が自覚されていったのである。

　新教基法では，教育行政の役割は，第16条１項で，「教育は，不当な支配に服することなく，この法律及び他の法律の定めるところにより行われるべきも

のであり，…」と定められ，旧教基法第10条の「不当な支配」を排するという文言を残している。しかし，「この法律及び他の法律の定めるところにより」との文言を挿入したことにより，「法律によりさえすれば教育内容の統制が可能となる仕組みが設けられた」と見なされかねない。さらに，新教基法第2条（教育目標）において，学習指導要領「道徳」編の「内容」の項目（「公共の精神」「国と郷土を愛する態度」など20徳目）を格上げし，法定した。

　これらの変更点を考えると，新教基法に，「教育行政の法律主義」の名目で，国民の教育目標として法律で仔細に及ぶ教育内容である「公共の精神」「国と郷土を愛する態度」など20徳目（第2条）を定めたこと，これら徳目を国民に押し付け，教育の自主性を損なうしくみが設けられたといえる。そもそも教育実践は自由な人間の精神活動に関する特殊な分野で，本質的に多数決で決定する法律の政治的な現実的妥協になじまない。それゆえに，新教基法第16条1項の「教育は，不当な支配に服することなく，この法律及び他の法律に定めるところによ」る場合でも，「教育行政機関が法令に基づく行為も不当な支配にあたる」場合があるとした判例（最高裁大法廷昭和51・5・21北海道学力テスト事件判決）は見落とすべきではない。同判例をめぐって，2006（平成18）年5月26日の衆議院・教育基本法特別委員会の小坂憲次文部科学大臣（当時）さえも，法令にもとづく教育行政機関の行為も「不当な支配」が適用される場合があるという旧教基法第10条の趣旨を認める答弁をせざるを得なかったほどである。

【「教育諸条件の整備確立」をめぐって】

　新教基法が，第16条2・3項で，国及び地方公共団体に教育に関する施策を策定・充実・実施する義務を課し，4項で教育財政の確保を義務づけ，教育条件整備と財政措置義務を明確にしたことは，教育行政の条件整備義務規定として重要である。後述するように，近年の市場原理主義を基調とする教育の自由化，学校・教員評価，教育ヴァウチャー制に基づく学校選択の新自由主義的改革の動きが，義務教育の場の父母・住民に消費者としての選択の自由は与えるが，それはわが子らの教育格差を生む自由に陥る危険性もなくはない。その点で，旧教基法第10条の国及び地方公共団体の教育条件整備義務の論理は，新教基法解釈に際しても継承されるべきである。

【「国民全体の教育意思に直接に応える責任のあり方」をめぐって】
　新教基法第16条は，また「教育は，不当な支配に服することなく」を旧教基法第10条から引き継いでいるが，「国民全体に対し直接に責任を負つて行われるべきものである」の文言を削除している。このことは，旧教基法第6条（学校教育）に明記されて，旧教基法第10条の教育の自主性の確保を前提に，国民全体に直接に責任を負う自律的倫理的な教育専門家のあり方を強調する「全体の奉仕者」の文言の削除（新教基法第9条教員）と合わせて考えるとき，教員が誰に直接責任を取るべきかが，不明になった。後述するように，国民全体（父母・子ども）に対する直接的な責任を負う教育専門家の「全体の奉仕者」としてのあり方より，教員免許更新制，教員評価で厳しく人事管理をする免許管理者，人事管理者である政府，行政に対して直接責任を負う教育公務員としてのあり方へ変貌するおそれのあるシステムが構築されつつあることは，無視できない事実である。
　また，旧教基法第10条の立法者意思では，国民全体に対する直接責任とは，国民の意思と教育とを直結するために，現実的な一般政治上の意思とは別に国民の教育に対する意思が表明され，それが教育の上に反映する組織として，地域住民による公選制の教育委員会制度（Board of Eductaion）が想定されていた。後述するように，1956（昭和31）年の地教行法成立以降，教育委員の公選制から任命制への制度原理の転換によって，住民代表性が損なわれ，中央集権化の弊害も指摘され，分権化の課題とされてきた。2001（平成13）年の改正では，確かに分権化を進め，父母・地域住民の意向をより的確に反映させる（たとえば，地教行法第4条，教育委員の構成を多様化し保護者の登用の推進，第13条，会議の原則公開等）などの進展もあった。新教基法第17条2項では，政府の策定する教育振興基本計画を地方公共団体が「参酌し，その地方の実情に応じ」当該地方公共団体の教育振興基本計画を定め，自治体自らが政府の目標・計画をお手本にしなければならないとしている。2008（平成20）年7月1日に政府初の教育振興基本計画が閣議決定され，以後5カ年の教育施策が定められた。前政権（自民・公明）の推進した施策は，後述するように，市場原理の教育の自由化，学校・教員評価，教育ヴァウチャー制に基づく学校選択の新自由主義的改革の

施策である。こうした動きが，地方分権への介入へとつながり，国民全体の父母・住民と教師及び教育委員会制度の直接的な教育の応答関係に楔を打つおそれもなくはない。教育格差を生む自由はあるが，学校への自治的な関わりや地方の教育行政への参加も奪われかねない。新教基法における地方分権化が，はたして旧教基法第10条に込められた国民の意思と教育とを直結する地方教育委員会制度の責任を負うシステムを構築できるのか，これから問われることになる。

(2) 教育行政の地方分権化

さて，旧教基法第10条及び旧教育委員会制度に由来する教育行政の原理を具体化した公選制教育委員会は，1956（昭和31）年に「地方公共団体における教育行政と一般行政との調和」，「教育の政治的中立性と教育行政の安定の確保」及び「国，都道府県，市町村一体としての教育行政制度の確立」を理由に廃止され，新たに制定された地教行法は，文部大臣や都道府県教育委員会の積極的指導的地位，上級機関による教育長承認制，文部大臣の措置要求，首長による教育委員任命等を規定した。この任命制教育委員会制度は，一定の住民代表性等を含む教育行政の地方自治を形骸化し，教育委員会が中央集権的で統制的な体質を強化させていった（第1節（2）①参照）。1990年代後半以降には地方分権化が進み，教育行政の地方自治に大きな影響を与えた。たとえば，五次勧告まで出した地方分権推進委員会（1996‐1998〔平成8‐10〕年）は，機関委任事務（個別事務毎に地方団体を中央政府の主務大臣の地方機関と位置づけ事務の執行を委任するしくみ）を中央による地方への統制を及ぼす巧妙な方策として機能し地方自治を形骸化した，とし問題視した。その後，機関委任事務は廃止され，国と地方との対等な関係が目指された。廃止後は，地方公共団体の固有事務である自治事務と法律または政令の定めによって地方公共団体が受託して行う法定受託事務に分けられた。以後，中央教育審議会答申「今後の地方教育行政の在り方について」（1998年）が出され，教育行政において国や都道府県の関与が些末な部分にまで及び都道府県や市町村の主体的施策が妨げられていたとし，地方分権の観点，国の関与を削減し，地域や学校の自主性を打ち出した。

こうして，国や都道府県の関与を地方教育行政本来の方向に再修正する地方分権化・規制緩和（地方分権一括法2000〔平成12〕年施行）が推進された。これらの動きは，従来の画一的に過ぎ権力的であった義務教育を中心とする教育行政の体質改善に及ぶ期待を集め，答申通り教育長の任命承認制は廃止された。しかし，教育長任命に際し議会の同意は認められず，市町村教育委員の兼任制の見直しもされず，かえって兼任制が都道府県・政令指定都市に及ぶなど問題を残した。

　近年，政府は義務教育を「官制市場」と批判して多様な主体による学校経営を認める提起をした。総理大臣の諮問機関として内閣府に設置された経済財政諮問会議及び規制改革推進会議がトップダウンで学校設置主体の規制緩和，市場原理による学校選択の導入，「全国学力調査」の実施，学校毎の成績評価の提案を行い（2005〔平成17〕年），規制改革・民間開放（構造改革）が急テンポで推進されている。たとえば，構造改革特別区域法（2002〔平成14〕年）が制定され，株式会社も学校が設置できるなど規制が緩和され，従来とは比較にならないほど自由に学校を設置できるようにして，今後，民間開放で官民の多様な教育主体間の競争原理で義務教育の質を高める動きが出てきた。安倍晋三元首相は「まず国が目標を設定し，法律などの基盤を整備する。次に市町村と学校の権限を拡大して，実行可能にし，最後にその成果を検証する仕組みがあって完了する」（安倍晋三『美しい国へ』文春新書，2006年)」として，財界の要求を反映する内閣府設置の経済財政諮問会議→文科省→自治体→学校のトップダウンで「目標を設定し，実行し，評価し，それを次の目標に反映させるというサイクル」で行うとする「義務教育の構造改革」を構想した。安倍元首相の肝いりで成立した新教基法（2006〔平成18〕年）には，こうした規制改革・構造改革構想を具体化する教育行政の分権化の意図が込められている。つまり，政府が目標・計画を管理し，それをトップダウンで実行し競わせ，評価する国家の教育への支配統制のしくみが，新教基法第16条１項で「法律の定めるところにより行われる」国または文科省の教育への支配を合理化し，同条２項は「全国的な教育の機会均等」と「教育水準の維持向上」を目的とする教育に関する総合的な施策策定・実施権限を教育内容と教育条件に与え，同法第17条２項は，政府

の策定する教育振興基本計画を地方公共団体が「参酌し、その地方の実情に応じ」当該地方公共団体の教育振興基本計画を定め、自治体自らが政府の目標・計画をお手本にしなければならないとした。

　こうした地方分権化をキーワードとする近年の動向のなかで、教員人事行政、現職教員の研修に関して重要な進展があった。1999（平成11）年の地教行法改正は、指定都市の県費負担教職員の任免、給与の決定、休職及び懲戒に関する事務を当該都市の教育委員会が行うこと（同法第58条）、中核都市の教育委員会が県費負担教職員の研修を行えるようにすること（同法第59条）とした。そして、2001（平成13）年の同法改正は、教職員人事に関して校長の意向を一層反映させること（同法第38条）、指導が不適切な教員を教員以外の他の職に移動させることとした（同法第47条の2）。さらに、2007（平成19）年の教育職員免教法の一部を改正する法律は、すべての教壇に立つ普通免許状・特別免許状を持つ教員に対して、一律10年の免許状の有効期間を定め、30時間以上の免許状更新講習の受講を課し、その更新講習が認定された者に勤務地の免許管理者である都道府県教育委員会が有効期限を更新するとした（教免法第9条、9条の2、9条の3）。必ずしも教員の不適格者排除を意図するものではないとされたが、教職10年経験者研修との内容的重複のみならず、更新講習を修了させなければ失職する免許状の失効、したがって失職という人事上の問題もある。こうした免許更新制の厳格な管理とあいまって、同時期の教特法の一部を改正する法律は、指導が不適切な教員に対する「指導改善研修」を強化（教特法第25条の2）し、教員に対する厳格な人事管理システムを構築しようとしている。また、規制改革・構造改革を伴う新自由主義的改革の動きとして、分権化で地方集権化され強力な地方公共団体の首長権限が地方独自の義務教育改革を進める状況も拡がっている。なかには、教育委員会を飛び越え自治体首長のトップダウンで学校現場へ不当な支配を及ぼしたり、市場原理による教育の自由化・規制緩和の学校選択の自由を拡大し、ひとしく保障されるべき〈人権としての教育〉を侵す教育格差を拡大させる状況もある。こうした新自由主義的施策が、地方レベルで具体化され、自治体自らが教育の内的事項をトップダウンで決定する状況も見られる。つまり、市場原理主義による教育の自由化、学校評価、教育ヴ

ァウチャー制に基づく学校選択の新自由主義の動きが国民全体，父母・住民と教師及び教育委員会制度の直接的な教育の応答関係に楔を打つおそれもなくはない。父母・住民に消費者としての選択の自由は与えるが，それはわが子らの教育格差を生む自由であり，学校への自治的な関わりが奪われる。教師は教員免許状更新制，教員評価で厳しく管理され，国民全体に直接責任を負う自律的・倫理的教育専門家から国家の代理人たる教員へ変貌することもなくはない。政府が強いる教育の弱肉強食の自由競争が，学校同士，教師同士，父母同士，子ども同士をバラバラにし，相互の人権を侵害する実態が拡がるなら，それらを捉えて憲法に内在する〈人権としての教育〉から問う必要があるだろう。

　他方で，分権化の進行は，少人数学級など教職員定数配置の改善をめざす施策を地域の教育行政の積極的な課題として浮上させる契機になりつつある。つまり，2001（平成13）年の義務教育標準法の一部が改正され，従来まで国の「機関委任事務」であった都道府県の学級編制基準の制定事務が，実質的に都道府県の判断で，学級編制を弾力的に運用することを可能にした。2001（平成13）年度は小学校低学年においてきめの細かい指導が行えるように30〜35人程度の少人数学級に取り組む山形，千葉等の５府県の取り組みがあり，2002（平成14）年度以降も，埼玉県志木市（市費負担非常勤講師公募で小学校１・２年25人学級），山形県（県内市町村立小学校全学年21〜33人学級），福島県（小学校低学年と中学校１年30人学級），長野県（小学校１年35人学級）等の取り組みが生まれている。各地域の少人数学級の実現は，教員の臨時的任用によって支えられており，身分，待遇上の新たな問題とともに教職員定数の抜本的な改善の課題をも示しているが，ここに地域の実情に即して教育諸条件の整備を進める「教育における地方自治」を実践していく方向での地方分権化の可能性を見ることも重要である（コラム３参照）。

　また，現行の任命制教育委員会制度の枠内で住民代表性・民衆統制を実質化する試みも営々と積み重ねられた。たとえば，1981（昭和56）年に東京都中野区では，区長が区民投票結果を尊重する全国初の教育委員準公選制を実施した。1985（昭和60）年に第２回，1989（平成元）年に第３回の教育委員候補者を選ぶ区民投票が行われ，区長が区民投票の結果を「参考」にして区議会に候補者が

推薦され承認をうけた。1993（平成5）年の第4回区民投票で投票率が24％に低下したこともあって，区議会内で自民党と当初は公選制に賛成した公明党が与党として政治的連携をして，1994（平成6）年に存続を求める区民・区議会野党議員・教職員・研究者等の強い意見を無視し，強行採決で「中野区教育委員候補者選定に関する区民投票条例」を廃止した。現象的には，投票率低下や区議会内部の保守派の政治的力学が当初の準公選制の教育委員選びの区民参加を制度的に後退させた観があった。しかし，これ以降も中野区教育委員会の会議の公開や傍聴の発言の機会の保障等，制度運用上の努力は続いている。また，現行の「中野区教育行政における区民参加に関する条例」（1997〔平成9〕年）は「区民参加においては，権利の主体としての子どもの参加と意見表明の機会が保障されるよう配慮されなければならない」（第4条）とし，子どもの権利条約の精神（第12条子どもの意見表明権等）を生かし，準公選制が遺した住民参加の文化遺産を，子どもを含む区民の教育行政への住民参加へと発展させている。ここには，地方自治を基礎にする住民自治立法によって任命制の枠内で可能な限り住民意思を教育行政に反映させ，子どもの権利を守ろうとしてきた父母・住民，国民自らの努力の成果を見出すことができるだろう。また，近年，教育長にふさわしい人材を得る可能性のある確実な方法を求め，公募制で教育長の専門性を重視する教育長選任の新しい動き――たとえば，2000（平成12）年11月〜2003（平成15）年12月に12自治体で公募制教育長が在職した――も各地で起きている。

　こうした動きを考えるとき，準公選制の民衆統制の発展的継承や公募制教育長での教育長の専門性を高める制度改革の努力は絶えまなく続いていることが明らかである。それゆえに，住民代表性と結びつく民衆統制や教育にふさわしい教育の専門家の助言の結合という教育委員会制度創設の精神は，いまだ未完の可能性を秘めた理念として捉えられるべきであろう。

参考文献

文部省内教育法令研究会　1947『教育基本法の解説』國立書院。
大田堯編　1978『戦後日本教育史』岩波書店。

平原春好 1993『教育行政学』東京大学出版会。
川合章・室井力編 1998『教育基本法——歴史と研究』新日本出版社。
坪井由実・井深雄二・大橋基博 2002『資料で読む教育と教育行政』勁草書房。
平原春好・室井修・土屋基規 2004『改訂版 現代教育法概説』学陽書房。
教育科学研究会編 2006『教育基本法の「改正」を許さない』国土社。
田中孝彦ほか 2007『安倍流「教育改革」で学校はどうなる』大月書店。
日本教育法学会編 2008『日本教育法学会年報』第37号。
小川友次・窪田眞二 2008『平成20年版 教育法規便覧』学陽書房。
平原春好編 2009『概説教育行政学』東京大学出版会。

（森田 満夫）

第4章 教育行政の原理と組織

コラム 2 「日の丸・君が代」強制予防訴訟東京地裁判決

　東京都教育委員会は，2003年10月23日付で，「入学式，卒業式等における国旗掲揚及び国歌斉唱の実施について」(以下，「10．23通達」)を発した。これに対して，都立学校教職員が国歌斉唱義務不存在確認等を求めて訴訟を起こし，2006年9月21日に原告全面勝訴の判決が東京地裁から出された。東京都は控訴した。同判決は，教育行政と教育内容との関係について，教育法学の研究成果と学力テスト事件最高裁大法廷判決(1976年)を丁寧に解釈・適用したものであり，教育制度論学習の有効な素材である。その要旨を紹介するので，日本国憲法や判決後の教育基本法改正ともあわせて研究してみよう(なお，2011年1月28日の東京高裁における控訴審判決では原告が逆転敗訴し，原告は2月9日に最高裁に上告した)。
①「人の内心領域の精神活動は外部的行為と密接な関係を有するものであり，これを切り離して考えることは困難かつ不自然」として，外部的行為峻別論(内心の自由とは異なり，外部的行為は絶対的保障の対象外である)を退けた。
②職務の公共性論(公務員教師はその職務の公共性から思想・良心の自由に内在的制約がかかるので，日の丸・君が代強制は思想・良心の自由の侵害にならないし，起立斉唱は教師の職務内容である)については，強制が，公共の福祉による必要最少限度の制約として許されるか，以下の③～⑤のように判示した。
③学習指導要領の国旗・国歌条項は法的効力を有しているが，それは教育の機会均等と全国的水準の維持のために必要かつ合理的と認められる大綱的基準を定めるものであり，また，教職員に対して一方的な一定の理論や理念を生徒に教え込むことをしないとの解釈のもとで認められている。学習指導要領から教職員の起立斉唱義務，ピアノ伴奏義務を導き出すことは困難である。
④10．23通達は国旗・国歌の実施方法，職務命令発令等について校長裁量を認めず強制するものであり，大綱的基準を逸脱し教育に対する「不当な支配」にあたり(旧教基法第10条1項違反)，憲法第19条(思想及び良心の自由は，これを侵してはならない)違反である。
⑤校長の職務命令に対して教職員は原則的に従う義務を負うが，この場合は必要・最小限の制約を越えた憲法第19条違反で重大・明白な瑕疵があるから従う義務はない。積極的妨害行為，生徒に対する拒否あおり行為は許されないが，起立斉唱・伴奏義務はなく，思想・良心の自由に基づく拒否の自由がある。それによる他者の不快感は憲法の多元的価値観から人権の制約事由とはならない。
　この判決後，2007年2月27日のピアノ事件最高裁第三小法廷判決，2008年2月7日の東京都君が代嘱託採用拒否事件東京地裁判決，2010年2月3日の同前事件控訴審東京高裁判決が出されているが，いずれも，国歌斉唱時の起立・斉唱やピアノ伴奏を命じた校長の職務命令を憲法第19条に違反するものとは認めていない。職務命令は，原告らの思想・良心それ自体を否定するものではない，という判旨である。

コラム3　犬山市教育改革や教育山形さんさんプランの可能性

　今日，地方自治体の首長部局へ教育委員会の権限を委譲し，教育行政を地域総合行政の一環に位置づけ公立学校を市場競争に組織する教育委員会制度廃止・縮小論，地方教育行政を国の地方制度として強化する教育委員会活性論が提起されている。その背景には，画一的で中央集権的な地方教育行政の実態がある。遠因には，1956（昭和31）年に警察官500人の国会への導入で前代未聞の強行採決によって成立した任命制教育委員会制度の下，中央集権的・画一的に過ぎる中央教育行政の権力的影響が地方の独自性・自主性を侵害してきた点があった（第4章第1節（2）参照）。

　犬山市教育改革には，自立的な選択の可能性が垣間見られる。2000（平成12）年以来，独自の教育改革プラン「学びの学校づくり」構想に基づき，教育条件整備（外的事項）と学校づくり・授業づくり（内的事項）双方へ助成作用を及ぼす。その特徴は，①少人数学級や自主教材づくり等授業改善に結びつく取り組みを，研究的教育実践の組織化による教師の力量形成と主体性向上を通じて展開すること，②習熟度別編成によらず子ども同士の学び合いを重視した授業づくりで学習指導要領を相対化し独自に捉え直した基礎基本の習得を重視する自主教材づくりで学校・教師の自主的な授業改革を支援すること，③学校・教師の自主性を尊重し，文科省や愛知県教委の方針とは一線を画す独自の施策を打ち出す教育の地方自治の追求をすることである。こうした地方自治を実践する姿勢には，その後の陰り——「子どもたちを競争にあおる」全国学力調査に唯一2年連続して参加を拒否し続けた教育委員会の姿勢が，前教育長の辞任で参加に転じたこと（2009〔平成21〕年）——も見られたが，地域に根ざした地方教育行政の可能性を発見できる。

　教育山形さんさんプランは，2000（平成12）年以降に首長部局の支援の下に県教委が独自に主体的に取り組む少人数学級編成への挑戦である。従来，「義務教育標準法」（1958年）の公立小・中学校の上限40人を下げる学級編制は特例措置はあるものの，県全体が一律・一斉に40人の標準を下げて編成することは，許容範囲を超え標準法違反のおそれがあった。同プランは，今子どもの抱える「学習意欲や家庭学習」等の諸問題の解決のためには，国の認める習熟度別指導やチーム・ティーチングの少人数指導には問題点があり，生活集団を重視する学習指導が大切にされる教育条件整備を主張し，少人数学級編成（21〜33人）を強く訴える。県教委は文科省の法解釈・方針の研究と擦り寄せを行い，総額裁量制導入で県独自予算で対象学校すべてが研究指定を受ける名目で加配を可能にし，「少人数学級」の小学校全学年への適用をした。ここには，教育委員会の条件整備の可能性（旧教基法第10条）を見い出せるだろう。その反面で，「少人数学級」の実施に伴う教員増を，国の責任で対応するのではなく，地方の費用負担による臨時教員の任用によって対応し，臨時教員の身分と地位，労働勤務条件の改善という新たな課題が生じている。

第5章　教育課程と教科書の法制

　本章は，子どもたちが学校で学ぶ教育内容の編成と教科書のしくみについて，第1節で学校の教育課程は誰が編成するのか，教育課程の基準とされる学習指導要領の変遷とその性格に関する法と行政の問題を概観し，第2節で戦後の教科書制度の変遷を，教科書問題の経緯と教科書の検定及び採択のしくみについて解説する。そして第3節において，現在までの教科書検定のしくみと問題の所在を，専門的に深くかつ国民的に広く考える重要な問題提起をした教科書裁判の展開について，裁判の法的争点と判決について概説する。

　このような構成による本章の記述を通して，読者が，学校が主体となって編成する教育課程そのものと，教育行政が定める教育課程の基準との区別と関連についての基本的な理解とともに，教科書が子どもの手にわたるまでの教科書制度の歴史的な経緯と，これまでの教科書問題の所在について教育認識を深めることに役立てば幸いである。

1　教育課程の法と行政

(1) 教育課程の編成

　学校の教育活動は，教育課程の編成によって行われる。教育課程の編成に関する問題には，①一人ひとりの教師の教育課程の編成，②学校全体の教育活動の計画，③教育課程の基準についての法と行政，の3つの相がある。教育課程という言葉は，戦後になってから，戦前の「教科に関する事項」に限定した「教科課程」という用語に代えて，各教科の学習と教科外の活動を含む教育用語として使われてきた。

　初等・中等教育の各学校での教育課程の編成に関する法と行政は，法律で「教育課程に関する事項」（高等学校または特別支援学校高等部は「学科及び教

育課程に関する事項」，幼稚園または特別支援学校幼稚部は「教育課程その外の保育内容に関する事項」）について学校法第25条，33条，48条，52条，68条，77条により文科省が「教育課程の基準」を定め，それに基づいて各学校がそれぞれの「教育課程を編成」することを基本としている。各教科や教科外活動の内容は，学校法施規による「教育課程の基準」（第38条，52条，74条，84条，108条，129条）と，その委任により文科省が別に公示する学習指導要領に基づいて，各学校がそれぞれの教育課程そのものを編成する。

　学校法が，現在，定めている「教育課程に関する事項」というのは，従来は「教科に関する事項」（学校法旧20条）と定められていたが，旧法の「教科」は「教育課程」と同義に解されることが多かった。しかし，教育課程は教科と教科外活動を含むので，法律レベルで「教科に関する事項」を，その委任を受けた学校法施規で「教育課程」について定めるのは，法令の委任の範囲を逸脱しているという教育法学説をめぐり，また，官報告示という形式により，学習指導要領に定める教育内容の範囲やレベルが，各学校の教育課程の編成にあたり法的拘束性を有するのか，をめぐり行政解釈と教育法学説との間で論争が展開されてきた。

　各学校の教育課程の領域は，現在，小学校が教科，道徳，特別活動及び総合的な学習の時間，中学校が各教科（必修教科と選択教科），道徳，特別活動及び総合的な学習の時間，高等学校が各教科，特別活動及び総合的な学習の時間で構成されている。中等教育学校の前期課程は中学校，後期課程は高等学校の規定を準用，特別支援学校（従来の盲・聾・養護学校）の小学部は小学校の各教科，道徳，特別活動，自立活動及び総合的な学習の時間，中等部は中学校の各教科，道徳，特別活動，自立活動及び総合的な学習の時間，高等部は高等学校の各教科，特別活動，自立活動及び総合的な学習の時間で構成されている。

（2）教育課程の編成主体

　法令上の教育課程の基準と各学校が編成する教育課程そのものとを区別し，その関連について考える際に，教育課程は誰がつくるのか，編成主体に着目して戦後の学習指導要領の変遷をみてみると，学校が主体であると明示されてい

ることがわかる。

　まず，1947（昭和22）年の最初の『学習指導要領一般編（試案）』は，戦前の画一的な教育内容の反省に立脚して，「それぞれの学校」が「地域の社会の特性」「学校の施設の実情」「児童の特性」に応じて，教育の目標を吟味し，内容を考え，方法を工夫すべきことを明記していた。そして，1951（昭和26）年の改訂も学習指導要領の「試案」としての性格を明示しながら，「各学校や学校でそれぞれの教育課程を構成」する立場に立ち，それは「本来，教師と児童・生徒によって作られる」と述べ，「教師は，校長の指導のもとに，教育長，指導主事，種々な教科の専門家，児童心理や青年心理の専門家，評価の専門家，さらに両親や地域社会の人々に直接間接に援助されて，児童生徒とともに学校における実際的な教育課程をつくらなければならない」ことを明示していた。

　教育課程の編成主体を学校とする立場は，1958（昭和33）年の学習指導要領の全面改訂と法的拘束力の主張にもかかわらず引き継がれ，「各学校においては，教育基本法，学校教育法および同法施行規則，小（中，高など）学習指導要領，教育委員会規則に示すところに従い，…適切な教育課程を編成するものとする」と示された。ところが，任命制教育委員会制度への転換後，教職員の勤務評定の実施，学校管理規則の制定などが進行するなかで，教育課程の編成権は学校や教師にあるのではなく，第一義的には文部大臣にあり，第二義的には教育委員会にあるという行政解釈や，教育課程は校長を責任者として編成するという説があらわれた。これらは，教育課程の基準と教育課程そのものを混同し，教育課程行政における文部省権限の拡大をささえる解釈であり，これらは教育課程の編成主体は学校＝教師集団という考えを認めない主張であるところに特徴がある。

　学校が教育課程の編成権をもつことの内実は，教師たちの専門性を基礎にして，日常的に子どもの教育に直接責務を負い，各学校の子どもの発達に最も適切な教育課程を編成する職能的自由，言い換えれば教師の教育権を集団的に発揮することであり，校長は教師集団に指導・助言を与えながら，学校を対外的に代表する位置にある。

（3）学習指導要領の法的性格
① 学習指導要領の変遷と主な特徴

　学習指導要領は，アメリカのコース・オブ・スタディをモデルにした教育課程の基準として，戦後の学校における教育課程の編成に大きな影響を与えてきた。1947年に最初の学習指導要領が出されて以来，ほぼ10年ごとに改訂されてきたが，その変遷を概観すると，以下のような特徴を見出すことができる。

学習指導要領の性格と主な特徴

発行年度	性 格 及 び 内 容 の 主 な 特 徴
1947年版 小・中・高（47）	表紙に「試案」と明記し，「教師の手びき」として発行。一般編のほか，教科別・学校種別に各教科編を刊行。修身科の廃止，社会科，家庭科，自由研究の新設。中学校は，必修教科（科目）（国語・習字，社会・国史，数学，理科，音楽，図画工作，体育，職業）各学年1050時間と選択教科（科目）各学年35～140時間を配当。高等学校は，選択教科制と単位制を採用し，卒業単位数は85単位以上（必修科目は国語，社会，体育，数学，理科の5科目，38単位以上）。
1951年版 小・中・高（51）	一般編（試案）のほか各教科編を発行。小・中学校では，各教科の全国一律の時間数を定めず，必修教科の授業時間数を弾力化。小学校は教科を4つの経験領域に分割（主として学習の技能を発達させるに必要な教科：国語，算数，主として社会や自然についての問題解決の経験を発達させる教科：社会科，理科，主として創造的活動を発達させる教科：音楽，図画工作，家庭科，主として健康の保持増進を助ける教科：体育科），各教科・学年に配当する時間を総時間に対する比率（5・6年生の場合は，国語と算数で40～35％）または年間の最低及び最高を示して各学校の教育活動を奨励。自由研究に代えて特別教育活動を新設。中学校の必修教科は各学年901～1015時間，選択教科は280～560時間，特別教育活動70～175時間。高等学校の卒業単位数は85単位（必修教科5教科・6科目38単位，選択47単位）。
1955年版 小・中社会（55） 高校（56）	小・中学校学習指導要領　社会科編の一部改訂，「試案」としての表示を削除，法的拘束性を主張。小学校では社会科における道徳教育の観点を明示，地理・歴史の系統的指導の強化，「天皇の地位」が登場。中学校では道徳教育の観点に加えて，地理的分野，歴史的分野，政治・経済・社会的分野を明示。高校一般編で，必修教科・科目を増加（普通科は10～12科目45～61単位）。
1958年版 小（58） 中（58） 高校（60）	官報に文部省告示として公示し，法的拘束力を有する国家基準性を強調。小・中学校の教育課程を各教科，道徳，特別教育活動および学校行事の4領域で構成。「道徳の時間」を特設，国語・算数の時間数の増加，理科の観察・実験を重視，地理・歴史教育の改善。高校は，普通科の必修教科・科目を17科目68～74単位に増加，道徳教育の一環として「倫理・社会」を新設。中・高で進路，特性に応じる類型（コース）の学年指定。
1968年版 小（68） 中（69）	小・中学校の教育課程を，各教科，道徳，特別活動の3領域で構成。年間の授業数を「最低」から「標準」へ。時代の進展，「教科の現代化」に対応する教育内容に向け，小学校算数で「集合・関数・確率の概念」を導入，社会科で

高校（70）	は「天皇への敬愛」が登場，神話教育復活。特別教育活動と学校行事を特別活動に統合。高校の必修教科・科目の単位数を従来の三分の二程度に削減。「家庭一般」をすべての女子に，「体育」を普通科男子に必修。普通教育科目として，「数学一般」「基礎理科」「初級英語」「英語会話」を新設。	
1977年版 小（77） 中（77） 高校（78）	「ゆとりと充実」を強調，学校裁量の時間を設定。総則から教育基本法を削除。勤労体験，社会奉仕的活動を重視。標準授業時数を小学校第4学年以上で週2～4時間，低学年での合科的な指導を導入。中学校では週3～4時間削減，選択教科を拡大。高校進学率の上昇で小・中・高の指導内容の一貫性を強調，基礎・基本の精選。高校の卒業単位を85単位以上から80単位に，必修科目も普通科で7科目32単位に引き下げ。	
1989年版 小（89） 中（89） 高校（89）	21世紀社会の変化に対応できる心豊かな人間の育成，基礎・基本の重視，伝統と文化の尊重，学校週五日制の工夫や配慮などを基本。小学校低学年の社会科と理科を廃止し，「生活科」を設置。小・中・高校の特別活動で「国歌・国旗」の指導を強制，国家主義的な道徳教育の強化。中学校の選択教科をすべての教科に拡大。高校社会科を解体し，「地理歴史科」と「公民科」に再編。中・高校の保健体育の「格技」を「武道」に改め，高校で男子も家庭科必修。	
1998年版 小（98） 中（98） 高校（99）	学校週五日制の完全実施に対応，「ゆとり」のなかで「特色ある教育」を提起，小・中学校で授業時間の3割程度の削減。小学校3年以上に教科の枠を超えた横断的な「総合的な学習の時間」を設定。道徳を総則に明示し，「平和的な国際社会に貢献」し，「主体性のある日本人」育成の「基礎としての道徳性」を重視。小学校からの習熟度別学習，中・高校の必修に外国語を追加，選択制の拡大。高校の卒業単位数を74単位以上に減少。	
2008年版 小（08） 中（08） 高校（08）	総則で新教育基本法及び学校教育法を踏まえた改訂で「目標を達成するよう教育を行う」ことを規定。「伝統と文化」の尊重，「国と郷土を愛する」教育を強化。「ゆとり」教育の実質的転換，自ら学び考える「生きる力」を育てる理念を継承，総合的な学習の時間を削減，中学校での選択教科を事実上廃止，基礎的・基本的な知識，技能の修得，思考力・表現力等の育成のため小・中学校で主要教科の授業時間数を増加，言語活動・理数教育の充実。小学校の国語で「昔話や神話・伝承」，音楽で国歌「君が代」はいずれの学年でも「歌えるように指導する」。小学校5年から外国語活動（英語），中学体育で「武道」をそれぞれ必修。道徳教育推進教師を配置し，「道徳教育」を学校教育全体で実施，意見発表や説明など言語による表現活動を全教科で重視，自然の中での宿泊活動，職場体験活動を推進。	

（　）は学習指導要領が告示された年を示す。

② 学習指導要領の基準性

　学習指導要領の法的性格，換言すれば法的拘束力の有無は，行政解釈と教育法学説との間で緊張関係が続いてきた問題であり，現在でも論争的な課題であるといえる。

　学習指導要領は，①教科書の検定，②学校放送の番組編成の範囲，③上級学

校の入学試験の出題範囲において，法的拘束力を有するといわれるが，行政解釈で法的拘束力が強調されるようになったのは，1958年の学習指導要領の全面改訂にあたり，文部省告示の形式によって公示され，法規としての法的拘束力があるとされたことによる。

　これに対し，憲法・教育行政学・教育法学の研究者から，学習指導要領の法的拘束力の強調は，教師の教育の自由を圧迫する恐れを生じさせることが指摘され，学習指導要領は教師への参考または手引きにとどめるべきという意見が表明された。特に，教育法学説は，文部省告示による法的拘束力の強調に対して，法解釈上の問題を指摘して，学習指導要領の法的拘束力を否定した。

　その要旨は，教育課程の基準の設定は，教育における地方自治，私立学校の自由，学校の教育課程編成権を不当に支配しない程度の大綱的なものでなければならず，学習指導要領は学校法旧20条の委任を受けて，同施規25条によって再委任されたもので，その大部分が委任の限界を逸脱しており，法規命令として法的拘束力をもち得ない。また，告示という形式は，本来的に法規であることを示す形式ではなく，拘束力は告示の内容によって決まるもので，それには法的拘束力をもたない指導助言としての告示もありうる，というものである（兼子，1963）。

　この大綱的基準説は，その後，戦後教育法制の法定主義の原理に立脚した「学校制度的基準説」に発展し，「学習指導要領の告示は，学校教育内容にかんする国（中央教育行政機関）の指導助言的基準が公示されたものであり，全体として，法的拘束力を有する法規ではない」ことを強調し（兼子，1978），より厳密な教育法理論として構築された。

　教育法学の大綱的基準説は，教育裁判で大きな役割を発揮し，この学説を反映して，学習指導要領の法的拘束力を否定した判決が出された。福岡地裁小倉支部判決（1964年3月16日）は，その代表的な判決というべく，「教育行政は，指導・助言・勧告をその本質として，外的事項ないし教育の外的条件の整備にとどまるべきで，文部省も指導助言官庁として，右の『教科に関する事項』もこれら外的事項をさすものとみるべきで，内的事項ともいうべき教育課程については，教師の教育課程編成権を不当に支配しない程度のごく大綱的な基準，

即ち，教育課程基準設定権を有するにすぎないものと解すべきである。したがって学習指導要領も『教育課程を編成する場合の最も重要な資料であり基本的な示唆を与える指導書』としての意味をもつに止まり，法規命令としては効力をもちえない」と判示した。

　学習指導要領の法的拘束力の有無は，教育行政の役割と文部大臣の教育課程行政の限界を問う問題であり，教育裁判の展開において上記の否定的な判例の対極に，行政解釈を反映した判決もあり，その一例として盛岡地裁判決（1966年7月22日）は，「学習指導要領は，法規命令としても効果をもち，学校及び教員に対し，事項により，強弱はあるが，法的拘束力がある」と判示した。

　教育内容への教育行政の関与について論争が続くなかで，学力テスト事件最高裁判決（1976年5月21日）は，学習指導要領の法的性格について次のような判断を下した。すなわち，教育は「本来人間の内面的価値に関する文化的な営みとして，党派的な政治的観念や利害によって支配されるべきでない」ことを重視し，「普通教育の場でも教師に一定の範囲で教授の自由が保障されるべき」だが，なお「それ以外の領域では，憲法上国（政府）は，子どもの利益の擁護等のために，必要かつ相当と認められる範囲で，教育内容についても決定権能を有するものと解さざる得」ないが，「教育内容への国家的介入は，できるだけ抑制的であることが要請される」。「殊に個人の基本的自由を認め，その人格の独立を国政上尊重すべきものとしている憲法下においては，子どもが自由かつ独立の人格として成長することを妨げるような国家的な介入は，たとえば，誤った知識や一方的な観念を子どもに植えつける内容の教育を施すことを強制するようなことは，憲法26条，13条の規定上からも許されない」が，教育行政が「必要かつ合理的な基準の設定」として教育内容の基準を設定することは是認され，学習指導要領は内容に問題があることを認めながら，「全体としてはなお全国的な大綱的基準としての性格をもつものと認められる」，と結論的には法的拘束力を是認した。

　この学習指導要領の法的拘束力の問題についてのこれまでの判決は，学習指導要領の全体としての法的性格を問題にしていたが，伝習館訴訟における福岡高裁判決（1978年7月28日）は，特に論拠を示さず，学習指導要領の性格を法的

拘束力のある部分と指導助言文書としての部分とに区分し,「教育制度に関する教育課程の規制に関する条項について法的拘束力がある」が,「各教科,科目に掲げられた目標は…教師が当該科目を教育する際の大まかな指針を列挙したもので,…これをもって教師に法的拘束力をもって強制することは適当ではない」と述べ,教育制度に関する部分に学習指導要領の法的拘束力を認める判断を下したが,学習指導要領は全体としてとして指導助言文書であるとする教育法学の「学校制度的基準説」の論理とは異なるものである。

　さらに,東京都教育委員会による卒業式等での「日の丸・君が代」強制反対訴訟の東京地裁判決（2006年9月21日）は,「国歌斉唱義務なし」という判決のなかで,学習指導要領について,「学習指導要領は,原則として法規としての性質を有する。もっとも,国の教育行政機関が,普通教育の内容及び方法について遵守すべき基準を設定する場合には,大綱的な基準に止めるべきものと解する」と判示し,国旗・国歌の法的効力に関して,「その内容が教育の自主性尊重,教育における機会均等の確保と全国的な一定水準の維持という目的のために必要かつ合理的と認められる大綱的な基準を定めるものであり,かつ,教職員に対し一方的な一定の理論や理念を生徒に教え込むことを強制しないとの解釈の下で認められる」。したがって,「教職員に対し,入学式,卒業式等の国歌斉唱の際に国旗に向って起立し,国歌を斉唱する義務,ピアノ伴奏をする義務を負わせているものであると解することは困難である。」と述べている。このような論理は,学習指導要領に「法規としての性質」を認めながら,大綱的基準説を根底にした判決だといえよう。

2　戦後の教科書制度

（1）教科書と教科書制度
① 教科書の意義と性格

　教科書は,学校教育でなじみの深い存在として,子どもたちに親しまれてきた。教科書の学校教育における役割は,学校のあり方全体の変化と関連している。教科書に関する考え方の変化は,歴史的には中国の四書・五経のように,

教典の原文そのものを熟読暗記する対象から，近代的な教科書は，教科書の内容を理解し生徒の思考活動を促進する学習書としての性格に変わり，知識や情報の源泉としてだけでなく，生徒に問題を提起し問題解決の仕方を教え，知識の習得や応用の方法をも教える教授機能をもつものに変化してきた。

こうした歴史的な変化を踏まえて，現代の教科書の性格と役割には，①生徒に価値ある真実の情報を提供する「真実性」，②生徒が知識を構造化し，体系化するのを助ける「系統性」，③生徒に知識の教授だけでなく，学問の方法をも教え，自主的な学習ができる力をつける「学び方を教える」ことが求められる。

教科書は，一般的には教授＝学習のために使用される書物（図書）のすべてを指すが，法制上は「教科用図書」といい，「小学校，中学校，高等学校及びこれに準ずる学校において，教科課程の構成に応じて組織配列された教科の主たる教材」として，「教授の用に供せられる児童又は生徒用図書」であり，「文部大臣の検定を経たもの又は文部省が著作の名義を有するもの」（教科書の発行に関する臨時措置法，1948年7月10日）とされてきた。

これは，教科書の学校教育における意義を規定したものだが，これを受けて学校は「文部大臣の検定を経た教科用図書又は文部省が著作の名義を有する教科用図書を使用しなければならない」（学校法第34条，49条，62条，70条，82条）という規定について，これは教科書使用義務を定めたものか，教科書を使うとき検定教科書を使用する義務を定めたものなのか，ということが一つの争点であったが，「主たる教材」という位置づけからすると，教科書以外の補助教材の存在を前提とする規定であると見なされる。

② 教科書制度の変遷

教科書が子どもの手にわたる過程には，教科書の発行と採択のしくみがあり，現行制度は，文科省による検定または文科省著作の教科用図書を使用することが法定されているが，わが国の近代的な学校制度の発足以来，教科書制度は歴史的に変遷を重ねてきた。

教科書の発行形態の歴史的変遷を概観すると，①「学制」の発布に伴う「自

由発行・自由採択制」(1872～85年)，②義務教育制度の発足に伴う「検定・府県採択制」(1896～1903年)，③「国定制」(1904～48年)，④戦後教育改革期からの「検定・各校採択，広域採択制」(1949～63年，1964年～現在)に変わり，それぞれ時代の歴史的背景と教育制度の変化を反映している。

　自由発行・自由採択制は，民間で発行した図書のなかから各学校が教科書として適切なものを自主的に採択するしくみである。検定制は民間で著作した教科書の原稿を公の機関（文部省・文科省の諮問機関である教科書検定審査会）が審査し，合格したものを学校で使用できる教科書として発行させる制度である。「国定制」は，国（文部省・文科省）が著作した教科書を全国の学校で使用させる制度であり，国家の意思を教育内容に反映させるのに都合のよいしくみとして，戦前・戦中に国民思想の統制に大きな役割を果たした。戦後は「国定制」を廃止し「検定制」に変わったが，戦後の「検定制」も教育政策の展開との関係において，制度のあり方が問われる経緯を重ねてきた。

　まず，戦後教育改革期の「墨ぬり教科書」(戦意高揚をはかる教材の削除)に象徴された軍国主義・国家主義的教育の禁止，次いで，教育課程の改革による新教育と「教科用図書検定規則」(1948年4月30日)による戦後の検定制度が発足して間もなく，教科書問題の第1の波が，民主党の『うれうべき教科書の問題』(1955年)というパンフレットの発行（第1集～第3集）を契機にして，平和と民主主義を基調とした社会科教科書への偏向攻撃として起こり，1956年には，教科書の検定，採択等についての「教科書法案」が衆議院に提出され，教科書検定のあり方について議論が高まった。法案は結局，審議未了・廃案になったが，その後，文部省令で常勤の教科書調査官が新設され，教科書検定を強化する措置が講じられた。

　第2の波は，1980（昭和55）年に自由民主党の機関紙『自由新報』による，「いま教科書は」の連載が国語・社会科教科書を非難したのを契機にして，財界やマスコミ，筑波大学グループによる教科書攻撃も行われ，政府・与党の教科書検定制度の抜本的な見直し，改革案が提起され，再び教科書検定制度のあり方について大きな議論が起こった。そして，1983年から使われる高校社会科教科書の検定で，自民党などの「偏向キャンペーン」を背景とした，アジア諸

国への「侵略」戦争を美化したという検定に対し，中国共産党機関紙『人民日報』(1983年7月20日）は，日本軍の南京大虐殺，中国への「侵略」を「進出」としたことに抗議し，文部省の責任を追及した。また，韓国の『東亜日報』(1983年7月20日)も，三・一独立運動を「暴動」としたこと，戦時中の朝鮮人労働者の強制連行を単なる「徴用」として日本の植民地支配を正当化した，と批判した。このときの教科書問題には，この他に北朝鮮，香港，フィリピン，インドネシア，ベトナム等，アジア諸国からの抗議を受けて外交問題にまで発展し，教科書問題を通して歴史認識の落差が鮮明になった。日本政府は，当初，検定の適正を主張していたが，ようやく「政府の責任において是正」を表明して，教科書検定の基準に「近隣のアジア諸国との近現代の歴史的事象の扱いに国際理解と国際協調の見地から必要な配慮がなされていること」，を追加することで外交的には一応決着することになった。

　第3の波は，教科書裁判の判決を受けて改訂された新しい教科書検定規則（1989年3月8日）が制定された後に，歴史認識の問題が再発し中国や韓国から検定の結果に対して批判が高まった。1997年に発足した「新しい歴史教科書をつくる会」（つくる会）が編集，申請した中学校の『新しい歴史教科書』が2001年度の教科書検定に合格したことに対して，韓国の外交通商省は「植民地支配に対する反省がない」など25項目の修正要求を提示し（5月8日），中国外務省も1920年代の中国での反日活動，「満州国」問題，南京大虐殺，盧溝橋事件等8項目について，アジア・太平洋戦争中の事実をゆがめ，侵略を美化する記述に対し是正を求めた。こうした要求に対して，日本政府・文科省は，「修正はできない」と対応した。「つくる会」の歴史教科書の記述に対しては，日本国内からも批判が強まり，教科書の検定と採択のあり方について議論が高まった。

（2）教科書検定のしくみ

　教科書検定は，民間の出版社が申請した図書を文部科学大臣が教科書として適切であることを認めた場合，初等中等教育の学校で教科書として使用することを認めるしくみである。

現行の教科書検定の手続きは，次のような過程をたどって行われる。
① 民間の出版社が，出版する図書を文科省に，検定の申請をする。
② 検定は，まず文科省の教科書調査官による調査を受ける。
③ 文部科学大臣の諮問機関である教科用図書検定調査審議会は，申請された図書の審査を行い，教科書としての合否を決定する。
④ 文部科学大臣が前提審査の結果，不合格の決定を行うときは，不合格理由を事前に通知し，反論を聴取する。
⑤ 必要な修正を行うときは，決定を保留して検定意見を申請者に通知する。
⑥ 不合格決定の場合，申請者は必要な修正を加えたうえで再申請することができる。
⑦ 文部科学大臣は，検定審査の終了後，申請図書を公開する。

戦後の教科書検定は，戦前の国定制度から検定制度に変わった1948年の教科用図書検定規則と検定基準によって行われてきたが，現行の教科書検定制度は，家永教科書裁判の展開や臨時教育審議会第3次答申（1986年）の提言を受けて，教科用図書検定規則と教科用図書検定基準が1989年に全面的に改正され，1990年から実施されている。その後，検定基準は，義務教育諸学校教科用図書検定基準（1999年1月25日，文部省告示第15号）と，高等学校教科用図書検定基準（1999年4月16日，文部省告示第96号及び2009年9月9日文部科学省告示第166号）が告示され，それぞれ検定の基本方針や各教科に関する検定基準を示している。

従来の教科書検定と現行の教科書検定のしくみには，検定過程に大きな変化が生じている。現行の教科書検定は，手続き，基準の簡素化，検定結果の公開を進めたしくみだといわれるが，従来の原稿本審査，内閲本審査，見本本審査という3段階の審査を一段階の審査とした点のほか，条件付き合格の場合，決定を保留し検定意見を示しそれに応じた修正表の提出を求め，再審査する。この一段階審査はいわゆる「1発検定」ともいわれ，従来の四分の一改訂がなくなったので，かえって検定強化につながるという指摘がある。

また，検定意見は従来の検定における修正意見に関わるものに限られるので，強制力をもつことが危惧された。さらに，文部科学大臣の検定済み教科書への

第5章　教育課程と教科書の法制

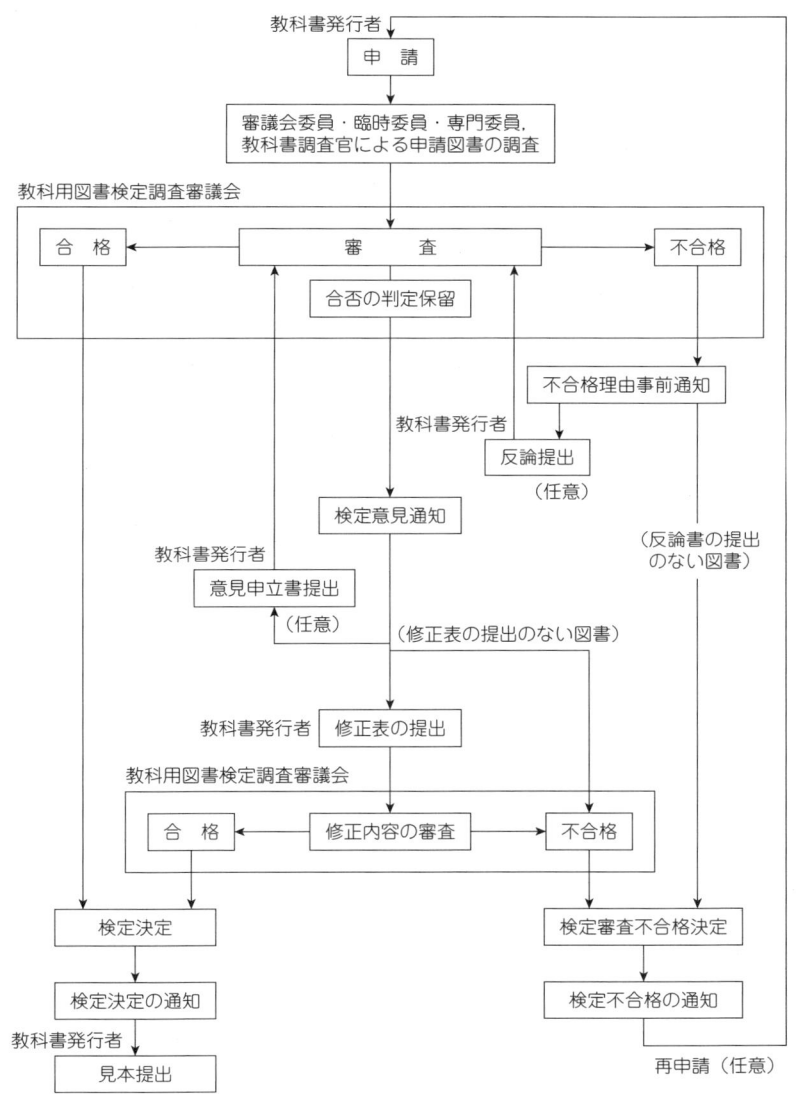

```
                    教科書発行者
                        ↓
                     ┌─────┐
                     │申　請│
                     └─────┘
                        ↓
            ┌──────────────────────┐
            │審議会委員・臨時委員・専門委員，│
            │教科書調査官による申請図書の調査│
            └──────────────────────┘
                        ↓
┌─教科用図書検定調査審議会──────────────────────┐
│                                              │
│ ┌─────┐     ┌──────────┐     ┌─────┐ │
│ │合　格│←──│審　　査│──→│不合格│ │
│ └─────┘     └──────────┘     └─────┘ │
│                  ↓                           │
│            ┌──────────┐                      │
│            │合否の判定保留│                     │
│            └──────────┘                      │
└──────────────────────────────────────┘
                                  ┌──────────┐
                                  │不合格理由事前通知│
                                  └──────────┘
                                        ↓
                  教科書発行者        ┌─────┐
                                  │反論提出│
                                  └─────┘
                                   （任意）
                        ↓
                  ┌──────────┐         （反論書の提出
                  │検定意見通知│          のない図書）
                  └──────────┘
   教科書発行者
   ┌──────────┐
   │意見申立書提出│
   └──────────┘
    （任意）    （修正表の提出のない図書）
                        ↓
              教科書発行者
              ┌──────────┐
              │修正表の提出│
              └──────────┘
   ┌─教科用図書検定調査審議会──────────┐
   │ ┌─────┐   ┌──────────┐   ┌─────┐ │
   │ │合　格│←─│修正内容の審査│─→│不合格│ │
   │ └─────┘   └──────────┘   └─────┘ │
   └──────────────────────────┘
        ↓                               ↓
   ┌─────┐                      ┌──────────┐
   │検定決定│                      │検定審査不合格決定│
   └─────┘                      └──────────┘
        ↓                               ↓
   ┌──────────┐                  ┌──────────┐
   │検定決定の通知│                   │検定不合格の通知│
   └──────────┘                  └──────────┘
   教科書発行者
   ┌─────┐                         再申請（任意）
   │見本提出│
   └─────┘
```

図5-1　教科書検定のしくみ

（出所）　文部科学省HPより作成。

訂正勧告権が新たに規定され，審議会の意見を求めて明確な誤りのある場合，申請がなくても改訂を促すことができる。

さらに，2006（平成18）年の教育基本法の全面「改正」後，教科書検定審議会の報告（2008年12月25日）を受けて，文科省は教科書検定の基準と検定規則の改定案を示し，新教基法第2条「教育の目標」を明記し，これらの「目標を達成する」ために検定を行うとし，教科書の内容が新教基法，学校法，新学習指導要領に「一致していることを検定基準上明確にする」ことを強調している。

たとえば高等学校の検定基準では，検定の基本方針を示す第1章総則で「知・徳・体の調和がとれ，生涯にわたって自己実現を目指す自立した人間，公共の精神を尊び，国家・社会の形成に主体的に参画する国民及び我が国の伝統と文化を基盤として国際社会を生きる日本人の育成を目指す教育基本法に示す教育の目標並びに学校教育法及び学習指導要領に示す目標を達成するため，これらの目標に基づき，第2章及び第3章に掲げる各項目に照らして適切であるかどうかを審査するものとする」ことを明記している。新教基法第2条に定める「教育の目標」は，学校法上の初等・中等教育の目標（第21条，51条等）の規定及び学習指導要領の改訂を受けて，教科書検定の基準としても拘束性を有するものとして位置づけられている。

（3）教科書採択のしくみ

義務教育諸学校の教科書は，現在，無償で給与・給付されるが，学校で使う教科書は法定手続きによって採択される。

教科書の無償での給与・給付は，教科書無償措置法（1963年）によって行われることになったが，同時に義務教育諸学校と高等学校の教科書採択のしくみに変化をもたらした。

都道府県教育委員会は公立小・中学校の教科書の採択にあたって，数種類の教科書を選択し，市町村教育委員会は，都道府県教育委員会が選定した教科書のなかから採択地区ごとに同一の教科書を採択する広域採択制に，高等学校は各学校が採択するしくみになった。

市町村教育委員会は，郡市規模で採択地区を構成し，協議によって採択地区

第5章　教育課程と教科書の法制

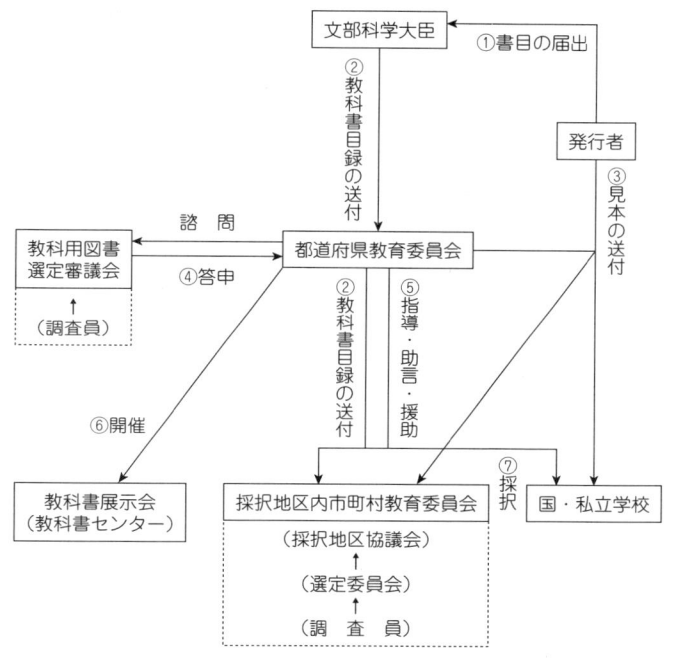

```
                    ┌─────────────┐  ①書目の届出
                    │ 文部科学大臣 │←──────────┐
                    └──────┬──────┘            │
                           │②教科書目録の送付   │
                           ↓                    │
         諮問       ┌─────────────┐            │
  ┌──────────┐←────│              │         ┌──────┐
  │教科用図書│     │都道府県教育  │         │発行者│
  │選定審議会│────→│  委員会      │         └──┬───┘
  └────┬─────┘ ④答申              │          │③見本の送付
       │ (調査員)  │         │   │          │
                   │②教科書 │⑤指導・       │
                   │ 目録の  │ 助言・        │
                   │ 送付    │ 援助          │
  ⑥開催            ↓         ↓              ↓
  ┌──────────┐   ┌─────────────────┐  ⑦  ┌──────────┐
  │教科書展示会│   │採択地区内市町村  │採択 │国・私立  │
  │(教科書   │   │  教育委員会      │     │  学校    │
  │ センター)│   │ (採択地区協議会)│     └──────────┘
  └──────────┘   │ (選定委員会)    │
                   │ (調　査　員)    │
                   └─────────────────┘
```

図5-2　教科書採択のしくみ

(出所)　文部科学省HPより。

内で同一の教科書を選定する。なお，国立・私立の学校は，都道府県教育委員会が選定した教科書のうちから，学校ごとに採択することになった。こうした広域採択制について，学校の意向や地域の特性を反映した教科書を選ぶことや，教師の専門性，自主性を尊重した教科書選びが後退したという指摘があった。

（4）教科書の無償制

　現在，義務教育諸学校の教科書は，無償で給与・給付されているが，これは憲法第26条2項の義務教育の無償を具体化する立法政策として，1963（昭和38）年の教科書無償措置法の制定によって実現した制度である。この教科書無償の概要は，①国公私立の義務教育諸学校のすべての児童生徒に，全教科の教科書を給与する，②国が毎年，義務教育諸学校の児童生徒が使用する教科書を購入し，公立・私立学校の設置者に無償で給付する，③各学校は，それぞれの校長

137

を通じて児童生徒に給与する，④国立学校の場合は，国立学校の校長を通じて児童生徒に給与する，というものである。

　教科書の無償は，戦後の六・三制の学校制度が発足し，義務教育が拡張されたのに伴って，義務教育の無償原則の一環として実現すべき課題であったが，当初は部分的に教科書の無償措置がとられるにすぎなかった（昭和26年度に入学する児童に対する教科用図書の給与に関する法律，1951年3月29日〔1951年度入学児童に国語・算数の教科書を給与〕）。新たに入学する児童に対する教科用図書の給与に関する法律，1952年3月31日。盲学校，聾学校及び養護学校への就学奨励に関する法律，1954年6月1日（〔国立の盲・聾学校に就学する児童生徒の教科書購入代の全部または一部を国が支弁等〕）。

　憲法第26条2項の規定を受けて，旧教基法第4条は公立の義務教育諸学校の授業料不徴収の原則を定めていたが，無償の範囲は授業料だけに限定されていたのを，教科書無償措置法の施行によって義務教育の無償を事実上，教科書を含む範囲まで拡大させたことは，前進的な措置である。

3　教科書裁判の展開

（1）教科書裁判の提起

　戦後の教科書検定の問題を考える際，教科書裁判の法的争点や支援運動の展開などを理解することが重要である。日本史研究者で高校社会科教科書『新日本史』（三省堂）の執筆に携わってきた，東京教育大学の家永三郎教授（当時）は，検定不合格処分（1963年）と300カ所の修正要求（1964年）に対して，現行の教科書検定は憲法と教育基本法（1947年，法律25号）に違反するとして，1965年6月，国を相手取って国家賠償請求の第一次教科書裁判を提起した。これを支援する教職員，父母・市民，研究者たちは，同年10月，教科書検定の違憲・違法性を広く国民各層に訴え，世論を喚起して民主的教科書制度の確立を目指して全国連絡会を結成し，教科書裁判支援の運動を全国的に展開した。

　家永教授は，その後，検定で削除された箇所の復活を求める改訂検定の申請を行い，再び不合格処分を受けたので，1967年6月，行政処分取消請求の第二

表5-1　教科書検定訴訟経過一覧

	第一次訴訟	第二次訴訟	第三次訴訟
件名等	国家賠償請求事件 原告＝家永三郎 被告＝国	行政処分取消請求事件 原告＝家永三郎 被告＝文部大臣	国家賠償請求事件 原告：家永三郎 被告＝国
第一審	東京地方裁判所 ・提訴＝1965年6月12日 ・判決＝1974年7月16日 （高津環裁判長）	東京地方裁判所 ・提訴＝1967年6月23日 ・判決＝1970年7月17日 （杉本良吉裁判長）	東京地方裁判所 ・提訴＝1984年1月19日 ・判決＝1989年10月3日 （加藤和夫裁判長）
第二審	東京高等裁判所 ・控訴＝1974年7月26日 （原告） ・判決＝1986年3月19日 （鈴木潔裁判長）	東京高等裁判所 ・控訴＝1970年7月24日 （被告） ・判決＝1975年12月20日 （畔上英治裁判長）	東京高等裁判所 ・控訴＝1989年10月13日 （原告） ・判決＝1993年10月20日 （川上正俊裁判長）
第三審	最高裁判所 ・上告＝1986年3月20日 （原告） ・判決＝1993年3月16日 （阿部恒雄裁判長）	最高裁判所 ・上告＝1975年12月30日 （被告） ・判決＝1982年4月8日 （中村治朗裁判長）	最高裁判所 ・上告＝1993年10月25日 （原告） ・判決＝1997年8月29日 （大野正男裁判長）
差戻審		東京高等裁判所 ・差戻＝1982年4月8日 ・判決＝1989年6月27日 （丹野達裁判長）	

次教科書裁判を提起した。さらに，南京大虐殺や沖縄戦などの記述に関する検定が外交問題に発展した直後，1984年1月，国家賠償請求の第三次教科書裁判を提起し，3つの訴訟の最終的な判決に至るまで，実に32年間にわたり教科書検定制度のあり方を争った。この教科書検定訴訟の経過の概要は，表5-1のとおりである。

このような教科書訴訟の展開において，家永教授は，1969年7月，第二次訴訟第一審の原告本人尋問のかなで，戦前，「戦争を止める努力をすることもできず，むなしく祖国の悲劇を傍観した罪」を悔い，「だからこそ，戦争を明るく書けというような要求に屈することはできないのです」，と訴訟に至った日本史研究者としての気持ちを語っていた。

（2）教科書裁判の法的争点

　教科書検定訴訟は，現行の教科書検定制度が憲法・教育基本法制のもとでの教育法原理に照らして，違憲違法なのかどうかということだけでなく，「教育の自由」と教育権の所在についても，また適正手続き保障に反していないかなど，重要な法律上の争点を提起した。

　教科書検定訴訟の中心的な争点について，原告と被告である国の主張の要点と，原告側の主張を全面的に認めた第二次訴訟東京地裁判決（杉本判決）及び国側の主張を全面的に認めた第一次訴訟東京地裁判決（高津判決）の要点は，表5-2のように整理することができる。

（3）教科書裁判の判決

　教科書裁判の経過は，前述のとおりであるが，第一次から第三次にわたる訴訟の判決で最も注目されたのが，憲法・教育基本法と教科書検定制度の適法性についての判断であり，杉本判決と高津判決はこの点で対照的だった。杉本判決は，原告側の主張をほぼ全面的に認め，教育の自由と教育権については国家の教育権を否定し，国民の教育権論を展開して，教科書検定制度そのものは違憲とはいえないが，運用を誤れば違憲になるとしながら，原告への不合格処分は違憲・違法であると判示した。

　これに対し，高津判決は，被告・国側の主張をほぼ全面的に認め，議会制民主主義のもとでは，国の教育行政は外的な諸条件にとどまらず，教育内容にもおよびうるとし，教科書検定の検定が教育内容にわたっても不当な支配にはあたらないとしながら，1962年度の不合格処分において，検定基準を逸脱した不当な検定意見に基づく大臣等の告知は違法，過失であると判示した。

　杉本判決に示された国民の教育権という考えは，教職員，父母・国民の多くがこれを共有し，憲法・教育基本法の理念に基づき，国民の教育要求を実現する教育実践，教育運動の理論的指針として大きな影響を与え，「国民の教育権の構造」の探求という教育法学における創造的な発展の契機ともなった（堀尾, 1991）。

第5章　教育課程と教科書の法制

表5-2　教科書検定訴訟の中心的な争点

	原告側主張	国側主張	杉本判決	高津判決
教育の自由と教育権	子どもを教育する権利は国民（親）にある。「教育の自由」とは，公教育の内容や方法の決定に国家権力が介入することを許さないという法理であり，近代市民社会の大原則として現代公教育の中でも維持・強化されている。具体的には子どもの学習の自由を中心に，親の家庭教育，学校選択の自由，教師の教授の自由や国民が教科書など教材を作成，発行する自由を含む。これは自然的基本権だが憲法26条や同23条などに明文の根拠を求めることができる。現行の検定制度は，国が教科書の内容に介入し，その結果を教育現場に強制するもので「教育の自由」を侵害する。	公教育は国政の一環として行われるものであり，憲法26条の定めからも国家は教育を行う権利と責務を有している。原告の主張するような「教育の自由」を明文で認めた根拠はなく，実定法上「教育の自由」は存在しない。公教育は，国民が国家へ教育の責務を付託したところに成立し，したがって，国家の教育内容への介入を禁じるものではない。教育の機会均等の確保，教育水準の維持・向上，適切な教育内容の保障などをはかる上からも公権力的な介入は当然であり，また，議会制民主主義のもとでは，法律にもとづく国家の教育内容への関与は認められる。	憲法26条は，子どもの教育を受ける権利を，生存権の文化的側面から保障した規定である。国民（親）に子どもを教育する責務があることを前提に，国に対し，国民の責務を助長するため公教育制度設定などの責任があることを定めたもので，国家教育権を認めるものではない。「教育の自由」は，国民の教育の自由と教師の教授の自由に分けられるが，教授の自由は「学問の自由」によって保障されており，国が教師に一方的に教科書の使用を義務づけるなどは妥当ではない。ただし，原告は教科書執筆者であるから「教育の自由」の侵害を理由に処分の取り消しを求めることはできない。	議会制民主主義体制のもとにおける今日の公教育は，教育の私事性を捨象し，かつての家庭における私的教育に代わって，組織的，機能的に運営されるのであり，国は国民の付託にもとづき福祉国家として教育行政を推進すべき責務を負っている。国の機能は，単に，教育の外的諸条件の整備にとどまるものではなく，教育内容にもおよびうる。教科書検定制度も決して憲法26条の趣旨に違背するものではない。
検定制度と表現の自由	検定は教科書の発行に先立って内容を事前審査し，不合格の場合，教科書としての使用を禁止するものだから憲法21条が禁じる検閲に当たる。仮に検閲に当たらないとしても，不合格になれば教科書としては出版できず，条件付き合格でも指示条件に従って書き改めない限り教科書としての出版を断念せざるを得ない。したがって「表現の自由」の不合理な制限に当たる。	検定は，ある図書が教科書に適するか否かを判断し，その著作物に一種の特権を与える処分であるから「表現の自由」とは無関係の制度である。仮に表現の自由を制限するとしても，一般図書として出版することまで禁止するものではないから検閲には当たらないし，憲法26条の趣旨を受けて国家が行う関与として必要で合理的な制限だから，	検定は，教科書執筆，出版の事前許可という法的性質を有するが，執筆者の思想や学説の内容の審査に当たらない限り，検閲に当たるとはいえない。その意味で検定制度自体，違憲とまでは言えないが，検定基準などの運用を誤るときは表現の自由を侵す恐れが多分にある。3件6ヶ所について不合格にした本件処分は執筆者の思想内容に対する事前審査にあたり，違憲である。	教科書検定は，単に申請原稿の誤記，誤植その他の客観的に明らかな誤りないしは造本その他の技術的事項を審査するにとどまるものではなく，その記述内容にまでたち入らなければ，これを十分審査し，その合否を判定することは不可能である。検定が各法令の趣旨に則り，合理的に運用される限り，これによる「表現の自由」の制限は，公共の福祉によるものとしてこれを

141

			憲法21条に違反しない。		認受せざるを得ない。
検定制度と教育基本法10条	教育基本法10条は，教育行政が教育内容に介入することを禁じている。したがって教科書検定は，明白な誤字，誤植などの審査に限定されるべきだが，現在の検定制度は教科書の記述内容に介入し，全面的に規制するものであるから，同法10条に違反する。	同法10条の禁止する不当な支配は一部の党派的勢力による教育への支配を指し，行政権が教育内容に立ち入ることを禁じてはいない。検定制度は国民の総意を反映して教育の政治的中立を保ち，教育内容の向上などを実現するためのもので，違法ではない。	検定の審査は，記述の誤記，誤植など客観的に明白な誤りや造本など技術的事項および内容が教育課程の大綱的基準の枠内にある否かの諸点にとどめるべきだ。この限度を超え，記述内容の当否まで審査した本件処分は，同法10条に違反する。	教育基本法十条にいう不当な支配（教育は，不当な支配に服することなく，国民全体に対し直接に責任を負って行われるべきものである）とは，政党，労組，その他国民全体でない一部の党派的勢力を指し，行政権による支配もそれが不当なものである限りこれに含まれる。しかし，現行教科書検定は，それが教育内容に当たることがあっても，右にいう不当な支配に当たらない。
検定制度と適正手続きの保証	憲法31条が保障する適正手続きの要請は行政手続きにも及ぶ。現行検定手続きは聴聞手続きや判定機関の公正，手続きの公開などの用件を欠き同条に違反する。また手続きの具体的内容を，法律でなく行政立法にゆだねており，法治主義の原則にも反する。	憲法31条は刑事手続に関する規定で，行政手続である検定制度には及ばない。仮に及ぶとしても検定手続きの性格から聴聞は不必要だ。検定制度を法律で定めるか行政立法によるかは，立法府の裁量にゆだねられており，法治主義の原則にも反しない。	憲法は適正手続きの保障を刑事手続にとどめ，行政処分に関しては法治主義の原則によって国民の権利，自由を保障している。現行検定制度では教育の理念に沿った審査が行われない恐れなしとしないが，制度を法律で定めるか否かは立法の裁量に属する。	憲法三十一条の適正手続きの保障は，主として刑事手続にかんするもので，教科書検定のような純然たる行政手続きに適用しない。文部大臣の教科書検定の権限は，学校教育法その他法令に根拠を有し，学習指導要領は，検定基準に組み入れられることにより，法的拘束力を有する。
故意・過失の有無	検定制度は違憲であるから，違法な国の行為で損害を与えた以上，故意，過失ありとして賠償責任がある。文部大臣らは記述内容介入を避ける注意義務を怠り，文部省側の史観を押し付けようとしたのだから，検定関与公務員の故意，過失は明らかである。	公務員は違憲性が明白でない限り，法律執行の義務があるから，文部大臣の検定に故意，過失があったとはいえない。本件検定は法に従った十分に根拠のあるもので，仮に判断に誤りがあったとしても，諮問機関の意見に基づいたものだから故意，過失はない。	行政訴訟なので争点とならず。	昭和三十七年度検定不合格処分において，検定意見が不当であると認められたものは，割合が極めて些少であって，これを控除してもしなくても不合格処分そのものに影響をおよぼさない。したがって違法を前提とする損害賠償，慰謝料請求には理由がない。検定は，検定基準に即して遂行すべき義務があり，これを逸脱した検定は違

| | | | | |法。不当な検定意見にもとづく大臣の条件指示，修正意見の告知はいずれも違法。文部大臣，文部事務次官，初中教育局長，教科書課長，同局審議官，教科書調査官に過失あり。|

（出所）「朝日新聞」1974年7月11日及び「読売新聞」1974年7月16日等を基に作成。

　杉本判決の国民の教育権論，高津判決の国家の教育権論の対照的な判示から，教育の自由と教育権の所在について，「国民の教育権」か「国家の教育権」か，という対抗関係が関心を高めたが，文部省（当時）も国民の教育権を否定することはできなかった。杉本判決が出された後，文部省は「教科書検定訴訟の第一審判決について」通知（1970年8月7日）を発したが，そこで「憲法26条は国民の教育を受ける権利を保障し，これを法律の定めるところにより十全に実現すべく求めているのであって，国はこの権利を積極的に保障する責務を負い，この責務を果たすために…適切な教育内容を確保し，教育水準の維持向上を図るため，教育課程の基準を定め，教科書の検定を行っているのである」，と述べていた。

　国民主権と基本的人権保障を定める憲法のもとでは，国民の教育権は，国家と教育の関係について本来的に基本的な原理であり，現代公教育の基礎をなす教育思想であるから，それを否定できないのは当然のことである。

　教科書裁判の展開においては，憲法・教育基本法と教科書検定制度について，裁判所の判断が求められていたが，第一次及び第二次訴訟の地裁判決以後の判決では，第一次訴訟の高裁判決（鈴木判決）が国側の主張を全面的に認め，地裁判決（高津判決）が「公共の福祉」論から教科書検定制度の合憲論を展開していたのとは異なる，「教育の機会均等と教育水準の維持確保」の必要論から合憲とし，原告の請求を全面的に棄却したのを除いて，多くの判決が検定制度そのものの違憲・合憲，家永教科書不合格処分の適否の判断を回避し，「訴えの利益」の存否の問題に終始する内容に傾いていった。

　第二次訴訟の最高裁判決（中村判決）は，「訴えの利益」の存否についての

検討を理由に,「原判決破棄,東京高裁に差し戻し」を判示したが,差し戻しの高裁判決(丹野判決)も「訴えの利益なし」を理由に原告の請求を退けた。しかし,教科書検定制度の適合論が支配的ななかで,第三次教科書検定訴訟の地裁判決(加藤判決),高裁判決(川上判決)及び最高裁判決(大野判決)は,これを踏襲しながらも一部に検定権限の逸脱や看過し得ない過誤があったことを認めた。

教育制度の観点からも教科書裁判で中心的な争点であった憲法・教育基本法と教科書検定制度については,杉本判決で示された検定制度の運用違憲論が到達点であり,検定制度そのものは適合だとされても,いつでも問題が指摘される制度であることが,その後の教科書検定をみても明らかである。最近の「沖縄戦」の記述を修正させた教科書検定の実態は,そのことを如実に語っている(コラム5参照)。

なお,家永教科書裁判の精神を受け継いだ高嶋伸欣(琉球大学教授)によって第二の教科書訴訟が提起されたが,これまでの支配的な判例を変えるには至らなかった。

参考文献
永井憲一編 1980『教師と学習指導要領』総合労働研究所。
平原春好 1970『日本の教育課程』(第2版,1980)国土社。
宗像誠也・遠山茂樹監修,教科書検定訴訟支援全国連絡会編 1968『日本の教育と教科書裁判』労働準報社。
教科書検定訴訟支援全国連絡会編 1970『証言 家永教科書裁判』(判決編)等。
青木宗也・兼子仁ほか 1984『戦後日本教育判例大系 1 学習権と教育の自由』労働旬報社。
兼子仁 1963『教育法』有斐閣。
兼子仁 1978『教育法 新版』有斐閣。
国民教育研究所 1981『教科書問題』別冊 国民教育4,労働旬報社。
『教科書裁判 法律時報増刊 増補版』日本評論社,1970年。
堀尾輝久 1991『人権としての教育』岩波書店。
芦部信喜編 1990『教科書裁判と憲法学』学陽書房。

(土屋 基規)

第5章 教育課程と教科書の法制

コラム 4　高校教科書日本史の沖縄戦「集団自決」の記述をめぐる教科書検定問題

　教科書検定の問題に，国民の関心が高まる事件が最近も起こっている。2007年3月30日，文部科学省は，2008年度から使用の教科書検定の結果を公表したが，そのなかの高校日本史の検定で，「沖縄戦」における住民の「集団自決」についての記述の削除，書き換えがあったことが判明した。申請段階の記述は4年前の記述とほぼ同一であったが，今回の検定では5社7点の高校日本史教科書の日本軍の関与に関する部分が修正を求められた。

　この教科書検定の問題の経緯は，検定前の申請本で「なかには日本軍に集団自決を強制させられた人もいた」という記述に対して，教科用図書検定調査審議会（教科書検定審議会）から「沖縄戦の実態について誤解するおそれのある表現」という検定意見が付され，各教科書会社が「日本軍により」という部分を削り，「なかには集団自決に追い込まれた人々もいた」というように，記述の変更をしたというのが概要であるが，教科書検定審議会の「検定意見」は，文部科学省の教科書調査官が作成した「調査意見書」を，同省が教科書検定審議会に提出し，それを受けて検定意見を付したという経緯であることも判明した。

　沖縄戦に関する教科書の記述については，1982年に日本軍による住民殺害をめぐる記述が検定意見後に削除されたことに対して沖縄県などが反発し，84年の検定で復活したことがあった。今回，再び沖縄戦の記述に関する記述の問題が浮上したのは，「新しい教科書をつくる会」が，沖縄戦における「集団自決軍命令説」を「自虐史観」の象徴の一つに位置づけ，これに関する教科書の記述を変えさせることを目標にした活動などが，背景にあると見なされている。

　沖縄戦「集団自決」の記述をめぐる教科書検定に対して，全国的に批判と抗議の声があがり，6月以降，検定意見の撤回を求める抗議行動が起こり，沖縄県議会と同県のすべての市町村で検定意見の撤回を求める決議が行われ，その動きは高知県議会など全国的にも広がりを見せた。特に，9月29日の沖縄県民による大規模な抗議行動は，国民世論の形成とこの問題を国政上の争点に押し上げる上で大きな意義を示し，国会での質疑も行われ，問題の経緯と教科書検定制度のあり方が追及された。こうした動向を受けて政府・文部科学大臣は「見直し」を検討することを表明した。

　しかし，文部科学省の責任において検定意見の撤回を求めた沖縄県民や世論に対して，文部科学省及び教科書検定審議会は検定意見の撤回を拒否した。検定の「見直し」は，教科書会社による訂正申請の手続きによって行われ，各社は，「日本軍の強制によって集団自決に追い込まれた」「日本軍に自決を強要された」などの表現で訂正申請を行った。文部科学省の教科書調査官は，「直接的な軍の命令は確認できない」「単純化した表現では生徒が誤解する」として，各社に再申請させた。その結果，「軍の強制」という表現はなくなり，「日本軍の関与のもと，配布された手榴弾などを用いた集団自決に追い込まれた人々もいた」などの表現に改められた。こうした措置を妥当な結果だとする意見もあったが，これは日本軍によ

145

る強制は書かせないという「検定意見」の核心は譲っていないという批判や抗議が,沖縄県民や教科書執筆者などから表明された。

　今回の問題は,検定基準そのものの妥当性とともに,文部科学省の常勤職員である教科書調査官の「調査意見」の性格と内容,教科書検定審議会の「検定意見」など,教科書検定制度に内在する諸問題を明らかにし,これが教育制度の現代的な課題の一環であることを改めて浮き彫りにした。

第6章　教職員法制の原理と展開

　　　　21世紀初頭に教育基本法，学校教育法（学校法），地方教育行政の組織及び運営に関する法律（地教行法），教育職員免許法（免許法）など，戦後教員養成改革時に成立した法律が立て続けに改正され，これまでの教職員法制は大きく転換された。

　　　　本章では，教職員法制のうち，教員の養成，採用，研修制度を中心として，第1節で教職員法制における教師の種類，教師の地位と職務を概観し，第2節では，教員養成・採用制度を戦後教育改革期から最近の取り組みにわたって概観する。第3節では，教員の資質向上という観点で，教師の研修制度のしくみと問題点をさぐり，さらに，最近新たに浮上してきた教員評価制度についても概観する。

　　　　本章を通して，読者にはこれからの日本の教師・教師教育の方向について確認し，21世紀を見すえた教職のあり方を模索していく上で参照してもらえれば幸いである。

1　教師の地位と職務

（1）教師の種類と職務内容

　戦後の教職員法制の基本は，免許状主義の徹底を期して，校種・職種に相当する免許状を有することを原則としている。現在では，幼稚園・小学校・中学校・高等学校・中等教育学校・特別支援学校には，次の教職員を配置することにしている。

① 校長【必置】　校長は「校務（園務）をつかさどり，所属職員を監督する」ことを職務としている。校長は，教諭の専修免許状または一種免許状（高等学校および中等教育学校に関しては専修免許状）を有し，かつ5年以上の教育に関する職（小学校，中学校，高等学校，中等教育学校，大学，高等専門学校，

大学，特別支援学校及び幼稚園）にあることが任用資格の基本である。なお，幼稚園園長に関する任用資格規定は特に見あたらない。

② 副校長（副園長）【任意設置】　2007（平成19）年6月20日の学校法改正によって，新たに導入された職階である。副校長（副園長）は，校長（園長）を助け，命を受けて校務（園務）をつかさどることを職務としている。副校長は，校長に事故があるときはその職務を代理し，校長が欠けたときはその職務を行う。この場合において，副校長が二人以上あるときは，あらかじめ校長が定めた順序で，その職務を代理し，または行うこととなっている。

③ 教頭【原則必置】　教頭は，校長（園長）を助け，校務（園務）を整理し，および，必要に応じ，児童・生徒の教育，または，幼児の保育をつかさどることを職務としている。教頭は，校長（副校長を置く学校にあっては，校長および副校長）に事故があるときはその職務を代理し，校長（副校長を置く学校にあっては，校長および副校長）が欠けたときはその職務を行う。教頭になるには，一定年数以上の教育の経験などがなければならない。幼稚園，小学校，中学校に関しては，特別の事情のあるときは教頭を置かないことができる。

④ 主幹教諭【任意設置】　2007年6月20日の学校法改正によって新たに導入された職階である。校長および副校長（園長および副園長）および教頭を助け，命を受けて校務（園務）の一部を整理し，並びに児童・生徒（幼児）の教育（保育）をつかさどることを職務としている。

　なお，2007年学校法改正以前は，教育委員会によって定められた主幹（東京都），首席（大阪府）が置かれていた。教師集団のリーダー的位置づけがなされ，管理職への援助・支援や渉外活動などを職務としていた。

⑤ 指導教諭【任意設置】　2007年6月20日の学校法改正によって新たに導入された職階である。児童・生徒（幼児）の教育（保育）をつかさどり，並びに教諭その他の職員に対して，教育（保育）の改善および充実のために必要な指導および助言を行うことを職務としている。

⑥ 教諭【必置】　教諭は，児童（幼児）の教育（保育）をつかさどることを職務としている。公立学校教諭の場合，各都道府県の教員採用試験に合格し採用された正規教員であり，任用には普通免許状または特別免許状を有することが

⑦ 助教諭【任意設置】　助教諭は，教諭の職務を助けることを職務としている。特別な事情があるとき，教諭にかえて置かれる職階であり，臨時免許状を有することが資格要件となっている。臨時教員の身分であるが，実態においては，クラス担任をするなど教諭と同様の職務を果たしていることが多い。

⑧ 講師【任意設置】　講師は，教諭または助教諭に準ずる職務に従事することを職務としている。講師は臨時教職員であり，臨時的任用教員（常勤講師），非常勤講師（時間講師）がある。いずれも，普通免許状，特別免許状，臨時免許状のいずれかを有することを要する。

　まず，臨時的任用教員（常勤講師）は，常時勤務に服し，結婚などによる中途退職，出産・育児休暇，病気や怪我による休暇，年度当初の教員需給計画の大幅な変動，長期派遣，内地留学などの長期の研修などによって，正規教員に欠員が生じた場合の補充として採用される教員である。勤務時間や職務内容は正規職員とほぼ同じであり，クラスの担任，部活動の指導，校務分掌なども受け持ちながら，教員採用試験の準備に取りかかるものが多い。待遇は，ボーナス・各種手当の支給・健康保険の加入などの面で臨時的任用教員と正規教員の待遇には格差がある。また，正規教員との違いとして採用年度のみという任用期間が設定されており，期間満了後は更新という形で引き続き採用されることもある。

　次に，非常勤講師（時間講師）は，常時勤務に服さず，正規職員の欠員が生じた場合の補充として一定期間採用される教員である。勤務時間は，授業1コマに対して賃金が支払われる。非常勤講師は，授業1コマに付随する，教材研究の時間や，テスト作成・テスト採点の業務，成績処理の業務にかかる業務時間などは勤務時間としてカウントされず，待遇に関して問題を抱えた制度を強いられているといえる。なお，1988年に創設された特別非常勤講師制度により，優れた知識や技術を有する社会人は，都道府県教育委員会に届け出て免許状を有しないものでも非常勤講師として勤務することが可能となっている。

⑨ 養護教諭【原則必置】　養護教諭は，児童の養護をつかさどることを職務とし，養護教諭の普通免許状を有することが法定されている。学校医，学校歯科

医の指導監督のもと，学校保健情報の把握・保健指導・救急処置及び救急体制・健康相談活動・健康診断および健康相談・学校環境衛生の実施・学校保健に関する各種計画および組織活動の企画，運営への参画および一般教員が行う保健活動への協力・伝染病の予防・保健室の運営などを職務内容としている。

⑩ 養護助教諭【任意設置】 養護助教諭は，養護教諭の職務を助けることを職務としている。養護助教諭は，臨時教員であり養護助教諭の臨時免許状を有することが法定されている。

⑪ 栄養教諭【任意設置】 栄養教諭は，2005年度から導入され，児童・生徒の栄養の指導および管理をつかさどることを職務としている。職務内容は，食に関する指導と給食管理を一体のものとして行うことであり，栄養教諭の普通免許状を有することが法定されている。なお，高等学校，幼稚園には栄養教諭は設置しなくてもよい。

⑫ 事務職員【原則必置】 事務職員は，事務に従事することを職務としている。庶務，財務，その他の事務を扱い，教育条件整備と学校運営に固有な役割を果たすことなどを職務内容としている。小学校，中学校，高等学校，中等教育学校，特別支援学校では事務職員を必ず設置しなければならないと法定されている。しかし，小学校，中学校に関しては，特別な事情のあるときは置かないことができる。

⑬ 実習助手・技術職員【任意設置】 実習助手・技術職員は，高等学校および中等教育学校に置くことができる。実習助手は，実験または実習について，教諭の職務を助けることを職務とする。技術職員は，職業教育に伴う機械等の整備に関して，技術に従事することを職務としている。

⑭ 寄宿舎指導員【寄宿舎を設ける特別支援学校において必置】 寄宿舎指導員は，寄宿舎を設ける特別支援学校に置くことが法定化された職員である。寄宿舎における児童，生徒または幼児の日常生活上の世話および生活指導に従事することを職務としている。

⑮ 教育補助員・特別支援教育補助員【任意設置】 教育補助員は，小学校，中学校，幼稚園，認定こども園に設置されている職種で，臨時的任用である。学校のいずれの職階にも該当せず，学校長（園長）の指揮監督を受けて，教育活

動の補助に当たることを職務とする。たとえば，多人数学級の教育活動の補助や情報教育の補助および特別に支援を必要とする園児・児童・生徒の教育活動の補助などが職務となる。特別支援教育補助員は，通常学級に在籍する障害のある児童・生徒に対する学習（校外学習，宿泊学習を含む）並びに学校適応の補助を職務としている。

⑯ その他必要な職員　学校には，その他必要な職員として，用務員，学校警備員，給食員などを置くことができる。また，非常勤職員として，学校医，学校歯科医および学校薬剤師を置くものとされている。

（2）教師の資格と職務

① 教師の資格

　教員の資格には積極的要件と消極的要件が法定されている。積極的要件たる免許資格は，1949年から現在に至るまで，①民主的立法，②専門職性の確立，③学校教育の尊重，④免許状授与の開放制と合理性，⑤現職教育の尊重を原則とした教育職員免許法（免許法）で規定されている。免許法は，免許状授与の基礎資格として，大学において資格認定に必要な単位を修得することを定め，免許状主義の徹底を目指して制定された。それゆえ，制定当初の免許法では，「教育職員」は学校法第1条に定める小学校，中学校，高等学校，盲学校，聾学校，養護学校及び幼稚園の教諭，助教諭，養護教諭，養護助教諭及び講師，並びにこれらの学校の校長（幼稚園の園長を含む），教育委員会の教育長及び指導主事を意味し，すべての教育職員に対してそれぞれ免許状を必要とすることが定められていた。1954年の免許法改正により，校長，教育長，指導主事の免許資格が廃止され，免許法はそれ以後，実質的には学校で教育活動を行う教員を対象とする資格公認の基準を定める法律となっている。

　なお，1998（平成10）年の学校法改正により，中等教育学校が新たな校種として加えられ，原則として，中学校・高等学校両方の免許状を所有することが必要とされた。しかし，当分の間は，中学校・高等学校の免許状のうち，中学校の免許状取得の場合は，中等教育学校前期，高等学校の免許状取得の場合は，中等教育学校後期を担当できることになっている。また，2007年4月から盲学

校，聾学校，養護学校は，特別支援学校となり，障がい種の領域を定めた免許が授与されるようになった。

教員免許制度の基本は，免許状主義の徹底である。戦前，未整備であった盲・聾・養護学校の教員にも免許資格を徹底し，高等教育を除き，就学前教育・初等教育・中等教育のすべての学校の教師に免許状の保持を義務づけ，この原則を徹底させた。

次に，消極的要件として欠格事項が定められている。公立学校の教員は，教育公務員であるがゆえに，地方公務員法（地公法）が適用され，①精神上の障害により事理弁識能力を欠く状況にあったり，著しく不十分である者で，一定の請求権者の請求により家庭裁判所が後見開始や保佐開始の審判をした者，②禁錮以上の刑に処せられたもの，③当該地方公共団体において懲戒免職の処分を受け2年が経過していないもの，④日本国憲法施行の日以後において，日本国憲法またはそのもとに成立した政府を暴力で破壊することを主張する政党その他の団体を結成し，またはこれに加入した者は，教員の資格を授与しないとされている。

それに加えて教育公務員として免許法（第5条1項）や学校法（第9条）の規定により以下の者も教員資格を取得することができない。

① 18歳未満の者
② 高等学校を卒業しない者（通常の課程以外の課程におけるこれに相当するものを修了しない者を含む）。ただし，文部科学大臣において高等学校を卒業した者と同等以上の資格を有すると認めた者を除く
③ 免許状がその効力を失い，当該失効の日から3年を経過しない者
④ 免許状取上げの処分を受け，当該処分の日から3年を経過しない者

なお，国立大学法人の教員は，身分は非公務員型であり，従来の国家公務員法（国公法）や人事院規則等の規定が適用されない。しかし，公共性の高い事業を行うため，公務に従事していると見なされ，公務員に適用されていた法的な義務や懲戒は基本的に従来通り継続されている。また，就業規則に関しては，

労働基準法に基づいて各国立大学法人が自主的に定めている。

② 教師に関する職務と服務の性質

　2006（平成18）年12月22日の新教基法公布により，教師の職務の性質は劇的な変化を遂げたといえる。旧教基法第6条には「法律に定める学校の教員は，全体の奉仕者であつて，自己の使命を自覚し，その職責の遂行に努めなければならない」とあり，第10条には，「教育は，不当な支配に服することなく，国民全体に対し直接に責任を負つて行われるべきものである」とあったが，新教育基本法では，これらの条文のうち「全体の奉仕者」という文言と，「国民全体に対し直接に責任を負つて行われる」という文言が削除された。そして，新たに「教育は，不当な支配に服することなく，この法律及び他の法律の定めるところにより行われるべきもの」（第16条1項）という文言が追加されるとともに，新教基法第2条に規定された教育目標を体系的に，「組織的に行」（第6条2項）うことを「自己の崇高な使命」（第9条1項）とすると変更され，教師の職務に質的な変化が生じてきている。

　また，学校法には，教諭は，幼稚園においては幼児の保育をつかさどり，小学校以上の学校では児童・生徒の教育をつかさどることを職務としている。（幼稚園：第27条，小学校：第37条，中学：第49条，高校：第62条，中等教育学校：第70条，特別支援学校：第82条）。

　教師は，幼稚園・小学校に関してはクラス担任として，中学校以上の学校では教科担任として，幼児・児童の保育，学習指導，生活指導にあたる。これは，後述する教員養成の大原則である「大学における教員養成」の理念のもと，大学での専門教育によって形成した学問的知識と，教育実習で培った教育技術など専門的な教養を基盤として，自主的・自律的に職務を遂行することを要請するものである。その際，教師は自ら習得した専門的な力量に基づき職務遂行上の自由と権限を有している。

　この職務遂行上の自由と権限は，教師の教育権とも呼ぶことができ，教育の自主性，科学性，人権性によって内在的に条件づけられ，それとともに，親の教育権，子どもの学習権によって外在的に制約されている（日本教育法学会『教

育法学辞典』学陽書房，1993年，若井邦夫・土屋基規『教師をめざして　初めの一歩』菅原印刷株式会社エース出版事業部，2001年）。

　教師は，子どもの学習により発達する権利（学習権）の保障を本質的な職務としているが，それを遂行する上での「教師の教育権」の内容としては，具体的には次の5点があげられる。①教育課程の自主的編成，②教科書・教材の決定権，③教育評価権，④児童・生徒の懲戒権，⑤研修の自主性，権利性の保障，という考え方が教育法学の有力説であるが，行政解釈との間で理論的・政策的に争点を形成している事項でもある。

　上記のように，教師には職務遂行上の自由と権限を有する一方で，服務規律が定められている。服務とは，教師が「勤務に服する場合の義務」遂行上の規律，倫理のことである。教師の服務の根本基準については，公立学校教員に関しては，地公法第30条において規定されている「すべて職員は，全体の奉仕者として公共の利益のために勤務し，且つ，職務の遂行に当たつては，全力を挙げてこれに専念しなければならない」ことが適応される。地公法に定める教師の守るべき義務については，具体的に以下の8点があげられ，大きく職務上，身分上の義務が規定されている。（国立大学法人の教員は，それぞれの大学の就業規則に規定されている。）

【職務上の義務】
① 服務の宣誓（地公法第31条）
② 法令等及び上司の職務上の命令に従う義務（地公法第32条）
③ 職務に専念する義務（地公法第35条）

【身分上の義務】
① 信用失墜行為の禁止（地公法第33条）
② 秘密を守る義務（地公法第34条）
③ 政治的行為の制限（地公法第36条）
④ 争議行為等の禁止（地公法第37条）
⑤ 営利企業等の従事制限（地公法第38条）

　また，これらの制限の上に教育職員の服務に関する具体的事項については，

地教行法や教育公務員特例法（教特法）において規定されているものもある。

公立学校教員の「法令等及び上司の職務上の命令に従う義務」に関しては地教行法第43条に「その職務を遂行するに当つて，……市町村委員会その他職務上の上司の職務上の命令に忠実に従わなければならない」と規定されている。教師の研修に関しては後述するが，研修に関しても教師の服務として規定されている（教特法第21条1項，22条1項，22条2項，22条3項）。

2　教職の専門性と養成・採用制度

（1）教職の専門性

専門職としての教師の地位，待遇の確立は，実現すべき課題を残しながら，教育において重要な意義を有する。歴史的に見ると，日本においては戦前，教師は教育勅語体制のもと，国策遂行のための教育行政の末端に位置づけられ，「官吏に準ずる身分」，すなわち準官吏待遇で天皇制教育体制に組み込まれ，「忠君愛国」の教育を，画一的・形式的に全うすることを求められていた。戦後の教師は，戦前の教育への反省に基づき，平和と民主主義，人権としての教育の担い手としての教師が模索されてきた。教師は専門職となるべく戦前は中等教育レベルでなされていた教員養成を，大学における教員養成に転換し，大学における教科の学識専門性と，教職的教養を身につけた者にのみ教員免許を授与することを原則とし，教師を専門職とする法制が発足したのである。

教師の専門職性に関して注目すべきことは，国際的な動向として，1966年10月に特別政府間会議が開かれ，ILO・ユネスコの共同勧告として，「教師の地位に関する勧告」が採択され，「専門職としての教師」の位置づけが明示された。その第6項には，「教職は，専門職と認められるものとする。教職は，きびしい不断の研究により得られ，かつ，維持される専門的な知識及び技能を教員に要求する公共の役務の一形態であり，また，教員が受け持つ生徒の教育及び福祉についての各個人の及び共同の責任感を要求するものである」と記されている。

このような世界的動向をも受けて，今日では，教師は「専門職」と考えられ

るようになってきている。教師が「専門職」であることは教育においてきわめて重要な認識である。その専門職としての特徴を，M.リーバーマン (Lieberman, M.) は，「専門職」と呼ばれうる職業に共通するベースとして次の10項目をあげている。

> ① 社会的に不可欠な仕事に独占的に従事し，その範囲が明確に定められていること。
> ② 知的技術が重視され，身体的技術が必要な場合でも，高度な知的活動が基礎となること。
> ③ 長期的・継続的な専門的訓練が必要とされること。
> ④ 個人としても集団としても，自律性を要すること。
> ⑤ 専門職の自律性の範囲内で決定されたことや行われたことに対し直接に責任を負う。
> ⑥ 経済的利益など営利ではなくサービスを動機とすること。
> ⑦ 自治的であること。
> ⑧ 運用の仕方が具体化されている倫理綱領をもつこと。
> ⑨ 専門職育成のための公の長期的な教育が行われること。
> ⑩ 生涯を通して継続する職業であること。
> 　　　　　　　　　　　　　　　（Lieberman, M., *Education as a Profession*, 1956）

　戦後の教職員法制は，これらの条件を満たすべく整備が行われてきたといえる。しかし，たとえば，上記③の長期的・継続的な専門的訓練とはどういうものを指すのか，上記④がいう自律性の内容とはいかなるものであるか，また，2009年から導入された教員免許更新制と，上記⑩の生涯を通して継続する職業であることとの整合性など，教師が名実ともに専門職と社会的に公認されるまでには議論すべき課題が多い。

（2）教員養成・免許制度
① 戦後教員養成の二大原則
　日本の教員は，1872（明治5）年の「学制」発布以降，師範学校を中心にした教員養成制度が整備拡充され，これとは別に検定試験の方法を含むさまざまなルートにより養成されてきた。戦前の教員養成制度の大きな特徴は，勅令主

義により、教育政策の決定は国家統治上きわめて重大事であり、主権者たる天皇の発する勅令により運営されていた。この考え方が、教師たちの地位と待遇改善や、教育に対する民主的な考え方の浸透など、民意の反映された教育制度の確立を大きく遅れさせていたのである。

　第二次世界大戦後の教育改革は、戦前の教員養成制度を根本的に改革し、師範教育を中心とした教員養成は基本的に否定された。それは、閉鎖的で国家主義的・画一的な教員養成に対する批判と反省に立脚し、高等師範学校・師範学校・青年師範学校が廃止されることによって、戦前の教員養成制度に終止符が打たれたのであった。

　1946（昭和21）年には憲法が、そして1947（昭和22）年には教育基本法が公布され、平和的民主教育が開始された。戦後教育改革を主導した教育刷新委員会は、憲法・教育基本法が掲げた教育理念の実現、新しい国民形成の主体を担う教師の養成を目指して、教員養成制度改革を提案し、戦後教員養成の二大原則が確認されたのであった。その一つは「大学における教員養成」であり、もう一つは「免許状授与の開放制」の原則である。

　まず、「大学における教員養成」の原則により、免許状授与の基礎資格が、戦前は中等教育レベルであった教員養成を、大学の教育課程を修了することに転換し、教職に必要な単位修得者に教員の資格を認めることにした。大学での教員養成では、①教科に関する専門的な学識、②子どもの発達の法則や教科の論理など教職に関する専門的・科学的な知見、③一般教養も含めた幅広い教養、を身につけた自律性・主体性のある教師の養成が期待された。

　次に、「免許状授与の開放制」の原則は、国公私立すべての大学でさまざまな学問領域に学び、教職課程の必要単位を修得したものに等しく広く免許状を授与して、教職への参入を促すという理念である。戦前、師範教育を受けたもののみ基幹的な教師になれるという、閉鎖的な教員養成システムを弊害と認識し、それによって「師範タイプ」という固定的・画一的な型にはまった教師を生み出してきたことに対する反省から成立した原則である。この原則の成立により、全国、どこの大学の卒業者であっても、教職に必要な所定の単位を修得すれば平等に免許状が授与されることとなり、幅広い分野から教員を教育界に

表6-1 教員免許状取得に必要な科目の単位数

免許状の種類	所要資格	基礎資格（学位）	最低修得単位数					
			教科に関する科目	教職に関する科目	教科又は教職に関する科目	特別支援教育に関する科目	その他（注）	合計
小学校教諭	専修免許状	修士	8	41	34		8	91
	一種免許状	学士	8	41	10		8	67
	二種免許状	短期大学士	4	31	2		8	45
中学校教諭	専修免許状	修士	20	31	32		8	91
	一種免許状	学士	20	31	8		8	67
	二種免許状	短期大学士	10	21	4		8	43
高等学校教諭	専修免許状	修士	20	23	40		8	91
	一種免許状	学士	20	23	16		8	67
特別支援学校教諭	専修免許状	修士の学位を有すること及び小学校，中学校，高等学校又は幼稚園の教諭の普通免許状を有すること。				50		50
	一種免許状	学士の学位を有すること及び小学校，中学校，高等学校又は幼稚園の教諭の普通免許状を有すること。				26		26
	二種免許状	小学校，中学校，高等学校又は幼稚園の教諭の普通免許状を有すること。				16		13
幼稚園教諭	専修免許状	修士	6	35			8	83
	一種免許状	学士	6	35			8	59
	二種免許状	短期大学士	4	27			8	39

（注） その他の科目は日本国憲法，体育，外国語コミュニケーション，情報機器の操作である。
（注） 小学校・中学校の教員免許の取得に関して，養護施設と特別支援学校における介護等体験を行うことが義務づけられており，免許状授与にその修了証明書の提出が必要である。

第 6 章　教職員法制の原理と展開

誘致することが可能となった。

② 免許状の種類

現行の教員免許状は，学校の種類ごとに，(1)普通免許状，(2)特別免許状，(3)臨時免許状が存在する（免許法第 4 条 1 項）。

(1) 普通免許状（表 6 - 1）

中等教育学校を除く校種ごとの教諭・養護教諭および栄養教諭の免許状である（中等教育学校の前期は中学校教諭，後期は高等学校教諭の免許状を適用）。当初は一級免許状と二級免許状に区分されていたが，1988年の免許法改正によって，専修免許状，一種免許状，二種免許状の 3 種類に改められた。

専修免許状は「特定分野の高度の専門性」を示す免許状であり，修士の学位を有することを基礎資格とする免許状である。大学院修士課程において，一種免許状の資格要件に加えて，教科または教職に関する科目などの単位を一定数以上取得することが必要要件である。

一種免許状は，標準的な免許状として規定されている。教職課程を認定された大学で教職に関する科目など一定数以上の単位を取得し，学士の学位を有することを基礎資格とする免許状である。

二種免許状は，「なお一層の資質能力の向上が必要」であり，短期大学士の学位を有することを基礎資格とする免許状である。また，15年以内に「一種免許状」取得の努力義務を課されている。高等学校教諭に関しては，「二種免許状」は存在しない。

なお，特別支援学校の教員に関しては，特別支援学校の普通免許状とともに，「小学校，中学校，高等学校又は幼稚園の教諭の普通免許状を有すること」が基礎資格である。

(2) 特別免許状

幼稚園と中等教育学校を除く校種ごとの教諭の免許状である。1988（昭和63）年の免許法改正の際，「学校教育の多様化により幅広い人材を教育界に誘致するため」という趣旨で，特に優れた知識・技術をもつ社会人を学校教育に誘致するために導入された。

特別免許状は，授与された各都道府県内のみで効力を有し，その有効期限は，導入当初は3年以上10年以内に限定されていたが，1998（平成10）年の免許法改正により，小学校の全教科に拡大され，有効期限が5年以上10年以内に延長された。さらに，2002年の免許法改正により有効期限が撤廃された。

　特別免許状は，2000（平成12）年の免許法改正により，所定の単位を修得することによって普通免許状を授与されるしくみが設けられ，特例措置としての限定がなくなっている。

(3) 臨時免許状

　中等教育学校を除く校種ごとの助教諭および養護助教諭の免許状であり，普通免許状を有するものを採用することができない場合にかぎり授与される。授与権者の属する都道府県内のみで効力を有し，原則として3年間の有効期限が設けられている。ただし暫定処置として，6年間とされることもある。

　なお，小学校の特別免許状，中学校および高等学校の免許状，特別支援学校の自立活動等に係わる免許状は，教科や分野ごとに授与される。中学校および高等学校の宗教に関する免許状は，私立学校のみで効力を有する。2000年の免許法改正により高等学校の情報および福祉の免許状が新設された。

③ 教員免許制度と大学の養成カリキュラム

　教員免許状を取得するためには，大学卒業の基礎資格を満たすとともに，免許法と同法施行規則に定める法令上の基準に基づいて，大学・短期大学・大学院の履修基準に定める科目・単位を履修する必要がある。大学における教員養成の現行カリキュラムは，免許法の定めに従い，①「教職に関する科目」，②「教科に関する科目」，③「教科又は教職に関する科目」，について必要単位数を修得することを基本としている。教育実習は，教職を希望する学生が学校教育の場において修得した知識を活用し，実践的な知識，技能を養うことを目的とし，「教職に関する科目」のなかに含まれている。その他に，「日本国憲法」，「体育」，「外国語コミュニケーション」，及び「情報機器の操作」が免許状取得のための必修単位として規定されている。

　また，「小学校及び中学校の教諭の普通免許状授与に係る教育職員免許法の

特例等に関する法律」および「小学校及び中学校の教諭の普通免許状授与に係る教育職員免許法の特例等に関する法律施行規則」によって，1998（平成10）年4月から，義務教育である小学校，中学校教諭の普通免許状を取得するための要件として，特別支援学校で最低2日間，老人ホーム等の社会福祉施設で最低5日間，計7日間の「介護等の体験」が義務づけられ，その施設が発行する証明書を免許状申請時に，提出することとなった。

④「教職実践演習」の新設と必修化

さらに，「教育職員免許法施行規則の一部を改正する省令（平成20年文部科学省令34号）」（2008年11月12日）が公布され，新たに教職科目である「教職実践演習」が新設され，2011年から実施されることとなった。2006（平成18）年7月11日に中央教育審議会（以下，中教審）から出された「今後の教員養成・免許制度のあり方について（答申）」は，教職科目の履修について，新たな提案をしている。

答申は，教員免許状が保証する資質能力と，現在の学校教育や社会が教員に求める資質能力との間に乖離が生じてきていると指摘し，「開放制の教員養成」の原則を評価しつつも，現在の大学やその教職課程の抱える問題点として概ね次の3点をあげている。

① 教員を養成するという目的意識が必ずしも十分ではない。また，修得させるべき知識・技能，資質能力が不明瞭であったり大学教職員間に認識されていない。
② 養成しようとする明確な教師像がなかったり共有されていないため，体系的なカリキュラム，組織的な教育活動になっていない。
③ 学校現場が抱えている課題に十分対応した授業が行われていない，教職課程担当の教員に教職経験者が少なく，実践的指導力が十分育成されていない。

こうした現状認識のもと，教職課程の履修を通じて，教員として最小限必要な資質能力の全体について，確実に身につけさせるとともに，その資質能力の全体を明示的に確認するため，教職課程の履修基準中に，新たな必修科目とし

て「教職実践演習」を設定することを提案したのである。

「教職実践演習」の履修を通じて，身につける教員として必要な資質能力は，具体的には以下の4点が示され，教員の職務内容，現場の実態の理解と資質能力の確認を行う総合的実践を目的とするとしている。

　① 使命感や責任感，教育的愛情等に関する事項
　② 社会性や対人関係能力に関する事項
　③ 幼児児童生徒理解や学級経営等に関する事項
　④ 教科・保育内容等の指導力に関する事項

授業方法については，「役割演技（ロールプレーイング）やグループ討議，事例研究，現地調査（フィールドワーク），模擬授業等を取り入れる」ことが，また，指導教員については，「教科に関する科目と教職に関する科目の担当教員が，共同して，科目の実施に責任を持つ体制を構築すること」というように，方向性が示されている。

さらに，履修時期は，「すべての科目を履修済み，あるいは履修見込みの時期（4年制大学4年次の後期，短期大学2年次の後期）」に設定し，成績評価については，「複数の教員が多面的な角度から評価を行い，その一致により単位認定を行うことや，教職経験者が評価に加わること等，学校現場の視点も加味した，適切な評価」が行われるように工夫するとともに，「履修カルテ」による教職科目の学習状況の把握が義務づけられている。

なお，導入時期は，教員免許更新制の導入時期と同じ2010（平成22）年度の入学生より新カリキュラムが適用されている。また，この導入に伴う課程認定については，教職課程全体に対する「履修カルテ」の作成が開始され，再課程認定ではなく，追加的に審査・認定が行われている。

以上のことは，これまで「免許状授与の開放制」の原則を，安易に教員養成の場を拡充したり，希望すれば誰もが教員免許状を容易に取得できるという誤った認識のもとに，学校経営のために形式的な教員養成をしていた大学に対し，大学全体としての組織的な指導体制の整備や意識改革を強く要請するものである，と読み取ることができるが，大学教育による資格認定に新たな課題を提示するものでもある。

また，教職志望の学生に対しては，この「教職実践演習」が教師の資格認定をされる最後の関門となり，この科目の習得または履修状況次第でこれまで習得してきたすべての科目が無駄になってしまう可能性もあり，これまでのような形式的に資格を取得してという姿勢では教職への敷居は高くなっていくと予想される。

⑤ 教員免許制度の弾力化

近年，「大学における教員養成」の例外的施策の拡大が次々と打ち出されつつある。

最初の拡大策は，教員資格認定試験である。この制度は，高等学校教員に関しては1964（昭和39）年に，小学校・特別支援学校教員に関しては1973（昭和48）年の免許法改正によって創設された。文部科学省が委嘱する大学がこれを実施し，合格者には合格証書が授与され，それをもとに普通免許状が授与される。小学校教員資格試験（小学校教諭二種免許状），特別支援学校教員資格認定試験（特別支援学校自立活動教諭一種免許状〔肢体不自由教育及び聴覚障害教育，視覚障害教育，言語障害教育〕），高等学校教員資格試験（看護，柔道，剣道，情報技術，デザインなどの高等学校教諭一種免許状）が実施されてきた。なお，高等学校教員資格試験は，教科・科目によっては隔年実施のものもあったが，2004（平成16）年度以降，特別免許状の活用という名目で，試験は実施されていない。また，2005年9月から幼稚園教諭二種免許状の授与を目的とした幼稚園教員資格認定試験が実施された。

次に，特別免許状から普通免許状への上進である。2000（平成12）年の免許法改正によって，大学における教員養成のルートを通らずに取得した特別免許状を有する教員が，3年以上の在職年数と所定の単位（中・高の専修免許状の場合25単位）の修得により普通免許状を取得できることとなった。

さらに，教員免許状を持たずに教壇に立つルートも存在する。それは，閉鎖的になりやすい教育現場で，幅広い経験をもつ優れた知識や技術等を有する社会人を活用することによって，学校教育の多様化や活性化を図るという考えのもとに創設された特別非常勤講師制度（1988年）である。これは，①全教科の

領域の一部,②総合的な学習の時間の一部,③道徳の一部,④小学校のクラブ活動,を担任する非常勤講師として,免許状を有しないものを充てることができる。

この制度の導入当初は,特別非常勤講師の活用は中・高等学校を中心としたものであったが,近年,小学校についても積極的な活用がなされている。1989（平成元）年の全国の特別非常勤講師の届出数はわずか173件であったが,2007（平成19）年には2万4,325件と増加しており,制度として定着しつつあるといえよう。

⑥ 大学における教員養成の理念の再確認

戦後教育改革において,「大学における教員養成」と「免許状授与の開放制」の原則が確認された。これらを原則とした教員養成制度の近年の動向を見ると,基本的には原則を堅持しているが,制度実施上の問題が出現しつつあるといえる。

近年の動きを見ると,大学における研究と教育実践のバランスが歪曲しつつある。戦後教育改革以降,教育実践的な研究より教育の理論的研究を重視した教員養成が進められてきたが,その方向性を見直し,教職専門性を重視した実践的な教員養成を目指す施策に向かっている。そして,教員養成を大学の付属物と位置づけ,その整備・拡充を本格的に検討してこなかった教員養成機関はその機能を十分に果たすことができず淘汰され,より閉鎖的な教員養成機関での教員養成と,その他の例外的な措置による養成の方向へと進み,教員養成の2大原則は形骸化されつつあるのではないだろうか。

教員養成のカリキュラム,教員採用選考の制度の最近の動向を併せ見ると,中教審答申では「『開放制の教員養成』の原則を尊重することは,安易に教員養成の場を拡充したり,希望すれば誰もが教員免許状を容易に取得できるという開放制に対する誤った認識を是正するものではないことをまず再確認する必要がある」と指摘しているが,実際の教員養成系大学・学部以外の一般大学における教職課程の現実を見ると,中教審が,一般大学で行われている開放制の教員養成を懐疑的にみていることは明らかであろう。

それは，教職科目の履修が，100名を超える大規模講義が多いことや，教職科目を担当する専任教員を十分に雇用せず，非常勤講師に依存していることなどの現実があるからである。さらに，学識専門性を重視し，研究志向が強く，教育現場にあまり関心をもたない大学教員が，学校教師の養成を担当しているケースが多く，課程認定を受けている大学の多くが，責任をもって資格認定していると言い難い状況にあること，を考えると当然といえる。

さらに，少子化が進行し，「大学全入時代」が到来し，定員割れを起こす大学があらわれ始め大学運営を重視した入試を行わざるを得ない大学も増えつつある現実をもあわせて鑑みると，大学における研究・教育をとおして追究された「学識ある専門職性」を確保する「大学における教員養成」の原則は成り立ち難くなっており，この真意を酌み得ない状況も多く出現している。

中教審答申が指摘する，教員免許状が保証する資質能力と，学校教育や社会が教員に求める資質能力との間にある乖離は，これらの「大学における教員養成」をめぐる状況が引き起こしている側面を否定できないともいえる。また，免許・資格の取得を学生募集の看板に掲げながらも，形式的な資格取得に終始している大学は，大学における教員養成の理念を空洞化させ，やがては社会的信用を失い，淘汰されるであろうことも予見され，各大学は教職課程充実の積極的な改革が求められてくるであろう。

（3）教員採用のしくみ
①「選考」という採用の方法

教員の採用は，任命権者が教師の資格をもっている人を「選考」して教職に就かせる任用方法である。私立学校教員の採用に関しては，各学校法人の裁量に任されているが，圧倒的多数を占める公立学校の教員の採用に関しては，教員の身分が地方公務員であるため，教員採用選考試験に合格することが必須条件になっている。

1956年の地教行法成立以降，教員の身分は当該学校の設置者である市町村に所属しながら，その任命権は都道府県・指定都市教育委員会に移行している。この点は，一般的公務員が，それぞれの地方公共団体の長によって任命される

ことに対し教員の特例的な措置といえよう。

1956年の地教行法成立以降，市町村の規模による財政的な格差が，学校運営に必要な人員確保に対する格差を生じさせないように，都道府県における教師の適正な配置をすること，また広域的な人事交流の促進を図ることも意図し，さらに給与負担団体と任命権者の属する団体（都道府県教育委員会または指定都市教育委員会）とを一致させる必要により，それまで各市町村の教育委員会に属した教師の任命権を，都道府県教育委員会に移行したのである。そして，教員採用選考試験による「選考」は，都道府県・指定都市教育委員会の教育長が実施することが規定されている（教特法第11条）。なお，市町村立幼稚園については該当市町村の教育委員会が教員採用選考試験を行う。

教員採用選考試験における「選考」という方法は，教特法第11条により，一般公務員の特例として規定された教員採用の方法である。これを受けて教特法は選考権者を都道府県・指定都市教育委員会の教育長とし，地教行法は任命権者を都道府県・政令指定都市教育委員会としている（地教行法第34条，37条1項，58条1項）。それは競争試験による一般公務員の採用との決定的な違いを意味し，「教育者たるに必要な人格的要素は，競争試験によっては，とうてい判定しがたい」という理由から，「選考」という方法を重視しているのである。

② 教員採用候補者選考試験と名簿登載方式

教員採用選考試験は，多くが原則的に1次試験と2次試験に分けて二段階選抜方式で実施される。教員採用選考試験の具体的な試験内容・方法は表6-2のとおりである。

以上の5種類の試験内容は，1次試験と2次試験で各任命権者独自の組み合わせで実施される。教員採用選考試験のスケジュールは，大まかには図6-1の通りである（図6-1）。

なお，近年の採用試験の特徴を概観したい。全国47都道府県および17政令指定都市の計64任命権者（現在は67）によって作成された平成21年度公立学校新規採用教員選考要項を通観するに，ある特徴が伺える。

まず，一般選考の他に「特別選考」による採用により幅広い人材を教職に誘

表6-2 教員採用選考試験試験内容

筆記試験	教養試験および各教科の専門試験である。教養試験は，教職教養と一般教養で構成されている。
論文作試験	教職志願者の教育論や実践的な指導方法をテーマとして論作文を課し，それをもとに受験者の人格や教師としての考え方・資質を問う試験である。
面接試験	個人面接，集団面接，集団討論，模擬授業，場面指導など様々な形態で行われる。人物的要素の重視傾向にあり，選考の基準として面接試験のウェートが増大しつつある。そのため，模擬授業は約7割の都道府県（市）が取り入れているのが現状である。
実技試験	学校における実技科目，中学校・高校における英語・音楽・家庭・保健体育・工業・商業などに関して実技試験が実施されている。情報化の進展に伴い，志願者にパソコンの操作が課せられる都道府県（市）もあらわれている。
適性試験	教員の資質として要求される諸々の特性を客観的に調査する際に適性検査が実施される。クレペリン検査，Y-G性格検査，MMPI（ミネソタ多面人格目録）などが用いられている。

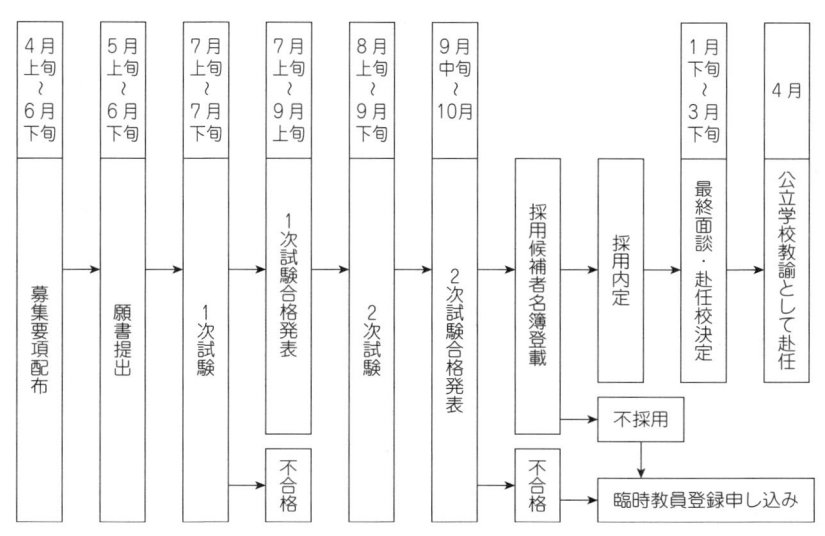

4月上旬～6月下旬　募集要項配布 → 5月上旬～6月下旬　願書提出 → 7月上旬～7月下旬　1次試験 → 7月上旬～9月上旬　1次試験合格発表／不合格 → 8月上旬～9月下旬　2次試験 → 9月中旬～10月　2次試験合格発表／不合格 → 採用候補者名簿登載 → 採用内定／不採用・臨時教員登録申し込み → 1月下旬～3月下旬　最終面談・赴任校決定 → 4月　公立学校教諭として赴任

図6-1 教員採用の主な流れ

（注） 各年度の実施時期は任命権者により多少の異同があるが，多くは全国をブロック別に日程を統一的に調整して実施している。

致しようとする特徴がある。近年の「特別選考」による採用では，①障害者，②教職経験者，③社会人，④スポーツ・芸術，⑤英語資格取得者，⑥その他による採用枠（表6-3）が設けられている。

　特に，横浜市，京都市，神戸市，北九州市，島根県以外の任命権者が実施す

表6-3 64任命権者のうちに占める特別選考の普及数

	障害者特別選考	社会人特別選考	教職経験者	英語資格取得者	スポーツ・芸術
平成18年度	25	18	11	8	16
平成19年度	39	22	17	9	16
平成20年度	51	27	20	9	19
平成21年度	59	34	39	13	24

表6-4 平成21年度教員採用者選考試験における年齢制限を課す任命権者数

なし	34歳未満	35歳未満	40歳未満	44歳未満	45歳未満	47歳未満	50歳未満	60歳未満
8	1	4	31	2	8	1	5	4

る教員採用試験では，障害者を教師として採用する傾向にあることが特徴的である。

次に，年齢制限に関する事項を撤廃した任命権者も増えつつあるということである（表6-4）。1994年度までは2任命権者の実施する採用試験のみが年齢制限を付していなかったが，2008年度の採用試験では8任命権者の実施する教員採用試験から年齢制限が撤廃されている。

また，教員の中堅層の補充のため，40歳未満年齢制限が規定されていることが多いことに特徴がうかがえる。2004年度の採用試験で30歳未満の年齢制限を設ける任命権者は消滅し，年齢制限が引き上げられ，緩和傾向が続いている。

さらに，試験内容にも変化があらわれ，模擬試験を行う採用試験も増えてきている。2008年度の採用試験では，33任命権者の行う採用試験で模擬試験が課されているのも，近年の採用試験の特徴であろう。

さて，教員採用選考試験の合格者は，教員採用候補者として名簿に登載される。採用候補者名簿への登載は，2007年度を参考にすると，①2段階登載，②3段階登載，③ランクなし登載，の3つの形態が存在する。①は北海道，宮城県，秋田県，愛知県，滋賀県，徳島県が採用しており，「内定」と「採用候補」に分けて登載する。②は千葉県（小・中・特・養），鳥取県，愛媛県が採用しており「内定」と「採用候補」と「補欠」に分けて登載される。「内定」以外は，欠員に応じて順次採用される場合が多い。

その後，教員需給を調整した上で優秀な成績者から順に採用内定が出され，教育委員会や校長の最終面接を経て赴任校が決定するように進行していく。それゆえ，最終合格者数が，その年度の当該都道府県・指定都市の教員需要を上回っていた場合，超過した者については，その年度に関しては採用とならず，待機扱いになる。しかし，採用候補者名簿は１年間有効であり，その期間内に教員の欠員が生じた場合，上位から繰り上げて採用されるしくみになっている。

 万が一，不採用になった場合は，次年度の教員採用選考試験を再受験しなければならないが，近年，採用候補者名簿に登載されながら採用されなかった者に対しては，次年度の１次試験を免除するといった措置をとる都道府県（市）が増加しつつある。

③ 教員採用制度の問題点

 現在の教員採用選考試験は，原理的には「選考」という採用方法をとっている。しかし，資格取得者と教員需給の関係から，実際的には競争試験として機能している。それは，教員採用選考試験が「選考」という採用方法をとりながら，学力審査を主とする１次試験を重視し，不合格となったものは面接や論述などの２次試験を受験できず，総合的な職務遂行能力の判定に至らないことが多いのが現状である。

 また，重視されている学力審査を主とする１次試験の問題は，長年，非公開扱いにされてきた。それは，教員採用選考試験の試験問題を公開することにより，教員採用において受験競争の激化を引き起こし，「選考」という採用方法の意味が薄れるということが懸念されたからであった。

 しかし，近年の状況は，受験の激化が続き，また，その実施の不透明性が問題視されたため，実施後の試験問題の情報公開請求が行われるようになった。そして，試験問題の情報公開を求める裁判も提訴され，試験問題を公開すべきことを判示した判例（高松高裁判決平成10.12.24，最高裁判決平成14.10.11）も出されたり，教育職員養成審議会1999年答申により，実施後の試験問題公開の促進が提案されたりしている。

 しかし，教員採用試験制度の根底には，①選考にあたっての選考基準の公開

表6-5　64任命権者のうち選考内容・基準の公表の普及数

区　分	問題の公表	解答の公表	採用選考基準の公表	成績の本人への開示
平成17年度	59	33	11	60
平成18年度	61	44	14	60
平成19年度	62	51	16	60
平成20年度	64	53	20	64

　　(注)　一部公表及び開示請求による開示を含む。

制度の不備，②教員採用選考試験の内容について，実践的指導力を備えた教師を選考するにあたっての学問的な検討を行う体制確立の不備，という根本的な問題点が存在していた。

2008（平成20）年7月，大分県小学校教員採用試験において，県内の小学校校長が，その長男と長女の合格依頼のために，採用担当である大分県教育委員会幹部に金券を手渡し，さらに合格後にも現金を手渡していたことが発覚した。また，10年間保存していなければない採用試験の文書を約半年間で廃棄していたことも判明した。この事件の発覚後，64の任命権者による選考に関する公開制度の整備が急速に進んだ（表6-5）。これらに付け加え，試験問題の配点の公表も51の任命権者が行うようになっている。さらに透明性を向上させるためには，もう一歩整備を進める必要があると考える。学識および人格的に優れた教師を適正に選考するため，教員採用選考試験問題の作成，選考基準の設定は教育行政機関のみの専属的な権限とせずに，教員養成に携わる大学等の教育専門家の参加を得て，高い資質をもつ教師の採用を，教師の養成と連続させて検討するシステムの構築が必要であろう。

④　教員採用をめぐる新たな動き
　（i）　区市町村費負担教職員の採用

現在の公立学校教員は，都道府県・指定都市の教育委員会が，教員採用選考試験を実施して採用し，教職員定数配置基準に基づいて各学校に適正配置を行う，というしくみになっている。ゆえに，区市町村立小学校・中学校等の教員は市町村の職員であるが，その給与については都道府県が負担しており，県費

負担教職員と呼ばれている。都道府県・指定都市教育委員会は人事権をもち，教員の適正配置と人事交流を図ることを目的とし，一定期間勤務した区市町村立学校教員を，転勤させている。このような状況で，「せっかく優秀な教師が赴任してきても，いずれは異動でいなくなってしまう」という区市町村立学校長の悩みは，全国の各学校に共通した問題である。

　このような県費負担教職員制度は行財政の「構造改革」の流れのなかで，2003年4月より，「地域における特色ある教育」を推進するため，教育上特に配慮が必要な事情がある地域に関して，構造改革特区と認定し，区市町村が給与を負担することにより，区市町村教育委員会による教職員の任用が可能となった。「地域における特色ある教育」としては，少人数学級の実現や不登校対策などのために，2005年9月の時点で，全国26市町村が独自に教員を採用した。そして，2006年3月，市町村立学校職員給与負担法が改正され，区市町村は，独自の財政負担をすれば，正規教員を採用することができるようになった。しかし，現実的には，区市町村の財政的な事情により臨時的任用教員の採用に止まっているというのが現状である。今後，地方分権の流れのなかで，教職員の人事権は，区市町村に委譲されていく方向が予想されるが，現実となった場合，どのような教員を採用していくかが区市町村の課題となっていくであろう。

　(ii) 自治体による教員養成の施策

　近年，団塊世代の教師の大量退職を前にして，教員養成を自前で行う自治体が出てきている。最初に設立された自治体の養成機関は，2004（平成16）年4月に開設された「東京教師養成塾」である。開設にあたり以下の3点の養成に焦点をあてて養成することを目的としている。

　　① 実践的指導力と柔軟な対応力を養い，組織の一員としての自覚や企画力を養成する。
　　② 社会の課題を的確に捉え，様々な知識を融合して実践的に課題解決する力を養成する。
　　③ 教師としての使命感や社会に貢献する志を持ち，社会人としての責任ある態度を養成する。

　この「東京教師養成塾」は，公立小学校で，年間を通した実習などの実践的

指導力や柔軟な対応力を養成することに重点が置かれていることが特徴である。また，塾生は終了後，優先的に採用される。このような教師養成塾は，東京都杉並区や横浜市，京都市，滋賀県など，各地方自治体が独自に教師養成塾を開校しており，今後も増え続けるであろう。

これらの背景には，第二次ベビーブーム対策として大量採用した教師が一斉に退職することを想定しての動きが背景にあり，指導力不足教員等の教師の資質が問題とされている現在，独自に優秀な教師を採用したいという自治体の思いのあらわれであろう。これらの動きには，優秀な教員の青田刈りにあたるのではないかという批判もあがり，教員採用選考の公正性を脅かす可能性も考えられる。さらに，東京都のように連携する大学が限定された場合，運用方法によっては「教員免許状授与の開放制」ひいては，「大学における教員養成」をも脅かす可能性をも有する。

しかし，これらの動きは，「大学における教員養成」「免許状授与の開放制」の二大原則のもとでの教員養成制度で，教師を養成することを大学のオプション程度にしか位置づけてこなかった多くの大学の教員養成への不信感が，自治体が自前で教員を養成することにもつながった一面もあり，課程認定を受けている大学は，国民が採用を望む教師像を研究し自治体の協力を得ながら，自らの教職課程の改革を続けていくことが望まれる。

(iii) 博士号保有者の特別選考

秋田県において教員採用に関して新たな取り組みが始まっている。2008（平成20）年現在，大学院博士課程を修了した者の就職率は，約50％程度（分野によりバラツキはあるが）である。学校制度の最高学府まで到達したこれらの者のうち2人に1人は正規のアカデミックポストに就けず，フリーターなどの非正規雇用者としての労働に従事している状況にある。

これら就職難にあえぐオーバー・ドクターたちの対策として，2007年度から秋田県において「博士号保有者特別選考」が実施された。博士号取得者は，卓越した知的な好奇心を喚起し，学校教育の現場で大きな戦力になると予測され，県内外を問わず，優秀な人材を募りたいという趣旨である。

この採用方法は，教員免許状を有せずとも教師として採用されるという特徴

をもつ。1969（昭和44）年4月2日以降生まれで，理学，農学，工学，教育学（心理学を含む）の博士号保有者が対象とされ，東京大学や慶應義塾大学などの研究室で教授の補助的な仕事をする「ポスト・ドクター」や米国や台湾で研究生活を送る博士号保有者計57名が応募し，5名が採用され，県立高校などに配属されている。

　この取り組みは，就職先などの受け皿を用意することなく，大学院博士課程の定員を大幅に増やしたことから起こった余剰博士問題の犠牲者たちにとっては有難い救済策であるが，教職の専門性を身につけずに教壇に立つ教師を増加させることを奨励する施策でもあり，教員免許状の存在意義を問う取り組みであると考える。教えることの専門家としてその資格を公証する教員免許状よりも，博士号取得者の方が教師として適任であることが証明されれば，戦後教育改革以降，構築してきた教師像が劇的に変化するであろう。

3　現職教員の資質向上

（1）教員の研修制度
① 教員の研修
　教員は，子どもの学習権保障の観点から，不断に専門的な知識や技術を向上させることが要求される。教員の研修とは，これらの要求に応えるべく存在し，その機会と内容については教師に自由と自律性が認められなくてはならない。この研修という言葉は，研究と修養をあわせた主体的行為をあらわす言葉である。これは，教育公務員の研修の特質でもあり，国公法および地公法において一般公務員の研修が能率の向上を主とする教育訓練として用いられていることとは大きく違いがあるといえる。教員の研修に関しては，1949（昭和24）年に制定された教特法に規定され，現行法では「第4章　研修」第21～25条の5箇条でに規定されている。特に第21・22条は研修条項と呼ばれている。ここには，①教育公務員は，その職責を遂行するために，絶えず研究と修養に努めること，②教育公務員には研修を受ける機会が与えられ，勤務場所を離れて研修ができること，③教育公務員は現職のままで，長期にわたる研修をうけることができ

る，ということが規定されている。

　教育公務員の研修は，一般公務員とは異なる「教育」という特殊な職務に従事しており，国公法・地公法では不都合な点があるということに留意しなければならない。それは，「選考」という採用や昇任・降任など人事上の問題で，公務員の特例として規定されていることがあるからである。

　一般公務員の研修が「勤務能率の発揮及び増進のため」と規定されていることに対して，教育公務員の研修は，「職責遂行のため」に必須なものであり職務そのものとして規定されているように，教育公務員は教特法において研修の機会の保障等についての特例が定められている。

② 初任者研修と教職10年経験者研修

　1980年代，教育が荒廃しその原因に教師の資質低下が指摘された。その対応策として，1988（昭和63）年教特法が改正され，現職研修の体系的整備の一環として初任者研修制度（初任研）が創設された。この制度は，1989年4月より小学校等で実施されていたが，1992年からはすべての学校種の教員に対して全面的に実施され，「実践的指導力と教師としての使命感を養う」ことと，「幅広い知見を獲得すること」が目的とされた。

　初任者は，1年間は条件附採用の扱いとされ，この試用期間中の「職務遂行能力の実証」いかんによっては，正式採用にならない余地が残されていたが，1997年以降，不採用および依願退職者は年を追って増加し続けている。

　研修内容は，勤務校では，校内の服務，学級経営，教科指導，生徒指導等の研修に加えて，勤務校外では講義，演習，他校種の参観，福祉施設の参観，民間企業の参観，宿泊研修，洋上研修が行われていた。しかし，現在では，時代と受講者側のニーズに合わせ，所属校での個別研修形態や，現代の子どもを理解する内容，そして，指導案づくりなどより実践的な内容に変化しつつある。また，これらの変化は，学校における教員同士の関係も変化させつつある。自立した教師の集団のなかから，マンツーマン方式で指導する教師と指導される教師の関係が生じ，徒弟制度にも似た教員同士の人間関係が構築されつつあり，お互いの専門性を基礎とした教師の同僚性の確立という点で新たな問題が浮上

しつつある。

　さらに，後述の教員免許状の更新制の提案が，中教審からなされたが，その過程での2002（平成14）年2月の答申「今後の教員免許制度の在り方について」では，教員の専門性の向上を図るための方策の一つとして，「教職10年を経験した教員に対する研修の構築」を提言した。これは，教職に就いた後10年を経過した教師に対して，新たな現職研修を義務づけるものであった。この提言を受け，同年，教特法が改正され，2003年から都道府県教育委員会・指定都市及び中核都市の教育委員会によって実施されている。この教職10年経験者研修は，個々の教員の能力，適性等に応じた研修の必要性を指摘しての実施であるが，「勤務成績の評定結果や研修実績等に基づく教員のニーズ等に応じた研修を各任命権者が行うもの」であり，自主的な研修計画を本人が立てることのできない行政研修に属するものである。ゆえに，研修の成果に対して積極的に評価を行い，その後の指導や研修の在り方にフィードバックすることを求めている。評価によっては，他職種への配置転換の措置につなげることも必要であるというように，教職10年経験者研修を「不適格教員」を排除するための判定に活用する政策的意図を秘めた行政研修の意味合いが強い。

③　大学院における長期研修
（1）　大学院修学休業制度

　教師の資質向上が謳われてから，教師の長期研修の機会は拡大しつつある。現職教員の長期研修制度は，1980年代に，兵庫教育大学・上越教育大学・鳴門教育大学のいわゆる新構想の教育大学大学院への任命権者による派遣研修のしくみによって，現職現給のままで大学院修士課程において実施されてきた。これは希望者が誰でも希望する長期研修を受けることができるという性質のものではなく，服務監督権者や任命権者による推薦を条件とし，研修の機会はかなり狭い門であったといえる。

　この狭き門は，2002年の教特法の改正に伴い拡大された，大学院修学休業制度によって現職教員の長期研修の機会を大幅に拡大させた。大学院修学休業制度は，専修免許状の取得を条件としており，教員としての身分が保障され，学

表6-6 教職大学院一覧(2010年4月現在)

大学名	定員	大学名	定員
北海道教育大学	45	長崎大学	20
宮城教育大学	32	宮崎大学	28
群馬大学	16	常葉学園大学	20
東京学芸大学	30	早稲田大学	70
上越教育大学	50	創価大学	25
福井大学	30	玉川大学	20
岐阜大学	20	山形大学	20
愛知教育大学	50	静岡大学	20
京都教育大学＊	60	福岡教育大学	20
兵庫教育大学	100	聖徳大学	30
奈良教育大学	20	帝京大学	30
岡山大学	20	山梨大学	14
鳴門教育大学	50	合　計	840

(注)　京都教育大学は，京都産業大学，京都女子大学，立命館大学，龍谷大学と連合で設立。

校での職務に従事することなく長期研修を行うことができ，その期限は3年間を上限とされていた。しかし，新構想の教育大学大学院への長期研修とは違い，長期研修期間中の給料は，職務と密接に関連した研修にもかかわらず無給であり，その制度的意義を専修免許状取得目的と掲げているため，博士後期課程や学部，研究所，専門学校等での研修は適用されないなど，教員の長期研修の条件整備に関して議論の余地が残っているといえよう。

(2)　教職大学院

教師の資質向上策として教師の研修に関し，文部科学大臣から中教審へ諮問が行われた。2004年10月の中教審への諮問「今後の教員養成・免許制度の在り方について」から，教職大学院の設置が審議されはじめ，後述の教員免許更新制とともに，2006年7月11日の中教審答申「今後の教員養成・免許制度の在り方について」によって創設が提言された。これを受け文部科学省は，「専門職大学院設置基準及び学位規則の一部を改正する省令」(2007年3月1日公布，4月1日施行)を公布し，2008年4月から，国立大学法人15，私立4，2009年4

月には，国立大学法人3，私立2，2010年4月から国立大学法人1が加わり計25大学（表6-6）が開設されている。

さて，中教審答申では，教職大学院の目的は，学部卒業生のなかからより実践的な指導力・展開力を備え，新しい学校づくりの有力な一員となり得る新人教員を養成すること，また，現職教員に対しては地域や学校における指導的役割を果たし得るスクールリーダー（中核的中堅教員）を育成することとされている。

修業年限は原則2年であるが，1年の短期履修コースや長期在学コースの設定も可能としている。必要習得単位数に関しては45単位以上，うち現状の2倍の400時間以上の教育実習が義務づけられる。現職教員に関しては10単位の範囲内で，大学の判断により教職経験をもって当該実習と見なすことができるように構想されており，そのために1年の短期履修コースが可能となっているのである。

また，大学に対しても教育実習に関して，大学・学部の附属学校以外の一般校のなかから，連携協力校を設定することを義務づけられ，実習の画一化を防止するようになっている。

さらに，教育内容に関しては，模擬授業や授業観察やその分析，生徒指導や教育相談の方法等，教師の実践的指導力を育成する内容となっている。そのため，従来の大学院と違い，研究指導を受けることや，修士論文の執筆は必須とされていない。

教育スタッフに関しては，学生数が数十人規模の大学院であるが，最低でも11名の専任教員が必要であり，そのうち4割は校長や指導主事などの実務を経験した教員でなければならないとされている。

現在設置されている教員養成系の大学院修士課程は，特定教科や領域の専門家を養成するものであり，教職大学院は教育実践の専門家を養成するものである。教員養成系大学・学部は，この両方の大学院の両立が課題となり，2008年の開校数が少数に絞られている理由がそこにあった。また，修了生には，「教職修士（専門職）」の学位と専修免許状が与えられるが，既存の専修免許状との待遇面での利点などがまだ明確になっていないことも，設置申請の少なさを

助長させているといえる。

　開校したばかりの教職大学院であるが、その修了生に対して採用や給与面に対する何らかの優遇策等の検討が十分になされないまま見切り発車的に制度を導入せざるを得ない状況である。また、2009（平成21）年9月、民主党を中心とする新政権が発足し、民主党が従来主張してきた政策に沿って教員養成を6年制に延長する方針を打ち出しており、教職大学院の重要性が高まりつつある。この路線で、教職大学院が全国に開設された場合、教職大学院の教育実習の受け入れ先確保のため、養成校側と教育委員会との緊密な連携の強化が必要となるが、教職大学院の教員のポストが、教育行政関係者のいわゆる天下り先にならないように、自己点検・外部評価などの制度整備等、制度運用に関しての課題は多い。

（2）教員免許更新制

　2007年6月20日、安倍晋三内閣が掲げる「教育再生」の具体策の一つとして提出されていた教育改革関連三法が参議院本会議で与党である自民・公明両党の賛成多数で可決・成立した。この法案の成立により、2009年4月から教員免許更新制が導入された。

　校内暴力が吹き荒れた1980年代から、教師の資質能力に対する不満が噴出していた。そこで、1988年の免許法改正で、初任者研修制度を創設するとともに、大学院を修了した教員に専修免許状を授与して、教員の資質能力を向上させ指導困難な問題に対応しようとした。しかし、学歴が高くとも実践的指導力に関しては、それほど効果はなく、2000年に教育改革国民会議の報告書で、教員の資質向上策の一環として教員免許更新制の創設が提言された。これを受けて中教審において教員免許更新制の導入が検討されたが、戦後教育改革時に確認された原則のひとつである「大学における教員養成」を重視し、免許状を必要とする他の専門職の資格制度との関係や教員の適格性の判断は難しいという認識に基づき、当初は導入を見送ることとなった。その後、中教審において、2006年に再び教員免許更新制に関して審議がなされ、その際、教員の適格性の判断ではなく、教員の資質能力の刷新を主眼とするとして免許更新制度を導入する

答申が出された。そして，2007年6月20日の免許法改正へとつながったのである。2008年3月31日には，「免許状更新講習規則」も公布され，講習開設者の資格・手続き・内容・受講条件などが規定されるなどの制度が整備された。制度的な要素の柱は，以下の7点である。

①教員免許更新制は，これまで終身有効であった普通免許状および特別免許状に一律10年間の有効期限を定めるものである。②更新を必要とする免許状の種類は，幼稚園から高等学校までの免許状を有する国公私立すべての現職教員（校長・教頭・主幹教諭等免除される者も設定されている）が対象となる。③免許状の有効期限は，その満了の際，申請により更新することができる。申請者は，免許更新講習を受講し，修了したものに限り免許状が更新される。受講・修了しなかった場合は失効する。④導入前に授与された免許状については，10年ごとに免許更新講習を修了したことの確認を受けなければならない。⑤免許管理者（都道府県教育委員会）による更新講習修了確認を受けなければ所有する普通免許状，特別免許状は失効する。⑥失効した免許状は返納しなければならない。⑦「教育の最新事情に関する事項」を内容とする必修領域を12時間以上と，「教科指導，生徒指導その他教育の充実に関する事項」を内容とする選択領域を18時間以上，計30時間以上の受講が認定条件である。

2009年4月からの本格的導入に先立ち，2008年には免許更新講習の予備講習が実施された。予備講習は，文部科学省の「免許状更新講習プログラム開発委託事業」へ申請し，文部科学大臣が指定した大学等が実施した講習会である。この予備講習は受講料無料で行われ，かつ，2009年以降の本格実施の際，免許状更新講習の受講を免除されたため，更新の時期にあたる多くの教員が130大学等で受講した。受講し試験さえ受ければほぼ認定されたが，全体の0.55％にあたる248人が履修不認定となった。248人中212人は欠席による受講時間の不足であったが，試験を受けて不合格になった者も36人いた（表6-7）。

予備講習の試行を経て，2009年4月から本格的に実施している。しかし，実施にあたり，受講者・開設側の両方に課題が持ち上がってきている。まず，受講者側の問題であるが，ニーズを充たす講習が，どこの大学等で行われているかを調べる手間と時間がかかるなどの，受講者への情報提供の課題があがって

表6-7 2008年度教員免許更新制 予備講習実施状況

	実施大学等数	講習数	受講者数	履修認定者数	履修不認定者数	履修認定試験不合格者数	欠席による受講時間の不足等	履修認定対象外等
必修講習	86 大学・法人	244 講習	12,593人	12,483人	62人 (0.49%)	9人 (0.07%)	53人 (0.42%)	48人 (0.38%)
選択講習	124 大学・法人	955 講習	32,724人	32,279人	186人 (0.57%)	27人 (0.08%)	159人 (0.49%)	259人 (0.79%)
計	130 大学・法人	1,199 講習	45,317人	44,762人	248人 (0.55%)	36人 (0.08%)	212人 (0.47%)	307人 (0.68%)

※ 受講者数等は，延べ人数（同一人物が複数の講習を受講した場合には，それぞれに計上）である。
※ 受講する予定で受講登録等を行っても，当初から欠席し，講習を全く受講しなかった場合は，受講者数等に含めていない。
※ 「欠席による受講時間の不足等」には，受講時間の不足のほか，履修認定試験を欠席した者や通信の講習においてレポートを提出しなかった者も含む。
※ 「履修認定対象外等」は，現職教員でないなど更新講習の受講義務のない者や，修了認定確認期限が平成23年3月31日でない者等である。
※ 括弧内は，受講者数に占める割合である。
（出所）文部科学省資料。

いる。また，受講者のニーズと開講する大学側の講習内容のミスマッチが深刻な課題となり，募集定員に達せず，廃止される講習も出てきている。

たとえば宮城県内の7大学が開講した138講習のうち，約93％で定員割れが起こるなど，継続して講習を開講できな状況も起こっている。

また，教育委員会主催の教員免許更新講習も認定されている。教員免許の任命権者であり免許管理者でもある教育委員会が，免許更新講習を開催し，10年経験者研修や，3～4年ごとの教育課程講習会や，年数十回開催の専門研修講座を，講習の全部または一部に充てる弾力的な運用を検討している。受講する教員の負担軽減が目的で，受講料や交通費の負担がない場合もあり，受講者に対しての配慮が感じられるが，教員免許の資格認定と教員研修を混同しており，この免許更新制の主旨を揺るがしかねない問題をはらんでいる。

このような問題が浮上するなか，2009年9月，民主党中心の新政権が発足し免許状更新制に対する抜本的な見直しが検討されている。民主党政権のもとで行政刷新会議の作業グループが教員免許更新制の導入に伴う関連予算を討議し，

第6章 教職員法制の原理と展開

表6-8 平成21年度免許状更新講習の第10回認定までの認定累計

【第10回までの認定累計】

	大学等数	講習数	受入人数（通信等を除く）	受入人数（通信等を含む）
必修講習	320大学等	912講習	113,433人	152,513人
選択講習	502大学等	8,631講習	138,048人	277,699人

（内訳）

		大学等数	講習数	受入人数（通信等を除く）	受入人数（通信等を含む）
第1回	必修講習	54大学等	26講習	25,510人	58,290人
第1回	選択講習	81大学等	1,425講習	24,688人	158,265人
第2回	必修講習	91大学等	295講習	43,853人	45,953人
第2回	選択講習	130大学等	3,263講習	49,833人	50,967人
第3回	必修講習	96大学等	189講習	27,135人	27,935人
第3回	選択講習	177大学等	2,303講習	35,893人	37,813人
第4回	必修講習	54大学等	98講習	9,955人	13,055人
第4回	選択講習	113大学等	1,045講習	17,516人	19,570人
第5回	必修講習	20大学等	30講習	4,000人	4,000人
第5回	選択講習	56大学等	309講習	5,037人	5,037人
第6回	必修講習	11大学等	15講習	1,350人	1,650人
第6回	選択講習	27大学等	102講習	2,190人	2,190人
第7回	必修講習	5大学等	6講習	580人	580人
第7回	選択講習	19大学等	93講習	1,472人	2,272人
第8回	必修講習	5大学等	5講習	320人	320人
第8回	選択講習	8大学等	59講習	804人	804人
第9回	必修講習	4大学等	6講習	730人	730人
第9回	選択講習	6大学等	16講習	333人	333人
第10回	必修講習	0大学等	0講習	0人	0人
第10回	選択講習	7大学等	16講習	282人	448人
第11回	必修講習	1大学等	1講習	—	—
第11回	選択講習	1大学等	1講習	—	—
第12回	必修講習	4大学等	9講習	—	—
第12回	選択講習	5大学等	10講習	—	—

（注）　選択講習の受入人数は，18時間に換算した受入人数である。
（出所）　文部科学省報道発表資料より作成。第11回，12回に関しては受入人数の発表はなされていない。

予算を大幅削減する判定が下された。2011年度に関しては，教員免許更新制は継続される予定であるが，2011（平成23）年1月31日の中教審の審議経過報告では，教職生活の全体を通じて自発的かつ不断に専門性を高めることを支援する新たな制度も視野に入れて検討していくとされ，教員養成の修士レベル化等と関連づけながら，その方向性の模索が続いている。

（3）教員評価制度
①「新しい教員評価システム」の導入

　2001（平成13）年12月15日，「公務員制度改革大綱」が閣議決定され，公務員に対して能力等級制度を導入し，能力・職責・業績などを給与体系に反映させる考えが提示された。公務員の勤務評定を「能力評価」および「業績評価」によって公平性の高い評価制度の成立をねらっての提言であった。公務員制度改革の動向をうけ，文部科学省は「新しい教員評価システム」の導入を検討し，全国的に実施するよう指導する方針を決めた。

　日本の教員評価制度の先駆けは，1950年代後半から続く勤務評定制度である。この制度は，学校長による教員の評価制度であり，1956年に愛媛県教育委員会が県の赤字財政を教職員の昇級延伸によって解消させようとしたことに始まる。その背景には，与党である自由民主党と野党である社会党の政治的な対立が潜んでおり，社会党を支持する日教組を弱体化させる意図もそこには有しており，その後，全国レベルの勤評闘争に発展し，約6万人の教職員が処分されるなどして政治問題となっていった。しかし，最近まで勤務評定を昇級・昇格の理由にはしない習慣がおおむね全国的規模で確立していた。

　このような経緯で，教員評価と教員の給与が連動しない歴史をたどってきたのであるが，能率主義の台頭の動きに対応して，全国で「新しい評価システム」の検討が開始された。まず，全国に先駆けて，2000年4月から東京都で「人事考課制度」が実施された。東京都の「人事考課制度」は，自己申告と業績評価の2つによって行われる。

　まず，自己申告であるが，校長の「学校経営指針」に基づいて，教師たちは自らの「自己申告書」を提出する。「自己申告書」作成にあたり校長と面談を

行い指導助言を受け、年度末に「成果と課題」として自己評価を提出するものである。

次に、業績評価であるが、校長・教頭によるA・B・C・Dの「絶対評価」と、教育委員会により、業績をそのものの給与や昇任などの人事管理に反映させるために「相対評価」を行い、全被評価者の順位づけを明らかにする。東京都の人事考課制度は、評価結果の本人開示及び評価結果への苦情等に対応するしくみの不備についてなど課題も浮上している。

その後、2000年から2005年までの間に、全国的に教員評価制度が試行実施されたが、共通していえることは、教員自身が年度当初に学校目標・学年目標などを踏まえて、個人目標を設定し、その達成度を段階的に自己評価させる目標管理制度と、複数の評価者が勤務態度やその成果を段階的に評価する「業績評価」の併用を骨子としていることと、試行実施段階ということで、教職員の勤務評価を給与に反映させないこととした。

この試行段階を踏まえ、2006年4月からその他の地域でも「新しい教員評価システム」が本格実施されつつある。教員評価の開示や、異議申し立ての制度、給与体系への反映に関しては、それぞれの教育委員会によって検討中であるのが現状である。

この教員評価制度の普及は、さまざまな方面に影響を及ぼしている。そのなかでも注目に値する出来事として、全日本教職員組合（全教）が、ILO・ユネスコ「教師の地位に関する勧告」の監視・促進機構である「共同専門家委員会」（CEART）に、東京都の指導力不足教員の認定制度と「新しい教員評価」システムの実施は「教師の地位に関する勧告」に反するとの申し立てを行い、「共同専門家委員会」は2008年4月末に来日調査を行い、それを全面的に認める報告書（第四次中間報告）をまとめた。

2008年12月には全教に対し、ILO事務局はILO・ユネスコ共同専門家委員会（CEART）第4次勧告を送付してきた。第4次勧告は、政府・文部科学省だけではなく、教員の任命権者でもある都道府県教育委員会に対しても出され、「教員の地位に関する勧告」（1966年）から逸脱していることを明確に批判する画期的な内容であった。教員評価制度に関しては、後述する指導力不足教員の

判定手続きにおいて,学校管理職のみではなく現職教員も判定委員に任命するべきである,などが盛り込まれている。

これらの動きからもわかるように,教員評価制度および指導力不足教員の認定制度は,現時点では教員の地位に関する国際的な基準を遵守するものでないと評価されているといわざるを得ない。よって,これからの教師の資質向上に関する諸制度の運用は,国際的に通用するべく,厳正に公正に運用すべきである。

② 指導力不足教員の認定と特別研修制度

1980年代から教育が荒廃し,「子どもとの信頼関係を築くことができないなど教員としての適格性を欠く者や精神上の疾患等により教壇に立つことがふさわしくない者」の存在も確認され始め,その対応策として教員の資質向上策が教育行政当局によって急務とされた。

その一環として2001年の地教行法の改正に伴い,各都道府県が実施している「指導不適切教員」(以下,指導力不足教員)の判定と特別研修の制度化がなされることとなる。この改正は,指導力不足教員の認定に対応する根拠法となり指導力不足教員認定制度がスタートしたが,国会審議において,この制度の創設にあたり文部科学大臣によって,①教科に関する専門的知識,技術等が不足しているために学習指導を適切に行うことができない場合,②指導方法が不適切であり,学習指導を適切に行うことができない場合,③能力や意欲に欠ける学級経営や生徒指導を適切に行うことができない場合,の3点が指導力不足の事例として提示されただけで,この制度の定義は示されず,それは最終的には都道府県教育委員会に委ねることになった。

実施に際して,各都道府県教育委員会で要綱が作成され「指導力不足教員」の定義・判定基準・手続き等が規定されている。それに基づき,医師や弁護士,保護者などで組織する判定委員会が「指導力不足教員」を判定する。「指導力不足教員」の判定基準に関しては,その基準を明示している場合もあれば,判定の観点を例示している場合もあるが,一律ではないのが現状であり,各都道府県によって「指導力不足教員」に該当する教員の認定基準が変化する問題を

はらんでいる。

　そのことは，国会の審議における文部科学大臣の答弁では，精神疾患である教員は，指導力不足教員の範疇に入れないこととなっていたが，各都道府県の判定基準によっては，「神経，精神疾患により教育活動に支障をきたし，人事上特別な措置が必要と認定された教員」も含むとしている県もあり，また，その判定基準に「私生活」という項目も設定している県も存在していることにもあらわれている。

　また，当該教員の意見表明に関することなども，各都道府県すべての一律な規定はなく，それぞれの都道府県の「指導力不足教員」に対する見方と処遇により教員の待遇が平等に保障されないという問題を内包している。

　2007年6月20日に改正された教特法で，2008年4月から指導が不適切な教員に対する「指導改善研修」が任命権者に義務づけられることとなり，「指導改善研修」中の者は免許更新講習を受講できないという扱いにされた。文部科学省内は，2008年に「指導力不足教員」の認定基準に関する国の統一したガイドラインを示して，疾病に起因するものは対象外とするなどとしている。

③ 特別研修制度と人事上の措置

　「指導力不足教員」に認定された教員は，一定期間，教育研修センター等の特別な研修によって指導力を向上させ，職務復帰を図ることは，すべての道府県の共通の施策となっている。

　認定を受けた教員は，1年単位で，模擬授業や授業前の準備，子どもと接するためのカウンセリングの技法など，学校現場で必要な内容を学ぶほか，他の教員の授業の見学や福祉施設での身体障害者の介護などの研修をうける職務命令が下される。

　研修を実施する施設に関しては，所属する学校において実施するケースと，各道府県の教育センターにおいて実施するケースがあり一律ではないが，都道府県の教育研修センターで行う場合が多い。

　理解を深めるため近況のデータを概観（表6-9）し，2006年度における「指導力不足教員」に認定された教員に注目すると，全体で450名，そのうち2006

表6-9 「指導力不足教員」に認定された教員数の推移

年度	認定者数	現場復帰	教壇を去った教員				分限休職	認定前の退職
			依願退職	分限免職	転任	計		
2000	65	18	22	0	0	22	0	1
2001	149	39	38	0	0	38	7	11
2002	289	92	58	3	0	61	15	30
2003	481	97	88	5	3	96	9	56
2004	566	127	93	7	1	101	11	78
2005	506	116	93	6	2	101	8	公表なし
2006	450	101	104	4	7	115	13	公表なし

(出所) 『教育委員会月報』より作成。

年度の研修対象者は335人であった。そのうち101人が同年度中に現場復帰を果たしている。しかし，研修期間を終えても復帰できず，研修継続となった教員も119人であった。効果があらわれない教員も存在し，115人が教壇を去った。その内訳は115人のうち，104人は依願退職，4人が分限免職，7名が転任である。その認定者のうち60％が在職20年以上のベテランであり，その要因として時代の変化に伴う指導法を変えられず，子どもの変化などについていけなかったことがあげられている。

「指導力不足教員」の総数は，2005年から減少しているが，その反面，「指導力不足教員」に認定された教員のうち4人に1人が，周囲からの「無言の圧力」による依願退職か，拒否した場合は分限免職に追い込まれており，その数はこれからも増え続けるであろう。さらに，認定前に退職する教員数は年々増えており，このことは，指導力不足教員の総数の推移に隠されたパラメーターとして注目するべき事項である。

また，指導力不足教員総数の推移において，特に注目すべき事項は，転任である。この措置は，2001年6月に，「指導力不足教員」を教員以外の県職員として配置できるように，地教行法第40条を改正しなしえた措置であるが，2003年度に初めてこの措置をうける教員があらわれ，2007年9月までの間に，計13名が教員以外の地方公務員の職に転任した。

以上のような，指導力不足教員認定制度および特別な研修制度，人事評価制

度は，導入後多くの課題を残しているといえる。この制度は，運用の方法次第では，一方的・恣意的な不適格教員排除の手段として活用される恐れをもっており，そのような運用方法は，自由で自律的な教師の活動を抑制し，指導力不足教員に判定されないように，問題のあるクラスや生徒を避ける教師の出現も危惧される。一方，これまで指導力不足教員によって，多くの負担を強いられてきた教師や，被害を被ってきた子ども，保護者たちが，この制度を好意的に受け入れているという事実もある。

いずれにせよ，校長は厳正かつ公正に運用することにより，さまざまな弊害を回避することが必要である。2008年度からは，国のガイドラインによって，厳格な運用が求められ，教育委員会に報告する校長の責任はますます高まっていくことが予想される。

なお，本章で提示した表6-3から表6-9の最新情報に関しては，文部科学省ＨＰおよび各都道府県・政令指定都市の教育委員会ＨＰ，教育委員会月報等を参照し確認していただければ幸いである。

参考文献

土屋基規 1995『日本の教師　養成・免許・研修』（第2版）新日本出版社。
平原春好・室井修・土屋基規編 2004『改訂版　現代教育法概説』学陽書房。
久保富三夫 2005『戦後日本教員研修制度成立過程の研究』風間書房。
榊達雄・酒井博世・笠井尚編 2006『現代教育と教師』大学教育出版。
久保富三夫・兵庫民主教育研究所教師論委員会編 2006『よくわかる教員研修Ｑ＆Ａ』学文社。
土屋基規編 2006『現代教職論』学文社。
佐藤晴雄 2007『教職概論　第2次改訂版』学陽書房。
市川須美子ほか編 2007『教育小六法』（2007年版）学陽書房。
水月昭道 2007『高学歴ワーキングプア』光文社。

（小田　義隆）

コラム 5　教員免許更新制

　教員免許更新制は，教員免許制度の歴史的な改革である。戦後の教員免許制度のもとで，新学制への移行期において一時期「仮免許状」を設定し，期限を付したことを除いて，わが国では，普通免許状に有効期限を付したことはなく，終身有効であった。教員免許制度の基本が確立されたのは，1900（明治33）年の「教員免許令」（勅令第134号）の公布によってであり，それまで免許状の種類を「普通免許状」（文部大臣が授与，全国有効，終身有効，高等師範学科卒業生，地方免許状所有者で五ヵ年以上勤務，学術授業超衆のもの）と「地方免許状」（府県知事県令が授与，5ヵ年ごとに更新，尋常師範学校卒業生，小学校教員学力試験及第者）に分けていたのを，すべての学校の教員免許に関する規定を統一的に盛り込み，これによって，免許状はすべて終身有効となり，それは戦後の「教育職員免許法」の制定（1949年5月）によって継承された。

　戦後の教員免許制度は，六・三制の学校体系の発足に対応する教員の量的需要への対応，旧制度からの教員資格の切り替えの必要から，正規の教諭免許状の他に，臨時免許状（1年間，授与権者の都道府県のみ有効），仮免許状（小・中学校：大学に1年以上在学，31単位以上修得，高等学校：大学に2年間以上在学，62単位以上修得，5年間，全国有効，1回に限り教育職員検定により有効期限を更新可）を設けて発足した。短期養成によって有資格者の量的需要に対応しようとした仮免許状は，1954年の免許法改正によって廃止された。

　これまで，普通免許状に有効期限を付さなかったのは，戦前は，官立の師範学校を中心とする小学校教員の養成と，文部省の試験検定合格者への教員免許状の授与によって専門性を確認し，他方で免許制度と並行する教員の品行規定や準官吏待遇の職務・服務規程によって，適格性を判定するしくみが確立されていたことが要因になっていた，と考えられる。戦後は，「大学における教員養成」の原則と教育職員免許法の制定によって，大学教育を修了した者の学識専門性を確保するとともに，職域における現職研修の機会によって資質の維持向上及び上級免許状の取得を可能とするしくみに変え，教育基本法制のもとで教員の身分保障と適正待遇の原則が確認されてきたことが有力な要因として働いてきた，と考えられる。

　しかし，今回の法改正による教員免許更新制の導入は，「免許更新講習」を受講し，最終試験の合格者に教員資格の更新を認定するというしくみで，更新されない場合には，資格喪失により地位・身分を失うことになり，教員の資質向上に寄与するというよりは，不適格者を排除する機能を発揮し，総合的な人事管理システムを構築する有力な施策という側面を有する。

| コラム 6 | **教職大学院**

　中央教育審議会による答申「今後の教員養成・免許制度の在り方について」(2006年) において，「教職課程改善のモデル」として「大学院において高度専門職人としての教員の養成に特化した枠組みを制度化」する必要性が示された。この趣旨のもとに制度化されたものが「教職大学院」である。

　教職大学院の「目的・機能」は，より実践的な力量を修得し新しい学校づくりの有力な一員となり得る新人教員の養成とすぐれた実践力・応用力を備えたスクール・リーダーの養成の2つであるとされた。また，学校における実習を10単位以上課し，専任教員のうち実務家教員の比率をおおむね4割以上とするなど，専門職大学院として特別な設置基準が設けられた。

　2008年4月に新設されたのが，2013年3月現在全国で25校（うち私立が6校，連合型が1校）が開設されている。定員充足に苦心している大学も少なくないが，その背景には，「規制改革・民間開放推進3か年計画」(2006年3月閣議決定) によって，教職大学院修了者に対する優遇措置等に歯止めがかけられたこととともに，専門職大学院としての性格が明確でないこともある。

　専門職大学院の位置づけという観点からみたとき，たとえば法科大学院は修了することが国家試験受験の要件となる。また逆にMBA（経営学修士）コースは実務経験が入学要件となる。これに対して，教職大学院は，実務経験のある教員と実務経験のないストレートマスターの両方を受け入れるという点においてあいまいである。また免許資格という観点からみても，専修免許状は既設の大学院においても取得可能であり，教職大学院が免許資格上で専門職大学院として固有の免許資格を位置づけられているとはいえない。

　このように，制度上でも根本的な課題を残したまま創設された教職大学院であるが，これまで果たされてこなかった「理論と実践の融合」に大学が真剣に取り組む契機であることは確かである。

　教職大学院は現在全国に25校あるが，さきに言及した基本的枠組みはあるもののコース設定，修学形態，科目の設定，実習の実施方法など各大学院の状況を反映して多様である。とくに実習の在り方については，各大学院が「理論と実践の融合」をどのように考えるのかがよくあらわれている。新設されて5年が経過し，興味深い取組が行われているとはいえ，いまだ制度もカリキュラムも開発の途上にある。今後，教員養成制度改革の動きを見据えつつ，成果について実証的な検討が必須である。

第7章 教育条件整備と教育財政

　　本章では，第1節で学校を支える条件整備とは何かを，教育行政の固有な役割との関係で考察し，第2節で教育条件整備の基準法制と現代的な課題，第3節で教育費と教育財政のしくみについて基本的な理解を深めることをめざしている。
　　本章の記述を通して，読者の皆さんが，学校の教育活動を支え，育てる条件整備と教育財政の役割と課題について認識を深め，学級・教科指導における教育実践の展開と学校運営での教職員集団の形成に役立たせることを願っている。

1　教育条件整備とはどういうことか

（1）教育条件整備と教育行政の役割
① 権利としての教育保障に必要な条件整備
　組織的，系統的な教育としての学校での教育活動の展開には，それを支える教育条件の整備確立を必要とする。教育の条件整備には，人的，物的，財政的な側面があり，関係する法制が制定されている。国民の教育への権利，とりわけ子ども・青年の学習権の実現という観点から，教育の機会均等原則を具体化し，学校法制の整備をすすめるだけでなく，教育内容が真理・真実に基づいて，科学性を有し，人権尊重の原理により編成されることが必要であり，権利としての教育にふさわしい条件的保障と内容的保障が課題になる。教育の条件整備は，これまで教育行政の固有な責務だと考えられてきたが，教育の自主性の尊重と教育行政の固有の役割との関係，条件整備の範囲について，行政解釈と教育法学説との間で論争が展開されてきた。

② 教育条件整備に関する教育法学説

教育条件の整備についての教育法学説は，次のように説いている。

> 　教育条件とは，教育の目的を遂行するに必要な諸条件の総称である。教育条件の整備確立は教育行政の唯一固有の責務だが，その場合も，教育条件が，教育に不当な支配を及ぼすことは許されず，教育が国民全体に対し直接に責任を負っておこなわれることを保障するものでなければならない。このような教育条件に関する認識，価値観的立場は，戦後，教育基本法第10条に明記された。教育条件の範囲は，『教育を受ける権利』（学習権・憲法26条）の保障に必要な諸条件であり，無償教育，教育の機会均等と配分的正義を原理とし広範に及ぶ。
> （「教育条件」，国民教育研究所編『国民教育小事典』草土文化，1973年，85頁）

　教育条件の整備は，子どもの学習権保障に責務を負う父母，教職員の重要な教育要求であるだけでなく，教育行政・教育法学の不可欠な研究課題でもあり続けてきた。日本教育法学会は，教育条件整備特別委員会を設けて条件整備の法制と課題について研究を行った。そこでも，教育の条件整備が教育行政の固有の任務であり，「教育への不当な支配の排除」，「国民全体に対する直接責任性」が，次のように強調されていた。

> 　教育の条件整備とは，教育目的（学習権保障・人格の形成＝全面発達）を遂行するのに必要な物的・人的な諸条件を整備することであり，直接的には憲法第26条と教育基本法第10条がその法的な根拠といってよい」「教育の諸条件を整備することは，教育行政の固有の任務・責務であるとともに，この整備にあたって，教育への不当な支配を排除しなければならず，国民全体に対し直接責任を負って行われることを保障しなければならない。（伊ヶ崎暁生「『教育の条件整備』とは何か」，『日本教育法学会年報』第8号，有斐閣，1979年，194頁）

　こうした教育条件整備論は，いずれも憲法・教育基本法制の趣旨に立脚し，教育行政の任務の本質，教育条件整備に対する固有な責務を確認する「教育価値認識」を示した教育法学説であるいえる。

③ 旧教育基本法第10条の立法者意思

 そこで，1947年教育基本法（旧教基法）第10条の教育行政についての立法者意思を再確認しておきたい。旧教基法の制定後，文部省調査局審議課内に設けられた教育法令研究会が，教育基本法の制定経過や内容について「教育関係者のみならず一般国民各位にも十分理解して頂きたい」という趣旨で刊行した「解説書」である，『教育基本法の解説』（国立書院，1947年）は，次のように述べていた。

 旧教基法第10条（教育行政）は，1項で「教育は，不当な支配に服することなく，国民全体に直接責任を負って行われるべきものである」と定め，これを受けて2項で，「教育行政は，この自覚のもとに，教育の目的を遂行するに必要な諸条件の整備確立を目標として行われなければならない」と規定していた。これは，「教育」の営みと「教育行政」を区別した上で，その関連について定めたもので，教育の自主性を尊重し，教育が成立する基礎を支え，守り育てることを目標とした「新しい教育のあり方」を示すものであった。

 「教育は，不当な支配に服することなく」という規定は，戦前の中央集権的な教育行政が，「教育の普及と振興に貢献するところが多大であった」反面，「地方の実情に即する教育の発達を困難ならしめるともに，教育者の創意とくふうとを阻害し，ために教育は画一的形式的に流れ……教育行政が教育内容の面まで立ち入った干渉をなすことを可能にし，遂には時代の政治力に服して，極端な国家主義的又は軍国主義的イデオロギーによる教育・思想・学問の統制さえ容易に行われるに至らしめた制度であった」という戦前の教育行政に対する深い反省と批判を根底にしたものであった。「教育への不当な支配の排除」というのは，教育に内在する固有な論理，教育の自主性を尊重し，「教育の目的を遂行するに必要な諸条件の整備確立」を目標とする教育行政のあり方を示したもので，教育行政は「教育内容に介入すべきものではなく，教育の外にあって，教育を守り育てるための諸条件を整えることにその目標を置くべきだ」，ということを趣旨としていたのである。

（2）教育条件整備論の推移

① 行政解釈の転換

　しかし，1956年の教育委員会制度の改変による教育行政改革の理念と組織の転換に伴って，教育行政の固有な責務とされた教育条件整備のあり方についての考えに変化が生じる。旧教基法第10条の「教育は，不当な支配に服することなく」と「教育の目的を遂行するに必要な諸条件の整備確立」について，憲法・教育基本法制のコンメンタールとしての有倉遼吉・天城勲『教育関係法Ⅱ』（日本評論新社，1958年）は，「教育の目的を遂行するに必要な諸条件」とは何か，それは「複雑多岐にわたっていて限定的かつ具体的にここに明示することはできない」が，「注意さるべき二つの問題」があると述べ，その一つに「教育行政の担当者の独断的傾向ひいては官僚的支配が排斥さるべきである」こと，もう一つに「教育行政が，教育内容や教育方法等に及んで，これに指導・規制等をなすことが許されるか否かということ」をあげていた。これには賛否両論があるが，教育委員会の職務権限として学校の組織編制や教育課程，教科書・教材等の管理・執行の権限が定められていても，「それは，教育行政またはその主体およびその機関が，教育内容や教育方法等について，無条件に介入ないし干渉してさしつかえないということではない」，戦前の経験に照らして「教育行政が，教育そのものに介入することは極力排除しなければならないが，それは，教育行政が教育そのものと無関係でなければならないということを意味するものと解されてはならない」と述べていた。

　この『教育関係法Ⅱ』の解説は，教育行政は教育の営みに無関係ではなく，教育行政が教育内容・方法に無条件に介入することを排除し，教育内容への関与は抑制的であるべきことを指摘していたが，1958年の学習指要領改訂の告示により法的拘束力が強調されたのに伴って，教育内容への介入もまた条件整備であるという説が行政当局者から公然と唱えられるようになった。教育条件整備は，「物的財政的条件のみに限定して考える必要ない。教育内容を確定し，学校の教育活動について必要な規制をくわえることもまた，教育の目的を遂行するに必要な諸条件の整備確立」にあたる（木田宏『教育行政法』良書普及会，1957年），という主張がその代表例で，明らかに行政解釈の転換であった。

② 教育条件整備の範囲：内外区別論

このように，教育行政と教育内容との関係は，教育条件整備論の重要な論争的課題であった。教育条件整備の範囲は，教育の外的事項に属する人的・物的条件，教育費と教育財政及び内的事項の大綱的基準または学校の制度的基準に大別される。教育条件を外的事項と内的事項とに区別し，旧教基法第10条の立法者意思を踏まえて，教育行政の内的事項への断絶を主張したのは宗像誠也氏であり，次のように述べていた。

> 　教育行政に関して，外的事項（externa）と内的事項（interna）とを分かつことは，一つの重要な意味をもつと私は考える。外的事項とは，教育の外部的条件に関することをいう。財政を整え，建築し，教員を配置し，学校の開校日を定め，等々の用意によって，学校に学校としての形を与えるのは外的事項である。内的事項とは，教育そのものの内容や方法に関することをいう。
> （初出は『教育行政学序説』有斐閣，1954年。『宗像誠也教育学著作集　第3巻』青木書店，1975年，167頁）。

宗像氏は，旧教基法第10条の立法者意思を踏まえ，教育の条件整備に関する教育行政の本質的な責務から，教育行政は教育そのものに介入せず，教育の外にあって教育を守り育てる役割を果たすべきことを主張した。1950年代後半以降，氏は教師の勤務評定，教科書検定，全国一斉学力テストを「教育の三悪」と呼んで批判し，教師や教育内容に対する国家統制への抵抗の論理として，内外区別論を強調したのである。

教育条件の内外区別について，外的事項に属する人的条件，物的条件，教育費について詳細な事項分類の試み（前掲『国民教育小事典』，86頁）があるが，教育条件の整備と内的事項の教育内容との関係には，実現をめざす教育の目的，内容と不可分の面があり，教育行政が教育内容を一方的に支配統制してはならず，学校法制や教育内容に関する基準を定め，教育活動を支援しなければならないことを意味する。この点で，兼子仁氏が展開した大綱的基準説，さらに学校制度的基準説は教育法学の創造的な理論である（『入門教育法』総合労働研究所，1976年，『教育法（新版）』有斐閣，1978年）。

この学説は、法で定める学校制度的基準は、①学校体系と正規の学校種別および修業年限、学年および学期、教員資格、学校環境基準、②各学校別の学校設置基準—(i)施設設備基準、(ii)組織編制基準(a)学校組織規模の基準——学級規模、教職員数、(b)学校教育組織編制の基準—入学・卒業資格、教科目等を対象とし、「各教科等の学校教育活動の内容を記す学習指導要領は、指導助言的基準としてのみ適法であり、現行指導要領も文部省による指導助言文書の告示にほかならない」として、教育課程の基準は行政立法による法的拘束力の及ばない指導助言行政の領域であることを強調していた。

③ 教育判例における条件整備論

「教育への不当な支配の排除」ということの趣旨は、学説上だけでなく、判例上も認められている。例えば、教育行政による教育内容の基準の法的性格について、旭川学力テス事件の旭川地裁判決（1966年5月20日）は、旧教基法第10条の制定経過を踏まえて、「教育内容についての国家の行政作用（特に強権的な作用）の介入を抑え、教育活動の独立を確保し、教育の自由な、創意に富む、自主的な活動を尊重するという理念を基礎としつつ、教育行政の任務を教育条件の整備確立に置いていることが明白である」とし、学校教育法上の教育課程の編成について、「文部大臣に対し教育課程の第一次的、包括的な編成権を与えたものとはとうてい解されず……文部大臣が（前記の教育の独立および教育行政の地方自治等を尊重しつつ）、大綱的な基準を設定すべきものとした趣旨に解するのが相当である」と判示した。

また、学テ最高裁判決（1976年5月21日）は、旧教基法第10条の立法者意思と理念から、「教育行政機関が行う行政でも、右にいう『不当な支配』にあたる場合がありうることを否定できず、……いわゆる法令に基づく教育行政機関の行為にも適用があるものといわなければならない」とし、「義務教育に属する普通教育の内容及び方法について遵守すべき規準を設定する場合には、……教育における機会均等と全国的な一定水準の維持という目的のために必要かつ合理的と認められる大綱的なそれにとどめられるべきものと解しなければならない」と、文部大臣による教育内容の基準設定を適法としながら、それが指導助

言行政としての性格を有することの認定に課題を残しながら，同法の趣旨は「教育に対する権力的介入，特に行政権力によるそれを警戒し，これに対して抑制的態度を表明したものと解すること」が妥当であると判示したのである。

(3) 新教育基本法の教育行政に関する規定
① 教育行政の固有な役割の転換―政府案と民主党「日本国教育基本法案」

旧教基法の制定後からの長年の改正論議の末，2006年12月，政府与党（自民・公明）の教育基本法改正案が国会で可決・成立し，新教育基本法（新教基法）が公布された。

新教基法の教育行政に関する条項は，第16条1項で「教育は不当な支配に服することなく，この法律及び他の法律の定めるところにより行われるべきものであり，教育行政は，国と地方公共団体との適切な役割分担及び相互の協力の下，公正かつ適正に行われなければならない。」とし，2項で「全国的な教育の機会均等と教育水準の維持向上を図るため」，国は教育に関する総合的な施策を策定，実施することを，3項で地方公共団体は「その地域における教育の振興を図るため」，地方の実情に応じた教育の施策を策定，実施することを，第4項で国と地方公共団体は教育施策の実施に必要な「財政上の措置を講じなければならない」ことを，定めている。

この規定は，旧教基法第10条の「不当な支配の排除」という部分を残しながら，教育の国民全体への直接責任性と教育行政の条件整備義務の規定を削除し，法律の定めにより教育が行われるとしたところに特徴がある。政府の改正案は，「教育は不当な支配に服することなく」という部分が，原案では「教育行政は不当な支配に服することなく」となっていて，その意味するところが全く異なっていた。法律の定めに基づく教育行政も，教育への不当な支配にあたることを否定できないという学テ最高裁判決を想起し，教育の自主性を守り育てる教育行政の固有の責務を果たすことを求める必要がある。

なお，政府の改正案への対案として，当時，野党だった民主党の「日本国教育基本法案」は，第18条（教育行政）で，「不当な支配の排除」を全面削除していたが，対案の趣旨説明によると，この点についてのこれまでの議論を「不

毛の論争」と見なしたからだという。

② 教育振興基本計画

　新教基法は、教育行政に関する条項に基づいて、第17条１項に教育振興基本計画について、政府に総合的・計画的な教育振興の基本的な方針と施策について計画を定め、国会に報告する義務を定め、第２項でこれをうけて、地方公共団体の教育振興の施策についての計画を策定する努力義務を定めた。教育振興基本計画は、2000年12月の教育改革国民会議の最終報告「教育を変える17の提案」において、教育基本法の改正とならび提案されたもので、「教基法改正」とは相対的に独自の施策だったが、それが「教基法改正」の根拠とされ、新教基法に位置づけられることになって、旧教基法が教育理念と教育制度の基本原則を示す「教育根本法」としての性格を有し、教育行政の条件整備義務を明示していたのに対し、新教基法は「国を愛する心」など道徳的規範の法定と教育政策指針としての性格を強める改定となった。

　この教育振興基本計画については、「教基法改正」を提案した中教審答申（2003年３月20日）が、「『必要な諸条件の整備』には、教育内容も含まれることについて、既に判例により確定していることに留意する必要がある」と述べていたことから、教育内容に関する国の監督権限の容認に繋がることが危惧された。この点では、中教審教育振興基本計画特別部会が原案を作成し、前政権（自民・公明）が2008年７月に閣議決定した国の教育振興基本計画は、今後、５〜10年間に実施予定の教育政策を集約して提示していたが、そこには教育条件のいわゆる外的事項を超える施策が盛り込まれており、その筆頭に全国的な学力・学習状況調査（全国学力テスト）の実施があげられており、この計画は、その後すぐ実施に移されている。教育振興基本計画の地方版は、2010年４月現在、37都道府県・政令指定都市で制定、新たな基本計画の策定または他の計画の見直しにより策定を予定している28都道府県・政令指定都市、全国の市町村（政令指定都市を除く）の計画策定が進行中である。

③ 政権交代後の教育条件整備の課題

　2009年8月の衆議院総選挙の結果，同年9月，民主党中心の連立政権が発足した。前政権時代に閣議決定された教育振興基本計画は，継続しているが，政権交代後の教育政策には，条件整備の点で新しい状況も生まれている。子ども手当ての支給や公立高校授業料無償化・就学支援金制度の創設，学級編制標準と教職員定数の改善計画などが代表的な事例だが，同時に，学校教育環境整備法の制定，義務教育費国庫負担金制度の改変による教育一括交付金制度への移行，地域主権改革関連の学校設置基準の緩和や義務教育諸学校の学級編制基準の市町村への権限委譲，などの諸課題に直面している。

2　教育条件整備の基準法制と課題

（1）学校制度の基礎を支える法制
① 学校制度の基本法制とその領域

　学校の設置，組織運営，就学等の制度的基準は，教育条件整備の基本として重要な意義を有する。憲法・教育基本法制のもと，学校教育法は，学校制度の基準を定める法律して，戦後教育改革の推進と教育の機会均等の実現に大きな役割を果たしてきた。

　学校教育法は，戦前の学校制度が小学校令など個別の勅令によって定められていたのを改め，六・三・三・四制の単線型学校体系，学校制度の基本を定めた総合的な法律として制定された。制定後，今日に至る幾多の改正によって，中等教育学校の創設や高校から大学へのとび級等の法制化により，「学校制度の複線化構造」が導入されたとはいえ，六・三制の学校制度の基本は現在も維持されている。

　学校教育法は，大別して，(i)学校の設置・管理に関する基準として，学校の種類（第1条），学校の設置者（第2条）の限定，学校設置基準の制定義務（第3条），設置廃止等の認可（第4条），設置者による管理・負担（第5条），授業料の徴収（第6条）を，(ii)教員組織に関して，校長・教員の配置（第7条），教員の資格・欠格事由（第8～9条）等を，(iii)各学校の組織運営に関す

る学校制度的基準を明示している。そして，新教基法の公布後の改定により，新たに「義務教育」の規定（第2章）を設け，就学に関する諸規定のほか，教育の目標（第21条）等について定め，幼稚園，小学校，中学校，高等学校，中等教育学校，特別支援学校，大学，高等専門学校について，それぞれ教育の目的，教育の目標，修業年限，各課程，学科・教育課程，職員，入学資格，管理運営等について基準を定めている。

学校には学校教育法が規定する専修学校，各種学校のほかに，学校教育法以外の法律で定める学校があるが，これらは学校教育法第1条に定める学校とは教育の目的・内容，組織編制等が異なる。

学校法制は，学校の制度的基準について，各学校の設置基準のほかに，学校の組織運営の基礎としての学級編制と教職員定数と配置についての基準（公立小中学校については公立義務教育諸学校の学級編制及び教職員定数の標準に関する法律＝義務教育標準法，公立高等学校については公立高等学校の適正配置及び教職員定数の標準に関する法律＝高校標準法）が制定されている。また，学校教育で使用する主たる教材としての教科書については，教科書の発行に関する臨時措置法（1948年）や教科書無償措置法（1963年）のほか，教科用図書検定規則（1999年）や義務教育諸学校及び高等学校教科書検定基準（1999年）が制定されている（第5章参照）。

また，学校教育の成立に不可欠な施設設備に関する基準の整備も，条件整備の主な対象であり，学校の施設整備指針や学校図書館の設置基準等の重要な課題がある。

② 学校設置基準

前述のように，学校の設置にあたっては，学校教育法第3条により，監督庁（文部科学大臣）の定める設置基準によることが規定されている。これは，各学校に共通する規定であり，法律に定める学校は，施設設備や組織編成などに関する設置基準に従って設置，運営することが求められる。学校設置基準は，国民の教育を受ける権利に基づき，教育の機会均等を具体化し，教育水準の維持向上を図り，教育条件に地域的な格差が生じないよう子どもの学習環境を整

えるために，学校設置者に義務づけられた最低基準である。

　現在の主な学校設置基準は，幼稚園設置基準（文部省令第32号，1956年），小学校設置基準（学校法施規第40～49条，文部科学省令第14号，2002年），中学校設置基準（学校法施規第69～71条，文部科学省令第15号，2002年），高等学校設置基準（学校法施規第80～82条），中等教育学校設置基準（学校法施規第106条，前期・中学校，後期・高等学校の準用），大学設置基準（文部省令第28号，1956年），短期大学設置基準（文部省令第21号，1975年），大学院設置基準（文部省令第28号，1974年）であるが，特別支援学校（旧，盲・聾・養護学校）の設置基準は，学校法施規第118条に定めがあるが，省令による設置基準はまだ制定されていない。

　主な学校設置基準の制定年度には時間差があり，特に，義務教育の小中学校の設置基準は，最近になって制定された。学校法第3条に基づく設置基準が，義務教育である小・中学校については長年にわたり未制定であった理由として，(ⅰ)義務教育諸学校のほとんどが公立の学校で，その設置者は国と地方公共団体であるから，国の指導はさまざまなかたちでゆきとどいている，(ⅱ)義務教育諸学校に関する国庫負担・補助などの基礎のなかに設置基準の実質は具体化されている，ということがあげられてきた。

　しかし，義務教育改革の論議や教育の機会均等の実現と公教育の水準の維持向上に全国的に統一的な設置基準の整備が必要だとする条件整備論も展開されてきて，長年の課題であった小・中学校の設置基準が制定されることになった。小・中学校の設置基準の内容は，(ⅰ)総則でこれが小・中学校設置の「最低基準」であり，基準より低下しないこと，水準の向上を図る努力義務を課すこと，(ⅱ)学校の組織編制で1学級の児童数（40人以下）を規定していること，(ⅲ)学校に配置する教諭の数等，(ⅳ)施設及び設備（校舎及び運動場の面積，体育館，教室，図書室，保健室，職員室，特別支援学級の施設，校具及び教具等）について，比較的簡単な定めである。それは，義務教育諸学校を支えるほかの法制との関係で，基本的な事項の大綱的な基準としての側面と，ほかの人的条件，物的条件の整備の量と質によって基準としての水準が規定される側面を有する。

（2）学級編制基準と教職員配置
① 学級編制標準の変遷と教職員定数の改善

　学校制度の基礎的な単位としての学級規模の適正化は，教育条件整備の基本的な課題であり続けてきた。学級は，学校における子どもの学習と生活の集団的な単位としての意義を有し，子どもの成長・発達を促すうえで重要な機能を果たすので，内外の調査結果等で学級規模と教育効果の密接な関係が重視されてきた。

　わが国における学級編制，学級規模の歴史的変遷を概観すると，義務教育制度が発足した当初の尋常小学校は，1886（明治19）年の小学校令「小学校の学科及其程度（文部省令第8号）で1学級80人以下とされ，次いで，1891年の文部省令「学級編制等ニ関する規則」で学級編成という用語を使用し，尋常小学校70人以下，高等小学校60～80人以下とした。その後，数回の改正を経て，1941（昭和16）年の国民学校令（勅令148）で，初等科60人以下，高等科50人以下とされた。中等教育は，1943（昭和18）年の中等学校・高等女学校・実業学校各規程で50人以下とされた。戦後は，1947（昭和22）年の学校教育法施行規則で50人以下を標準とし，この基準は新制中学校にも適用されたが，新学制の発足に伴い，実際の学級編制規模はこの基準を超える実態が多く，父母・教職員による「すし詰め学級の解消」の運動が高まった。

　学級編制，学級規模の適正化は，その時代の児童・生徒数の増減という社会的な要因と，学習指導要領の改訂と実施による教育内容・方法の変化という教育的な要因が背景をなすが，1958年の「公立義務教育諸学校の学級編制及び教職員定数の標準に関する法律」（義務教育標準法）の制定以降は，この法律に定める標準によって小・中学校は1学級50人以下とされ，1964年の同法施行令改正によって45人を標準とすることになった。高等学校は，新制高校の発足に伴い，1948年に高等学校設置基準（文部省令第1号）が制定され，1学級の生徒数は40人以下としたが，特別な事情があるときはこれをこえることができるとされ，同附則で当分の間50人以下を標準とするとされた。高等学校については，義務教育標準法の制定直後，教職員定数基準の制定についての要求が高まり，1961年に「公立高等学校の設置，適正配置及び教職員定数の標準等に関する法

表7-1 これまでの教職員定数等の改善経緯

I 公立義務教育諸学校
（1）公立義務教育諸学校の教職員定数の改善経緯

区分	第1次 34'～38'	第2次 39'～43'	第3次 44'～48'	第4次 49'～53'	第5次 55'～3'	第6次 5'～12'	第7次 13'～17'
内容	学級編制及び教職員定数の標準の明定	45人学級の実施及び養護学校教職員の定数化等	4個学年以上複式学級の解消等	3個学年複式学級の解消及び教頭・学校栄養職員の定数化等	40人学級の実施等	指導方法の改善のための定数配置等	少人数による授業，教頭・養護教諭の複数配置の拡充等
改善増	34,000人	61,683人	28,532人	24,378人	79,380人	30,400人	26,900人
自然増減	△18,000人	△77,960人	△11,801人	38,610人	△57,932人	△78,600人	△26,900人
差引計	16,000人	△16,277人	16,731人	62,988人	21,448人	△48,200人	0人

（2）公立小中学校の学級編制の標準の改善経緯

区分	第1次 34'～38'	第2次 39'～43'	第3次 44'～48'	第4次 49'～53'	第5次 55'～3'	第6次 5'～12'	第7次 13'～17'
学級編制の標準	50人	45人	→	→	40人	→	→（学級編成基準の弾力化）

II 公立高等学校
（1）公立高等学校の教職員定数の改善経緯

区分	第1次 37'～41'	第2次 半数県42'～46' 半数県44'～48'	第3次 49'～53'	第4次 55'～3'	第5次 5'～12'	第6次 13'～17'
内容	学級編制及び教職員定数の標準の明定	45人学級の実施等	小規模校・通信制課程の改善等	習熟度別学級編制等	全日制の普通科40人学級の実施及び多様な教科・科目の開設等	少人数による授業等，特色ある高校への加配，教頭・養護教諭の複数配置の拡充等
改善増	11,573人	16,216人	7,116人	10,238人	23,700人	7,008人
自然増減	39,089人	△15,245人	15,738人	32,114人	△37,500人	△23,200人
差引計	50,662人	971人	22,854人	42,352人	△13,800人	△16,192人

（2）公立高等学校の学級編制の標準の改善経緯

区分	第1次 37'～41'	第2次 半数県42'～46' 半数県44'～48'	第3次 49'～53'	第4次 55'～3'	第5次 5'～12'	第6次 13'～17'
学級編制の標準	50人	45人	→	40人	→	→

（出所）文部科学省「学級編制・教職員定数改善に関する検討課題」中教審初等中等教育部会，第68回配布資料2-3，および「新・公立義務教育諸学校教職員定数改善計画（案）」『教育委員会月報』平成22年9月号，に一部追加。

律」(高校標準法) が制定され，全日制・定時制普通科50人，全日制・定時制農・水・工等40人が標準とされた。これ以後の学級編制標準の変遷は，表7-1に示すとおりである。

② 学級編制基準の弾力化—少人数学級の実現と課題

　学級編制の考え方と教職員定数の標準は，前述した法律で，公立の小・中学校については，学校規模ごとに学校の学級総数に法定係数を乗じて，公立の高等学校については，生徒数による課程の規模ごとに法定係数を乗じて算出される（義務教育標準法第6条～14条，高校標準法第7条～21条）。校長は，各学校1人だが，教頭，教諭，助教諭及び講師の数，養護教諭及び養護助教諭の数，栄養教諭の数，学校事務職員の数は，学級規模及び生徒数別の課程ごとに詳細な係数を乗じて算出することを定めている。

　学級編制の標準は，公立学校教員が都道府県教育委員会を任命権者とする県費負担教職員であり，その給与負担に対する国の負担基準（義務教育費国庫負担法は，従来の二分の一から三分の一）を意味し，実際の教職員定数は都道府県と市町村の協議による地方公共団体の定数条例によって基準が定められる。1990年代以降の少子化の急速な進展による児童・生徒数の減少と，いじめや不登校等の指導困難な教育問題等への実践的な対応の必要，教職員，父母・国民の少人数学級編制に対する強い要求と運動の高まりを背景として，学級編制基準の弾力化がすすむようになった。

　中教審1998年答申が地方自治体裁量の学級編制，教職員配置について提案したのを受けて文部省に設置された協力者会議の報告「今後の学級編制と教職員配置について」(2000年5月) は，(i)国の学級編制標準は従来どおり40人，(ii)県費負担教職員の国庫負担制度の維持，(iii)都道府県や地域の学校の実情等に応じ，国の標準以下の学級編制基準を定めることができる，(iv)教職員定数の改善は，主として加配定数の改善で行い，教科等の特性に応じる学級編制と異なる学習集団を編制する3教科—国語（中学校は英語），算数・数学，理科については20人学級で授業を行う，(v)総合的な学習など多様な教育活動に対応する非常勤講師や高齢者再任用制度を導入する，ことを提案した。

表7-2 文部科学省 少人数学級推進計画

年　度	40人から35人学級への引き下げ						35人から30人学級へ実施	
	2011	2012	2013	2014	2015	2016	2017	2018
小学校	1・2年生	3年生	4年生	5年生	6年生		1年生	2年生
中学校				1年生	2年生	3年生		

　この提案は，地方分権推進計画・一括法の制定や地方自治体レベルでの少人数学級の先行事例，少子化に対応する社会環境の整備等を背景として，義務教育標準法及び高校標準法の改正によって実施に移され，2009年現在，全国46道府県で40人未満の学級編制による少人数学級が全国的に進行した（東京都は，2010年から39人学級編制を実施）が，少人数学級の実現に伴い増加する教員の採用を，正規教員の定数を崩した非常勤講師や期限付臨時教員の任用によって対応する措置が急激に増加し，教育条件整備に地域格差が生じているので，国の責任で少人数学級を実現することが新たな課題になっている。

② 今後の教職員定数改善計画

　この点で，政権交代後の教育政策で新たな動向が生まれている。中教審初等中等教育分科会2010年提言「今後の学級編制及び教職員定数の改善について」（7月26日）は，公立小・中学校の学級編制標準を，現行の40人から引き下げることを求める提言を文部科学大臣に提出した。これを受けて，文部科学省は，2011年度から8年計画で30～35人学級の計画案をまとめ，概算要求を提出した。文部科学省の少人数学級推進計画は表7-2のとおりである。

　これが認められれば，1980年以来30年ぶりに学級編制の標準が改善され，教職員定数の改善がすすむことになる。政府・文部科学省は，2011年2月10日，「義務教育標準法」の改正案を第177回通常国会に提出した。これは，①公立小学校1学年の学級編制標準を40名から35名に引き下げる，②都道府県教育委員会が定める学級編制基準を，学校設置者が学級編制を行う際の「従うべき基準」から「標準としての基準」に改める，③学級編制について，市町村教育委員会から都道府県教育委員会への「同意を要する協議」を廃止し，「事後の届け出制」にする，④都道府県ごとの学校に配置すべき教職員定数の標準数の算

定で，その基礎となる学級数を「実学級数」から「都道府県教育委員会が定める基準により算定した学級数」に改めることを内容としていて，法案は可決・成立した。

　この法改正は，市町村教育委員会が学級編制を行う際，都道府県教育委員会との事前の「協議と同意」を必要とせず，独自の基準で行うことができる制度改正が含まれているが，同時に，都道府県の学級編制基準が「従うべき基準」という拘束力の強い規定から「標準」へと法的性格を緩めることから，市町村の都道府県基準を厳格に守らない「より柔軟な学級編制」が可能になり，財政状況による教育条件整備に格差が生じかねない。義務教育費国庫負担金の二分の一から三分の一への縮減分は，地方交付税交付金に充てられるが，それを学級編制基準の策定に活用する地方自治体の明確な裁量が要望される。

（3）学校の施設設備の整備
① 学校施設整備指針

　学校教育活動に必要不可欠な施設設備は，物的条件そのものであり，施設としての①校地・校舎・運動場，②普通教室・特別教室（実験実習室，準備室，標本室等），③図書館（図書室），④保健室，⑤講堂，⑥体育館・水泳プール，⑦給食施設等，設備としての①教材・教具，②図書，③教科用図書，④学用品等の整備は，各学校の設置基準や法令上の基準及び行政指針に示されている。

　この内，施設設備で代表的なものについてみると，義務教育諸学校の校舎建築については，①公立小・中学校（中等教育学校の前期課程を含む）の校舎の新増築，②公立小・中学校の屋内運動場の新増築，③公立の特別支援学校の小学部・中学部の建物の新増築，④公立小・中学校の統廃合に伴う校舎・屋内運動場の新増築の各場合には，必要経費の二分の一を国が負担することが法定されてきた（義務教育諸学校等の施設費の国庫負担に関する法律，以下，施設費負担法）。

　学校施設の整備に関して文部省は，各学校種別に「学校施設整備指針」（小・中学校1992年，幼稚園1993年，高等学校1994年，盲聾養護学校1996年）を策定し，各学校の施設整備の基本方針として，①高機能・多機能で，弾力的な学習環境，②健康的，安全快適な施設環境，③地域の生涯学習・まちづくりの中心的な学

校施設,の整備をめざし学校施設の開放,地域に開かれた学校,防災拠点としての学校施設の充実を課題としている。

学校設備のうち,学校法施規による必置,「学校教育において欠くことのできない基礎的な設備」(学校図書館法第1条,1953年)と規定された学校図書館については,「学校の施設,編制,身体検査,保健衛生等についての最低基準に関する法令案を作成すること」(文部省設置法第5条25項,1949年)が文部省の任務とされ,「学校施設基準法草案」(1949年)「学校の教育課程及び編制の基準に関する法律案」(1949年)が準備された戦後初期の機運のなかで,「学校図書館基準」(1949年)が作成された。

学校図書館は「学校教育の目的にしたがい,児童生徒のあらゆる学習活動の中心となり,これに必要な資料を提供し,その自発的活動の場とならなければならない」という基本原則のもとに,図書,資料,建物,人の構成,運営について具体的な基準が示され,学校図書館基準の法令化を求める運動が高まったが,法令上の基準とはならず,文部省公認の行政指導の基準,指針として現在に至っている。そして,この間の法改正によって,政令で定める予定の基準に達するまでの経費を国庫負担法の教材費の予算を充てる方針から地方自治体の負担とし,その費用は一般財源としての地方交付税によることに変わったので,地方自治体の学校図書館の図書整備には自治体間の格差が生じている。

② 教科書・教材基準

日常的な学校での教育活動には,主たる教材としての教科書のほか,教科等の学習指導で使用する各種の教材・教具(図書,楽器,器具,機械,標本,模型,実験・実習用具等)の整備・充実が,教育効果と水準の向上に重要な教育条件として関係している。

教科書の作成と,それが児童・生徒にわたる過程での検定規則・検定基準,採択の制度については,第5章を参照されたい。

公立の義務教育諸学校の教材・設備の整備は,設置者管理主義・負担主義の原則から,都道府県・市区町村の全額負担が原則となっているが,例外として,理科教育,算数・数学教育,へき地教育の振興による設備費について,二分の

一の国庫補助が法定されている（理科教育振興法第9条，へき地教育振興法第6条，学校給食法第12条）。

　公立学校の教材費については，義務教育費国庫負担制度が発足した1953年度から，その二分の一が国庫負担であったが，1985年度から公立学校の設置は地方公共団体の固有な事務として定着しているということから，国庫負担金が廃止され，その財源は地方交付税に移管された。また，学校の教育活動で使用する具体的な教材・教具は，教育課程の基準を示した学習指導要領の改訂により変化し，1989年の小・中学校学習指導要領の改訂に伴い，文部省は従来の教材基準に変え「標準教材品目」を設定し，それに対して地方交付金で措置することにした。

　地方交付税の交付を受けた地方公共団体は，地方公共団体の税収と合わせた一般財源によって教育予算を教育委員会に配賦し，学校からの予算要求に対応して教材費の費用負担をするが，文部科学省による最近の公立小・中学校1学級・1学校当たり教材費の決算額の調査結果には，地方公共団体の財政状況による格差が明確であり，全国平均に達しない地方自治体が多くみられ，教材費の十分な確保は課題であり続けている。

③　安全確保の条件整備

　　学校での教育活動の展開にともなう安全の確保，「安全に教育を受ける権利」を実現する教育条件整備も重要な課題である。学校教育活動にともなう学校事故は，①授業中の体育実技，技術や理科の実験等で発生する事故，②学校行事にともなう事故，③クラブ活動にともなう事故，④校外活動にともなう事故，⑤通学中に発生する事故，など多様な機会に発生している。これの学校事故は，①校庭や水泳プール等の学校施設の不備，②運動用具や実験器具等の設備の不備，③通学安全上の危険防止施設の不備等，に起因することが多い。

　学校事故が一端発生すると，教師と学校の安全配慮義務が問われる。(i)民事責任の追及として，①学校設置者等に対する安全確保義務（債務）を故意・過失により履行しなかった損害賠償責任，②被害者による加害者の不法行為責任，の追及（民法第709条，国家賠償法第1〜3条），(ii)刑事責任の追及として，校長・

教員，14歳以上の生徒の業務上過失致死傷罪（刑法第21条），暴行罪（同第208条），傷害罪（同第204条）の追求，(iii)加害行為が認められた教職員，生徒等に対する行政処分としての懲戒責任，がある。

現行の学校事故の救済・保障の法制は，被害者による加害者の故意・過失を証明する責任を負わせる過失責任主義を基本としていて，不十分であり，新たに安全確保の基準を法制化することが必要である。この点に関して，日本教育法学会の学校事故特別研究委員会の研究成果を基礎とする，無過失責任主義を基本とする「学校災害補償法案」や「学校安全基準案」の提案は有意義な教育立法の提案であるが，これらは「可能態としての制度構想」の一例ともいえる。

（土屋基規）

3 教育費・教育財政の法制と課題

(1) 教育費・教育財政の基本原則
① 公費教育の原則と設置者負担主義

教育条件の整備・確立に，教育費・教育財政は不可欠の財政的基盤であり，教育実践の展開や学校運営の基礎を支える重要な意義を有する。

教育にかかる費用は，大きく国や地方公共団体が負担する公教育費（公費）と，父母・保護者が負担する家計教育費など私教育費（私費）に分けられるが，わが国の教育費用負担は他の先進諸国に比べて家計教育費に過度に依存している。そうしたなかで，憲法26条1項に定める国民の教育を受ける権利の保障，権利としての教育の実現にとって，公費による教育の原則とその徹底は重要な意義を有する。憲法26条2項は「義務教育の無償」という原則を明示しており，これを受けて，新旧の教育基本法（新法第5条，旧法第4条）は，国公立の義務教育諸学校は授業料不徴収を定めている。義務教育無償の範囲を授業料不徴収に限定するのかどうかについて，判例では，最高裁が，義務教育の無償は授業料不徴収にとどまるとし，それ以外の教育費についてはプログラム規定重視の立場から，「国の財政等の事情を考慮して立法政策の問題として解決すべき事柄」であると判示した（1964年2月26日）。これについて，学説では授業料以外

の義務教育に必要なすべての費用について，権利として無償であるとする考え方（修学必需費無償説）と，立法政策に委ねる最高裁とは異なる立場で，義務教育無償の憲法原理的義務を強調し，司法による権利救済も認める授業料無償説の考え方である。

現在では，周知のように，「教科書無償措置法」（1963年）の制定により，国の予算による義務教育諸学校の設置者への教科書の無償給付，児童・生徒への無償給与，つまり教科書無償制が実施され，義務教育無償の範囲は授業料と教科書代だけであるが，教材費などそれ以外の教育活動に必要な費用は経済的に困難な家庭だけに限定されている。

公立の義務教育諸学校の多くは，地方公共団体が設置義務を課され，地方の固有事務として学校を設置・管理し，「法令に特別の定めがある場合」を除き，その経費を負担することが法定されている。これを設置者管理主義・設置者負担主義の原則という（学校法第5条）。「法令に特別の定めがある場合」には設置者負担主義の例外的な措置があり，後述のように，国の教育費負担のしくみとして義務教育費国庫負担法などが制定されている。

② 教育費の負担区分と国・地方公共団体の教育予算

日本の教育費負担のしくみは，米国のように，一般行政とは異なる地方教育行政組織としての学区による教育税のような独立した制度ではなく，国や地方公共団体の一般財源のうちに位置づけられるとともに，それと相対的に独自の教育財政制度によって運営されている。教育財政が通常対象とする教育費の種類は，学校の設置に関する費用，教職員の給与費，設備・教材費，学校運営に必要な費用，就学援助費等に区別することができ，公立の義務教育諸学校の場合は，それぞれの対象によって教育費の負担区分と財源が異なっている。

教育費の負担区分というのは，どの教育費を誰がどう負担するかという問題であり，大別すると，(i)国・都道府県・市町村の団体間の負担区分，(ii)公費と私費の負担区分，に分けられる。現行法制は，前述の設置者負担主義の原則から，国公立の義務教育諸学校を除く授業料の徴収を定め（学校法第6条），国公私立それぞれの設置主体が学校管理・運営に必要な経費を教育予算に計上し，

年度ごとに負担している。

　国の教育予算は，その内容・手続などの原則が財政法によって定められており，国の予算の一環として文部科学省の予算原案が作成され，それに示された翌年度の歳入・歳出の見積もり書（概算要求）を，財務大臣が検討・調整（査定）して財務省が予算案をまとめ，内閣の閣議決定を経て予算案（当初予算）を国会に提出し，国会の議決によって成立する。

　地方公共団体の教育予算は，地方自治法に定めるところにより，地方公共団体の長が発案権を有する一般予算に組み込まれるが，長が予算案を作成するにあたり，教育に関する事務にかかる事案について，教育委員会の意見聴取が義務づけられている（地教行法第29条）。地方公共団体の議会の議決により議案が成立する。

　教育予算の原案作成についての地方公共団体の長と教育委員会の関係は，いわゆる公選制の教育委員会法の時代（1948～1956年）には，一般行政からの教育委員会の相対的な自主性を示す教育予算の原案作成権という教育財政の自主性が法定されていたが（旧教育委員会法第56条，第61条），1956年の教育委員会法の廃止と地教行法の制定により，長の職務権限が拡大され（地教行法第24条3・4・5号），教育委員会所掌事務の契約の締結や教育予算の執行が地方公共団体の長の職務権限とされ，地方公共団体の長による予算編成に先立つ教育委員会への意見聴取義務の手続きが定められたのである。

（2）教育財政の基本法制
① 教育費の国庫補助制度

　国や地方公共団体の教育予算の編成と経費の負担には，その財源を確保する措置が必要になる。国立学校の教育費の財源は，国立学校特別会計により，授業料や附属病院収入などの自己財源と一般会計からの繰り入れで確保してきたが，国立大学の法人化（2004年）以降は，自己財源と運営費交付金などによっている。公立学校のそれは，(i)使途が限定される特定財源—国庫負担金・国庫補助金，地方債，(ii)使途が制約されない一般財源—地方税，地方交付税交付金，からなっている。私立学校の場合は，授業料収入の他，私学助成による経常経

費の補助金収入を主たる財源としている。

（ⅰ）国庫負担は，国と地方公共団体の相互に利害関係がある事務について，その円滑な運営を期して国が経費の全部または一部を負担する場合である。国庫補助（狭義）は，国がある施策を実施するために特別の必要があると認めるとき，一定の割合・額の経費を交付する場合とされるが，この両者を併せて教育費国庫補助（広義）と通称されている。

（ⅱ）地方公共団体への普通交付税交付金は，国に納める所得税・酒税の32％，法人税の34％（2007年度から），消費税の29.5％（1997年度から），たばこ税の25％を財源とし，地方公共団体の所要の経常的経費（基準財政需要額）が標準課税率による収入（基準財政収入額）によって不足する財源額の充足に充てる財政措置で，それはいくつかの単位費用や測定係数による計算が行われ，行政施策の全国水準（ナショナル・ミニマム）が確保される。これは，地方公共団体の財政力の格差を是正・調整する趣旨で導入され，その役割を果たすことを期待した財源であり，地方交付税交付金は，国庫負担・補助金と異なり使途を特定しない一般財源であり，その執行は地方公共団体の長の裁量に属し，一般財源として執行する場合もあれば，当該の地方公共団体の教育事務の実施に充てることもある。

現行の教育費国庫補助制度は，憲法・教育基本法制の下で，教育の機会均等の実現，教育条件の整備・確立などをめざし，1950年代以降に制定された法律を中心にして基本が確立された。わが国の国庫補助制度の変遷を概観すると，明治期の「学制」（1872年）による就学の奨励や「小学校令」（1886年，1900年）による初等義務教育制度の実施・就学に関し，当初は教育費の受益者負担主義を基本としていたが，次第に設置者負担主義に変わり，戦前にも義務教育費国庫負担の法制が制定された。それは戦後の憲法・教育基本法制の下での目的・趣旨と同じではなく，国家事務としての義務教育学校の設置を市町村へ機関委任事務として義務づけ，その費用負担を設置者負担の原則に移行させた。国家補助制度は当初，市町村立小学校教員の給与に対する一部補助（「市町村立小学校教員退隠料及び遺族扶助料法」1890年，「市町村立小学校教員年功加俸国庫補助法」

1896年）から始まり，第一次世界大戦後の臨時教育会議の答申により「市町村義務教育費国庫負担法」（1918年）が制定された。これは，市町村が負担する小学校教員の給与費の約半額を国庫負担としたもので，財政基盤の貧弱な地方財政の調整機能とともに，他方で教育の国家統制の財政的基盤とすることも期待された。

　義務教育費国庫負担の制度は，その後，1930年代の世界経済恐慌に伴う農村恐慌に直面して，教員給与の不払いの拡大に対する教員給与の臨時的な国庫補助制度を経て，教員統制の強化をねらいとした1940年の「義務教育費国庫負担法」の制定により，国と都道府県による教員給与の半額負担の方式が定められ，戦後の教員給与法制の原型がつくられた。

② 現行の義務教育諸学校の教育費国庫補助制度

　現行の教育費国庫負担に関する法制として，市町村立学校職員給与負担法（1948年），義務教育費国庫負担法（1952年），公立学校施設災害復旧費国庫負担法（1953年），義務教育諸学校施設費負担法（1958年），産業教育振興法（1951年），学校図書館法（1953年），公立養護学校整備特別措置法（1956年），教科書無償措置法（1963年）などが制定されている。国庫補助に関する法制としては，就学困難な児童及び生徒に係る就学奨励についての国の援助に関する法律（1956年），特別支援学校への就学奨励に関する法律（1954年），理科教育振興法（1953年），へき地教育振興法（1953年），学校給食法（1954年），学校保健法（1958年），健康センター法（1985年），社会教育法（1949年），図書館法（1950年），スポーツ振興法（1961年），私立学校振興助成法（1975年）などが制定されている。

　制定当初の義務教育費国庫負担法は，教員給与費だけでなく，教材費，学校図書館図書費をも含んでいたが，その後の法改正により，現在，国庫負担は教員給与費の三分の一となっていて，その限度も定められている。

　現行法制における主な義務教育関係国庫補助制度の対象，負担・補助率，根拠法令について，概要を次に例示しておく。

国庫負担・国庫補助の対象	負担・補助率	根拠法令
小・中学校の校舎新増築費	2分の1	施設費負担法3条
県費負担教職員給与費	3分の1	給与負担法1条 教育費負担法2条等
へき地小・中学校のへき地集会室新増築費	2分の1	へき地教育振興法6条
特別支援学校小・中学部の建物新増築費	2分の1	施設費負担法3条
養護学校　小・中学部の建物新増築費	2分の1	養護学校整備法2条等
小・中学校校舎統廃合等の新増築整備費	2分の1	
義務教育諸学校の危険建物改善費	3分の1	施設費負担法3条等
就学援助費	2分の1	就学奨励法2条等
教科書費	1	教科書無償措置法3条

　こうした国庫補助法制は，国民の教育を受ける権利保障にふさわしい教育条件の整備・確立，教育の機会均等を図り教育水準を確保する観点からと，国の中央教育行政による教育統制機能を発揮する観点からの，2つの側面により制定され，機能しているとされる。

（3）教育条件整備・確立と教育財政の課題

　権利としての教育思想に立脚し，教育の機会均等の徹底，教育条件の整備・確立に向けて，子どもを育てる家族の貧困化・格差拡大が進行する中で，現実的な教育の貧困と格差の是正をめざすべき，教育費・教育財政に関する次のような法制と課題についてふれておきたい。

① 就学援助・教育扶助制度

　経済的理由によって就学困難な児童・生徒に対し就学の援助をする制度として，就学援助と教育扶助が設けられている。この制度は，すべての国民に教育を受ける権利を無差別平等に保障し，教育の機会均等原則を徹底することを根底にしたもので，この観点から義務教育の無償制がうたわれ，国及び地方公共団体は経済的理由によって就学困難なものに対して，「奨学の方法」を講ずべきことが定められている。学校法は，「経済的理由によって，就学困難と認め

られる学齢児童又は学齢生徒の保護者に対しては，市町村は，必要な援助を与えなければならない」（現第19条），と規定している。この規定に基づく国民的な運動を背景として，「就学困難な児童及び生徒に係る就学奨励についての国の援助に関する法律」（就学奨励法，1956年）が制定され，学校給食法や学校保健法（現在は学校保健安全法）などの整備を含めて就学援助が制度化された。支給項目は，小・中学校とも学用品等（学用品費，体育実技用具費，新入学児童・生徒学用品費等，通学用品費，通学費，校外活動費），給食費，医療費，日本スポーツ振興センター共済掛金である。

就学援助の支給対象は，児童・生徒の保護者が要保護・準要保護者であるが，2005年度から三位一体改革として準要保護が国庫補助の対象からはずされ，一般財源化されたため，市区町村の負担になった。市区町村は，生活保護基準の1.3～1.5倍以下の所得層を目安に認定を行うが，認定基準は全国一律ではなく，市区町村ごとに保護者の所得水準についての認定基準を定めて運用しており，市区町村間の格差が著しく，改善が必要である。

教育扶助の制度は，憲法第25条の生存権保障の規定をすべての国民に及ぼすために，生活保護法に基づいて制度化された。同法は，生活困窮の程度に応じて必要な保護と最低限度の生活を保障し，自立を助長することを目的としているが，教育扶助は生活保護の需給要件をもつ保護者（要保護者）を対象にして，その児童・生徒が義務教育において必要な教科書，教材費，その他の学用品費，通学用品費，学校給食費を給付の範囲にしている。教育扶助は金銭的給付を原則とし，それが不可能または不適当な場合には現物給付によることができ，給付は被保護者，その親権者，後見人，被保護者の通学する学校長に対して行われる。

2005年度から生活保護で高校進学費の一部を支給できるようになった（生活扶助）が，高校修学に必要な費用は充分確保されているとはいえず，改善が求められる。

② 奨学金制度

　現行法制は，憲法の教育を受ける権利保障の規定に基づき，教育の機会均等を図る上で奨学措置として，奨学金制度を設けている。旧教基法第3条は，「国及び地方公共団体は，能力があるにもかかわらず，経済的理由によって修学困難な者に対して，奨学の方法を講じなければならない」と規定していた。新教基法もこれを引き継ぎ，第4条の後段で「奨学の方法」を「奨学の措置」と代えて奨学金制度について規定している。

　わが国の奨学金制度は，アジア太平洋戦争中の「大日本育英会法」（1944年）の制定により，「国家有用ノ人材ヲ育成」することを目的とし，経済的理由で修学困難な「優秀ナル生徒」を対象として始まり，戦後の「日本育英会法」への一部法改正（1953年），さらに1984年の法改正によって「国家及び社会に有意な人材の育成」と「教育の機会均等に寄与する」ことに目的を改め，2003年の「日本学生支援機構法」の成立によって，日本育英会の廃止，独立行政法人学生支援機構に移行が行われ，組織と事業運営が変遷した。

　奨学金制度は，高等学校以上の中等教育及び高等教育での修学支援を内容とし，1958年の法改正により一般貸与と特別貸与の2本建の学費の貸与方法を採用し，1984年の法改正により学費の貸与は，「特に優れた学生及び生徒」を対象とする第1種（無利息）と，「優れた学生及び生徒」を対象とする第2種（利息付）に分けられた。わが国の奨学金は「貸与制」を基本とし，欧米並みに「給費制」への制度原理の転換が求められる。

③ 公立高等学校の授業料無償化及び高等学校等就学支援金の創設

　2009年8月の衆議院総選挙の結果，民主党を中心とする連立内閣が発足し，民主党のマニフェスト（政権公約）に示された「高校授業料の実質無償化」の政策が具体化された。政権交代後の民主党は，2010年度の予算編成の新規事業として3,933億円の予算を計上し，「公立高等学校に係る授業料の不徴収及び高等学校等就学支援金の支給に関する法律案」（高校無償化法）を国会に提出し，これを成立させた。

　この制度の概要は，（i）対象となる学校種は，国公立の高等学校，中等教育学

校(後期課程),特別支援学校(高等部),高等専門学校(1～3年生),専修学校等(高等学校に類する課程として文部省令で定めるもの),(ⅱ)公立高等学校の授業料を不徴収とし,地方公共団体に対して授業料収入相当額を国費により負担する,(ⅲ)私立学校の生徒については,高等学校等就学支援金として授業料の一定額を助成(学校設置者が代理受領)し,教育費負担の軽減を図る,(ⅳ)私立学校に通う低所得世帯の生徒について,所得に応じて助成金額を1.5～2倍した額を上限(11万8,800円～23万7,600円)として助成する,というものである。

この制度の実施にあたり,日本に在住する外国人学校の中等教育レベルの生徒を対象とすることに関する実施上の基準が検討され,特に在日朝鮮人学校を対象にすることに異論が出されたこともあり,専門家による支給基準の検討を重ねたが,初年度の実施は見送られた(コラム7参照)。

④ 私学助成

現代日本の学校制度に占める私立学校は,学校教育の段階では就学前教育としての幼稚園と高等教育の大学で比率が高く,私立の高等学校の比率は都道府県によって異なり,30%～60%程度を占めている。私立学校に対する国や地方公共団体の公費による補助金の交付について,私立学校法の制定(1949年)により,「教育の振興上必要があると認める場合」には「私立学校教育に関し必要な助成をすることができる」(第59条)とされた。憲法89条との関係で,私学教育が「公の支配」に属せず,公費助成はできないと解されたことがあったが,私立学校は国の一般的な法律を基礎として設立され,私立学校での教育も公共性を有することなどにより,1975年に私立学校振興助成法が成立し,私学振興財団の裁定による経常費補助「2分の1以内」という公費助成のしくみができた(第4条)。

しかし,その運用実態は,1980年度の補助率29.5%を頂点に,その後低下の一途をたどり,最近の補助率は11～12%台に低下している。公費による私学助成は,私立学校の教育条件の整備と在学する児童・生徒・学生の修学上の経済的負担の軽減を図り,私立学校の健全な運営に資することに重要な意義をする

ので，各年度の政府予算案の編成にあたり，文部科学省の概算要求で私学助成額の維持・増額が重要な課題となっている。

(新井秀明)

参考文献

国民教育研究所編 1973『国民教育小事典』草土文化。
『宗像誠也教育学著作集 第3巻』青木書店，1975年。
兼子仁 1976『入門教育法』総合労働研究所。
『日本教育法学会年報』第8号，有斐閣，1979年。
伊ヶ崎暁生・三輪定宣 1980『教育費と教育財政』エイデル研究所。
日本教育法学会編 1980『講座教育法4 教育条件の整備と教育法』総合労働研究所。
日本教育法学会編 1993『教育法学辞典』学陽書房
小川正人編 1996『教育財政の政策と法制度』エイデル研究所。
民主教育研究所教職員研究委員会 1999『学級規模と教職員定数に関する調査報告』。
土屋基規・平原春好・三輪定宣・室井修編著 2001『最新 学校教育キーワード事典』旬報社。
兼子仁 1978『教育法(新版)』有斐閣。
桑原敏明編 2002『学級編成に関する総合的研究』多賀書店。
渡部昭男 2006『格差問題と「教育の機会均等」』日本標準。
藤本典裕・制度研 2009『学校から見える子どもの貧困』大月書店。

> コラム 7　高等学校等就学支援金の外国人学校への適用問題

　2010年4月に施行された「公立高校授業料不徴収及び高等学校等就学支援金の支給に関する法律」は，前年9月に成立した民主党中心政権の目玉施策の一つである「高校教育の実質無償化」の具体化である。高等学校等就学支援金制度は，公立高校の授業料無償制とともに，高等学校等における教育にかかわる経済的負担の軽減を図り，教育の機会均等に寄与することを目的としており，私立高校だけでなく，いわゆる外国人学校で学ぶ生徒も広くその対象としている。しかし，一部閣僚や自由民主党などが朝鮮高級学校を「無償化」の対象とすることについて反対を表明したことにより，就学支援金の支給対象となる外国人学校をどのような基準で指定するかが問題となった。

　就学支援金の支給対象となる専修学校及び各種学校は，同法2条1項5号において「高等学校の課程に類する課程を置くものとして文部科学省令で定めるもの」と規定されており，同法施行規則（省令）1条は，専修学校高等課程を規定するとともに，各種学校である外国人学校について，(イ)高等学校に対応する外国の学校の課程と同等の課程を有するもの，(ロ)教育活動等について指定団体の認定を受けたもの，(ハ)その他の3つに区分している。文科省は，同年4月30日告示において(イ)大使館を通じて確認した民族系学校14校，(ロ)国際的に実績のある学校評価団体の認証を受けているインターナショナルスクール17校を指定し，(ハ)については，高等学校等就学支援金の支給に関する検討会議の「高等学校の課程に類する課程を置く外国人学校の指定に関する基準等について（報告）」（8月30日）を踏まえて，11月5日に文部科学大臣が指定基準・手続き等の規程を決定した。同規程では，専修学校高等課程の設置基準に求められる水準を基本にして，修業年限を3年以上とし，各学校の年間指導計画などにより「高等学校の課程に類する課程」であるかどうかを制度的・客観的に判断するとともに，就学支援金が確実に授業料に充当されることを確保する資料提出を求めている。また，同大臣が，指定に際し留意すべき事項がある場合には，その内容を各学校に通知することができる旨，規定している。

　就学支援金の支給対象は，事務処理の便宜上，学校設置者が代理人として支援金を受給する間接給付方式をとるものの，子どもである。すべての子どもに対して，種々の中等教育の機会を与えるとする国際人権A規約（社会権規約）や子どもの権利条約，人種差別撤廃条約などの国際教育法に照らし，朝鮮高級学校を他の外国人学校とことさら区別する取り扱いをするとすれば法的問題が生じるおそれがあろう。

資　料　編

- 日本国憲法（抄）
- 教育基本法（新旧対照）
- 国連・子どもの権利条約（政府訳）（抄）
- 地方教育行政の組織及び運営に関する法律（抄）
- 教育職員免許法（抄）
- 義務教育諸学校の教科用図書の無償措置に関する法律（抄）
- 義務教育費国庫負担法（抄）
- 市町村立学校職員給与負担法（抄）
- 義務教育諸学校等の施設費の国庫負担に関する法律（抄）

日本国憲法（抄）（昭和21年11月3日）

〔基本的人権の享受〕
第11条　国民は，すべての基本的人権の享有を妨げられない。この憲法が国民に保障する基本的人権は，侵すことのできない永久の権利として，現在及び将来の国民に与へられる。
〔法の下の平等〕
第14条　すべて国民は，法の下に平等であつて，人種，信条，性別，社会的身分又は門地により，政治的，経済的又は社会的関係において，差別されない。
（略）
〔公務員の選定罷免権，全体の奉仕者〕
第15条　公務員を選定し，及びこれを罷免することは，国民固有の権利である。
②　すべて公務員は，全体の奉仕者であつて，一部の奉仕者ではない。
（略）
〔思想・良心の自由〕
第19条　思想及び良心の自由は，これを侵してはならない。
〔信教の自由，政教分離〕
第20条　の自由は，何人に対してもこれを保障する。いかなる宗教団体も，国から特権を受け，又は政治上の権力を行使してはならない。
②　何人も，宗教上の行為，祝典，儀式又は行事に参加することを強制されない。
③　国及びその機関は，宗教教育その他いかなる宗教的活動もしてはならない。
〔学問の自由〕
第23条　学問の自由は，これを保障する。
〔教育を受ける権利，教育の義務〕
第26条　すべて国民は，法律の定めるところにより，その能力に応じて，ひとしく教育を受ける権利を有する。
②　すべて国民は，法律の定めるところにより，その保護する子女に普通教育を受けさせる義務を負ふ。義務教育は，これを無償とする。
〔公金等の使用制限〕
第89条　公金その他の公の財産は，宗教上の組織若しくは団体の使用，便益若しくは維持のため，又は公の支配に属しない慈善，教育若しくは博愛の事業に対し，これを支出し，又はその利用に供してはならない。
〔地方自治の原則〕
第92条　地方公共団体の組織及び運営に関する事項は，地方自治の本旨に基いて，法律でこれを定める。
〔最高法規〕
第98条　この憲法は，国の最高法規であつて，その条規に反する法律，命令，詔勅及び国務に関するその他の行為の全部又は一部は，その効力を有しない。
②　日本国が締結した条約及び確立された国際法規は，これを誠実に遵守することを必要とする。

教育基本法　（新旧対照）	
教育基本法 （平成18年12月22日　法律第120号）	改正前の教育基本法 （昭和22年3月31日法律第25号）
前文 　我々日本国民は，たゆまぬ努力によって築いてきた民主的で文化的な国家を更に発展させるとともに，世界の平和と人類の福祉の向上に貢献することを願うものである。 　我々は，この理想を実現するため，個人の尊厳を重んじ，真理と正義を希求し，公共の精神を	前文 　われらは，さきに，日本国憲法を確定し，民主的で文化的な国家を建設して，世界の平和と人類の福祉に貢献しようとする決意を示した。この理想の実現は，根本において教育の力にまつべきものである。 　われらは，個人の尊厳を重んじ，真理と平和

尊び，豊かな人間性と創造性を備えた人間の育成を期するとともに，伝統を継承し，新しい文化の創造を目指す教育を推進する。
　ここに，我々は，日本国憲法の精神にのっとり，我が国の未来を切り拓く教育の基本を確立し，その振興ひらを図るため，この法律を制定する。

第一章　教育の目的及び理念
（教育の目的）
第一条　教育は，人格の完成を目指し，平和で民主的な国家及び社会の形成者として必要な資質を備えた心身ともに健康な国民の育成を期して行われなければならない。

（教育の目標）
第二条　教育は，その目的を実現するため，学問の自由を尊重しつつ，次に掲げる目標を達成するよう行われるものとする。
一　幅広い知識と教養を身に付け，真理を求める態度を養い，豊かな情操と道徳心を培うとともに，健やかな身体を養うこと。
二　個人の価値を尊重して，その能力を伸ばし，創造性を培い，自主及び自律の精神を養うとともに，職業及び生活との関連を重視し，勤労を重んずる態度を養うこと。
三　正義と責任，男女の平等，自他の敬愛と協力を重んずるとともに，公共の精神に基づき，主体的に社会の形成に参画し，その発展に寄与する態度を養うこと。
四　生命を尊び，自然を大切にし，環境の保全に寄与する態度を養うこと。
五　伝統と文化を尊重し，それらをはぐくんできた我が国と郷土を愛するとともに，他国を尊重し，国際社会の平和と発展に寄与する態度を養うこと。

（生涯学習の理念）
第三条　国民一人一人が，自己の人格を磨き，豊かな人生を送ることができるよう，その生涯にわたって，あらゆる機会に，あらゆる場所において学習することができ，その成果を適切に生かすことのできる社会の実現が図られなければならない。

（教育の機会均等）
第四条　すべて国民は，ひとしく，その能力に応じた教育を受ける機会を与えられなければならず，人種，信条，性別，社会的身分，経済的地位又は門地によって，教育上差別されない。
２　国及び地方公共団体は，障害のある者が，その障害の状態に応じ，十分な教育を受けられるよう，教育上必要な支援を講じなければならない。

を希求する人間の育成を期するとともに，普遍的にしてしかも個性ゆたかな文化の創造をめざす教育を普及徹底しなければならない。
　ここに，日本国憲法の精神に則り，教育の目的を明示して，新しい日本の教育の基本を確立するため，この法律を制定する。

第一条　（教育の目的）　教育は，人格の完成をめざし，平和的な国家及び社会の形成者として，真理と正義を愛し，個人の価値をたつとび，勤労と責任を重んじ，自主的精神に充ちた心身ともに健康な国民の育成を期して行われなければならない。

第二条　（教育の方針）　教育の目的は，あらゆる機会に，あらゆる場所において実現されなければならない。この目的を達成するためには，学問の自由を尊重し，実際生活に即し，自発的精神を養い，自他の敬愛と協力によって，文化の創造と発展に貢献するように努めなければならない。

（新設）

第三条　（教育の機会均等）　すべて国民は，ひとしく，その能力に応ずる教育を受ける機会を与えられなければならないものであつて，人種，信条，性別，社会的身分，経済的地位又は門地によつて，教育上差別されない。
（新設）

3　国及び地方公共団体は，能力があるにもかかわらず，経済的理由によって修学が困難な者に対して，奨学の措置を講じなければならない。	2　国及び地方公共団体は，能力があるにもかかわらず，経済的理由によつて修学困難な者に対して，奨学の方法を講じなければならない。
第二章　教育の実施に関する基本 （義務教育） 第五条　国民は，その保護する子に，別に法律で定めるところにより，普通教育を受けさせる義務を負う。	第四条　（義務教育）　国民は，その保護する子女に，九年の普通教育を受けさせる義務を負う。
2　義務教育として行われる普通教育は，各個人の有する能力を伸ばしつつ社会において自立的に生きる基礎を培い，また，国家及び社会の形成者として必要とされる基本的な資質を養うことを目的として行われるものとする。	（新設）
3　国及び地方公共団体は，義務教育の機会を保障し，その水準を確保するため，適切な役割分担及び相互の協力の下，その実施に責任を負う。	（新設）
4　国又は地方公共団体の設置する学校における義務教育については，授業料を徴収しない。	2　国又は地方公共団体の設置する学校における義務教育については，授業料は，これを徴収しない。
（削除）	第五条　（男女共学）　男女は，互に敬重し，協力し合わなければならないものであつて，教育上男女の共学は，認められなければならない。
（学校教育） 第六条　法律に定める学校は，公の性質を有するものであって，国，地方公共団体及び法律に定める法人のみが，これを設置することができる。	第六条　（学校教育）　法律に定める学校は，公の性質をもつものであつて，国又は地方公共団体の外，法律に定める法人のみが，これを設置することができる。
2　前項の学校においては，教育の目標が達成されるよう，教育を受ける者の心身の発達に応じて，体系的な教育が組織的に行われなければならない。この場合において，教育を受ける者が，学校生活を営む上で必要な規律を重んずるとともに，自ら進んで学習に取り組む意欲を高めることを重視して行われなければならない。	（新設）
「（教員）第九条」として独立	2　法律に定める学校の教員は，全体の奉仕者であつて，自己の使命を自覚し，その職責の遂行に努めなければならない。このためには，教員の身分は，尊重され，その待遇の適正が，期せられなければならない。
（大学） 第七条　大学は，学術の中心として，高い教養と専門的能力を培うとともに，深く真理を探究して新たな知見を創造し，これらの成果を広く社会に提供することにより，社会の発展に寄与するものとする。	（新設）
2　大学については，自主性，自律性その他の大学における教育及び研究の特性が尊重されなければならない。	

（私立学校） 第八条　私立学校の有する公の性質及び学校教育において果たす重要な役割にかんがみ，国及び地方公共団体は，その自主性を尊重しつつ，助成その他の適当な方法によって私立学校教育の振興に努めなければならない。	（新設）
（教員） 第九条　法律に定める学校の教員は，自己の崇高な使命を深く自覚し，絶えず研究と修養に励み，その職責の遂行に努めなければならない。 ２　前項の教員については，その使命と職責の重要性にかんがみ，その身分は尊重され，待遇の適正が期せられるとともに，養成と研修の充実が図られなければならない。	【再掲】第六条（略） ２　法律に定める学校の教員は，全体の奉仕者であつて，自己の使命を自覚し，その職責の遂行に努めなければならない。このためには，教員の身分は，尊重され，その待遇の適正が，期せられなければならない。
（家庭教育） 第十条　父母その他の保護者は，子の教育について第一義的責任を有するものであって，生活のために必要な習慣を身に付けさせるとともに，自立心を育成し，心身の調和のとれた発達を図るよう努めるものとする。 ２　国及び地方公共団体は，家庭教育の自主性を尊重しつつ，保護者に対する学習の機会及び情報の提供その他の家庭教育を支援するために必要な施策を講ずるよう努めなければならない。	（新設）
（幼児期の教育） 第十一条　幼児期の教育は，生涯にわたる人格形成の基礎を培う重要なものであることにかんがみ，国及び地方公共団体は，幼児の健やかな成長に資する良好な環境の整備その他適当な方法によって，その振興に努めなければならない。	（新設）
（社会教育） 第十二条　個人の要望や社会の要請にこたえ，社会において行われる教育は，国及び地方公共団体によって奨励されなければならない。 ２　国及び地方公共団体は，図書館，博物館，公民館その他の社会教育施設の設置，学校の施設の利用，学習の機会及び情報の提供その他の適当な方法によって社会教育の振興に努めなければならない。	第七条　（社会教育）　家庭教育及び勤労の場所その他社会において行われる教育は，国及び地方公共団体によつて奨励されなければならない。 ２　国及び地方公共団体は，図書館，博物館，公民館等の施設の設置，学校の施設の利用その他適当な方法によつて教育の目的の実現に努めなければならない。
（学校，家庭及び地域住民等の相互の連携協力） 第十三条　学校，家庭及び地域住民その他の関係者は，教育におけるそれぞれの役割と責任を自覚するとともに，相互の連携及び協力に努めるものとする。	（新設）
（政治教育） 第十四条　良識ある公民として必要な政治的教養は，教育上尊重されなければならない。 ２　法律に定める学校は，特定の政党を支持し，又はこれに反対するための政治教育その他政治	第八条　（政治教育）　良識ある公民たるに必要な政治的教養は，教育上これを尊重しなければならない。 ２　法律に定める学校は，特定の政党を支持し，

的活動をしてはならない。

（宗教教育）
第十五条　宗教に関する寛容の態度，宗教に関する一般的な教養及び宗教の社会生活における地位は，教育上尊重されなければならない。
2　国及び地方公共団体が設置する学校は，特定の宗教のための宗教教育その他宗教的活動をしてはならない。

第三章　教育行政

（教育行政）
第十六条　教育は，不当な支配に服することなく，この法律及び他の法律の定めるところにより行われるべきものであり，教育行政は，国と地方公共団体との適切な役割分担及び相互の協力の下，公正かつ適正に行われなければならない。

2　国は，全国的な教育の機会均等と教育水準の維持向上を図るため，教育に関する施策を総合的に策定し，実施しなければならない。
3　地方公共団体は，その地域における教育の振興を図るため，その実情に応じた教育に関する施策を策定し，実施しなければならない。
4　国及び地方公共団体は，教育が円滑かつ継続的に実施されるよう，必要な財政上の措置を講じなければならない。

（教育振興基本計画）
第十七条　政府は，教育の振興に関する施策の総合的かつ計画的な推進を図るため，教育の振興に関する施策についての基本的な方針及び講ずべき施策その他必要な事項について，基本的な計画を定め，これを国会に報告するとともに，公表しなければならない。
2　地方公共団体は，前項の計画を参酌し，その地域の実情に応じ，当該地方公共団体における教育の振興のための施策に関する基本的な計画を定めるよう努めなければならない。

第四章　法令の制定

第十八条　この法律に規定する諸条項を実施するため，必要な法令が制定されなければならない。

又はこれに反対するための政治教育その他政治的活動をしてはならない。

第九条　（宗教教育）　宗教に関する寛容の態度及び宗教の社会生活における地位は，教育上これを尊重しなければならない。
2　国及び地方公共団体が設置する学校は，特定の宗教のための宗教教育その他宗教的活動をしてはならない。

第十条　（教育行政）　教育は，不当な支配に服することなく，国民全体に対し直接に責任を負つて行われるべきものである。
2　教育行政は，この自覚のもとに，教育の目的を遂行するに必要な諸条件の整備確立を目標として行われなければならない。

（新設）

（新設）

（新設）

（新設）

第十一条　（補則）　この法律に掲げる諸条項を実施するために必要がある場合には，適当な法令が制定されなければならない

国連・子どもの権利条約（抄）　政府訳
(1989年11月20日，国連第44回総会で採択，1994年3月29日，日本政府批准)

第1条　この条約の適応上，児童とは，18歳未満のすべての者をいう。ただし，当該児童で，その者に適応される法律によりより早く成年に達したものを除く。

第2条
1．締約国は，その管轄の下にある児童に対し，児童又はその父母若しくは法定保護者の人種，皮膚の色，性，言語，宗教，政治的意見その他の意見，国民的，種族的若しくは社会的出身，財産，心身障害，出生または他の地位にかかわらず，いかなる差別もなしにこの条約に定める権利を尊重し，及び確保する。
2．締約国は，児童がその父母，法定保護者又は家族の構成員の地位，活動，表明した意見又は信念によるあらゆる形態の差別又は処罰から保護されることを確保すべての適当な措置をとる。

第3条
1．児童に関するすべての措置をとるに当たっては，公的若しくは私的な社会福祉施設，裁判所，行政当局又は立法機関のいずれによって行われるものであっても，児童の最善の利益が主として考慮されるものとする。
2．締約国は，児童の父母，法定保護者又は児童について法的に責任を有する他の者の権利及び義務を考慮に入れて，児童の福祉に必要な保護及び養護を確保することを約束し，このため，すべての適当な立法上及び行政上の措置をとる。
3．締約国は，児童の養護又は保護のための施設，役務の提供及び設備が，特に安全及び健康の分野に関し並びにこれらの職員の数及び適格性並びに適正な監督に関し権限のある当局の設定した基準に適合することを確保する。

第5条　締約国は，児童がこの条約において認められる権利を行使するに当たり，父母若しくは場合により地方の慣習により定められている大家族若しくは共同体の構成員，法定保護者又は児童について法的に責任を有する他の者がその児童の発達しつつある能力に適合する方法で適当な指示及び指導を与える責任，権利及び義務を尊重する。

第6条
1．締約国は，すべての児童が生命に対する固有の権利を有することを認める。
2．締約国は，児童の生存及び発達を可能な最大限の範囲において確保する。

第12条
1．締約国は，自己の意見を形成する能力のある児童がその児童に影響を及ぼすすべての事項について自由に自己の意見を表明する権利を確保する。この場合において，児童の意見は，その児童の年齢及び成熟度に従って相応に考慮されるものとする。
2．このため，児童は，特に，自己に影響を及ぼすあらゆる司法上及び行政上の手続きにおいて，国内法の手続規則に合致する方法により直接に又は代理人若しくは適当な団体を通じて聴取される機会を与えられる。

第28条
1．締約国は，教育についての児童の権利を認めるものとし，この権利を漸進的にかつ機会の平等を基礎として達成するため，特に，
　a．初等教育を義務的なものとし，すべての者に対して無償のものとする。
　b．種々の形態の中等教育（一般教育及び職業教育を含む。）の発展を奨励し，すべての児童に対し，これらの中等教育が利用可能であり，かつ，これらを利用す

る機会が与えられるものとし，例えば，無償教育の導入，必要な場合おける財政的援助の提供のような適当な措置をとる。

c．すべての適当な方法により，能力に応じ，すべての者に対して高等教育を利用する機会が与えられるものとする。

d．すべての児童に対し，教育及び職業に関する情報及び指導が利用可能であり，かつ，これらを利用する機会が与えられるものとする。

e．定期的な登校及び中途退学率の減少を奨励するための措置をとる。

2．締約国は，学校の規律が児童の人間の尊厳に適合する方法で及びこの条約に従って運用されることを確保するためのすべての適当な措置をとる。

3．締約国は，特に全世界における無知及び非識字の廃絶に寄与し並びに科関する事項についての国際協力を促進し，及び奨励する。これに関しては，特に，開発途上国の必要を考慮する。

第29条

1．締約国は，児童の教育が次のことを指向すべきことに同意する。

a．児童の人格，才能並びに精神的及び身体的な能力をその可能な最大限度まで発達させること。

b．人権及び基本的自由並びに国際連合憲章にうたう原則の尊重を育成すること。

c．児童の父母，児童の文化的同一性，言語及び価値観，児童の居住国及び出身国の国民的価値観並びに自己の文明と異なる文明に対する尊重を育成すること。

d．すべての人民の間の，種族的，国民的及び宗教的集団の間の並びに原住民である者の間の理解，平和，寛容，両性の平等及び友好の精神に従い，自由な社会における責任ある生活のために児童に準備させること。

e．自然環境の尊重を育成すること。

2．この条文は前条のいかなる規定も，個人及び団体が教育機関を設置し及び管理する自由を妨げるものと解してはならない。ただし，常に，1に定める原則が遵守されること及び当該教育機関において行われる教育が国によって定められる最低限度の基準に適合することを条件とする。

地方教育行政の組織及び運営に関する法律（抄）（昭和31年6月30日法律第162号）

第1章　総則

（この法律の趣旨）

第1条　この法律は，教育委員会の設置，学校その他の教育機関の職員の身分取扱その他地方公共団体における教育行政の組織及び運営の基本を定めることを目的とする。

（基本理念）

第1条の2　地方公共団体における教育行政は，教育基本法（平成18年法律第120号）の趣旨にのつとり，教育の機会均等，教育水準の維持向上及び地域の実情に応じた教育の振興が図られるよう，国との適切な役割分担及び相互の協力の下，公正かつ適正に行われなければならない

第2章　教育委員会の設置及び組織

（設置）

第2条　都道府県，市（特別区を含む。以下同じ。）町村及び第23条に規定する事務の全部又は一部を処理する地方公共団体の組合に教育委員会を置く。

（組織）

第3条　教育委員会は，5人の委員をもつて組織する。ただし，条例で定めるところにより，都道府県若しくは市又は地方公共団体の組合のうち都道府県若しくは市が加入するものの教育委員会にあつては6人以上の委員，町村又は地方公共団体の組合のうち町村のみが加入するものの教育委員会にあつては3人以上の委員をもつて組織することができる。

（任命）
第4条　委員は，当該地方公共団体の長の被選挙権を有する者で，人格が高潔で，教育，学術及び文化（以下単に「教育」という。）に関し識見を有するもののうちから，地方公共団体の長が，議会の同意を得て，任命する。
（任期）
第5条　委員の任期は，4年とする。ただし，補欠の委員の任期は，前任者の残任期間とする。
②　委員は，再任されることができる。
（兼職禁止）
第6条　委員は，地方公共団体の議会の議員若しくは長，地方公共団体に執行機関として置かれる委員会の委員若しくは委員又は地方公共団体の常勤の職員若しくは地方公務員法（昭和25年法律第261号）第28条の5第1項に規定する短時間勤務の職を占める職員と兼ねることができない。
（服務等）
第11条　委員は，職務上知ることができた秘密を漏らしてはならない。その職を退いた後も，また，同様とする。
②　委員又は委員であつた者が法令による証人，鑑定人等となり，職務上の秘密に属する事項を発表する場合においては，教育委員会の許可を受けなければならない。
③　前項の許可は，法律に特別の定がある場合を除き，これを拒むことができない。
④　委員は，非常勤とする。
⑤　委員は，政党その他の政治的団体の役員となり，又は積極的に政治運動をしてはならない。
⑥　委員は，その職務の遂行に当たつては，自らが当該地方公共団体の教育行政の運営について負う重要な責任を自覚するとともに，第1条の2に規定する基本理念に則して当該地方公共団体の教育行政の運営が行われるよう意を用いなければならない。
（委員長）

第12条　教育委員会は，委員（第16条第2項の規定により教育長に任命された委員を除く。）のうちから，委員長を選挙しなければならない。
②　委員長の任期は，1年とする。ただし，再選されることができる。
③　委員長は，教育委員会の会議を主宰し，教育委員会を代表する。
④　委員長に事故があるとき，又は委員長が欠けたときは，あらかじめ教育委員会の指定する委員がその職務を行う。
（会議）
第13条　教育委員会の会議は，委員長が招集する。
②　教育委員会は，委員長及び在任委員の過半数が出席しなければ，会議を開き，議決をすることができない。ただし，第五項の規定による除斥のため過半数に達しないとき，又は同一の事件につき再度招集しても，なお過半数に達しないときは，この限りでない。
③　教育委員会の会議の議事は，第6項ただし書の発議に係るものを除き，出席委員の過半数で決し，可否同数のときは，委員長の決するところによる。
④　前2項の規定による会議若しくは議事又は第六項ただし書の発議に係る議事の定足数については，委員長は，委員として計算するものとする。
⑤　教育委員会の委員は，自己，配偶者若しくは三親等以内の親族の一身上に関する事件又は自己若しくはこれらの者の従事する業務に直接の利害関係のある事件については，その議事に参与することができない。ただし，教育委員会の同意があるときは，会議に出席し，発言することができる。
⑥　教育委員会の会議は，公開する。ただし，人事に関する事件その他の事件について，委員長又は委員の発議により，出席委員の三分の二以上の多数で議決したときは，これを公開しないことができる。

⑦ 前項ただし書の委員長又は委員の発議は，討論を行わないでその可否を決しなければならない。
（教育委員会規則の制定等）
第14条　教育委員会は，法令又は条例に違反しない限りにおいて，その権限に属する事務に関し，教育委員会規則を制定することができる。
② 教育委員会規則その他教育委員会の定める規程で公表を要するものの公布に関し必要な事項は，教育委員会規則で定める。
（教育長）
第16条　教育委員会に，教育長を置く。
② 教育長は，第六条の規定にかかわらず，当該教育委員会の委員（委員長を除く。）である者のうちから，教育委員会が任命する。
③ 教育長は，委員としての任期中在任するものとする。ただし，地方公務員法第27条，第28条及び第29条の規定の適用を妨げない。
④ 教育長は，委員の職を辞し，失い，又は罷免された場合においては，当然に，その職を失うものとする。
（教育長の職務）
第17条　教育長は，教育委員会の指揮監督の下に，教育委員会の権限に属するすべての事務をつかさどる。
② 教育長は，教育委員会のすべての会議に出席し，議事について助言する。
③ 教育長は，自己，配偶者若しくは三親等以内の親族の一身上に関する事件又は自己若しくはこれらの者の従事する業務に直接の利害関係のある事件についての議事が行われる場合においては，前項の規定にかかわらず，教育委員会の会議に出席することができない。ただし，委員として第13条第5項ただし書の規定の適用があるものとする。
（事務局）
第18条　教育委員会の権限に属する事務を処理させるため，教育委員会に事務局を置く。
② 教育委員会の事務局の内部組織は，教育委員会規則で定める。
（指導主事その他の職員）
第19条　都道府県に置かれる教育委員会（以下「都道府県委員会」という。）の事務局に，指導主事，事務職員及び技術職員を置くほか，所要の職員を置く。
② 市町村に置かれる教育委員会（以下「市町村委員会」という。）の事務局に，前項の規定に準じて指導主事その他の職員を置く。
③ 指導主事は，上司の命を受け，学校（学校教育法（昭和22年法律第26号）第1条に規定する学校をいう。以下同じ。）における教育課程，学習指導その他学校教育に関する専門的事項の指導に関する事務に従事する。
④ 指導主事は，教育に関し識見を有し，かつ，学校における教育課程，学習指導その他学校教育に関する専門的事項について教養と経験がある者でなければならない。指導主事は，大学以外の公立学校（地方公共団体が設置する学校をいう。以下同じ。）の教員（教育公務員特例法（昭和24年法律第1号）第2条第2項に規定する教員をいう。以下同じ。）をもつて充てることができる。
⑤ 事務職員は，上司の命を受け，事務に従事する。
⑥ 技術職員は，上司の命を受け，技術に従事する。
⑦ 第一項及び第二項の職員は，教育長の推薦により，教育委員会が任命する。
⑧ 教育委員会は，事務局の職員のうち所掌事務に係る教育行政に関する相談に関する事務を行う職員を指定し，これを公表するものとする。
⑨ 前各項に定めるもののほか，教育委員会の事務局に置かれる職員に関し必要な事項は，政令で定める。
（教育長の事務局の統括等）
第20条　教育長は，第17条に規定するもののほか，事務局の事務を統括し，所属の職員を指揮監督する。

② 教育長に事故があるとき，又は教育長が欠けたときは，あらかじめ教育委員会の指定する事務局の職員がその職務を行う。

第3章　教育委員会及び地方公共団体の長の職務権限

（教育委員会の職務権限）

第23条　教育委員会は，当該地方公共団体が処理する教育に関する事務で，次に掲げるものを管理し，及び執行する。

1　教育委員会の所管に属する第30条に規定する学校その他の教育機関（以下「学校その他の教育機関」という。）の設置，管理及び廃止に関すること。

2　学校その他の教育機関の用に供する財産（以下「教育財産」という。）の管理に関すること。

3　教育委員会及び学校その他の教育機関の職員の任免その他の人事に関すること。

4　学齢生徒及び学齢児童の就学並びに生徒，児童及び幼児の入学，転学及び退学に関すること。

5　学校の組織編制，教育課程，学習指導，生徒指導及び職業指導に関すること。

6　教科書その他の教材の取扱いに関すること。

7　校舎その他の施設及び教具その他の設備の整備に関すること。

8　校長，教員その他の教育関係職員の研修に関すること。

9　校長，教員その他の教育関係職員並びに生徒，児童及び幼児の保健，安全，厚生及び福利に関すること。

10　学校その他の教育機関の環境衛生に関すること。

11　学校給食に関すること。

12　青少年教育，女性教育及び公民館の事業その他社会教育に関すること。

13　スポーツに関すること。

14　文化財の保護に関すること。

15　ユネスコ活動に関すること。

16　教育に関する法人に関すること。

17　教育に係る調査及び指定統計その他の統計に関すること。

18　所掌事務に係る広報及び所掌事務に係る教育行政に関する相談に関すること。

19　前各号に掲げるもののほか，当該地方公共団体の区域内における教育に関する事務に関すること。

（長の職務権限）

第24条　地方公共団体の長は，次の各号に掲げる教育に関する事務を管理し，及び執行する。

1　大学に関すること。

2　私立学校に関すること。

3　教育財産を取得し，及び処分すること。

4　教育委員会の所掌に係る事項に関する契約を結ぶこと。

5　前号に掲げるもののほか，教育委員会の所掌に係る事項に関する予算を執行すること。

（職務権限の特例）

第24条の2　前2条の規定にかかわらず，地方公共団体は，前条各号に掲げるもののほか，条例の定めるところにより，当該地方公共団体の長が，次の各号に掲げる教育に関する事務のいずれか又はすべてを管理し，及び執行することとすることができる。

1　スポーツに関すること（学校における体育に関することを除く。）。

2　文化に関すること（文化財の保護に関することを除く。）。

② 地方公共団体の議会は，前項の条例の制定又は改廃の議決をする前に，当該地方公共団体の教育委員会の意見を聴かなければならない。

（教育に関する事務の管理及び執行の状況の点検及び評価等）

第27条　教育委員会は，毎年，その権限に属する事務（前条第1項の規定により教育長に委任された事務その他教育長の権限に属す

る事務（同条第3項の規定により事務局職員等に委任された事務を含む。）を含む。）の管理及び執行の状況について点検及び評価を行い，その結果に関する報告書を作成し，これを議会に提出するとともに，公表しなければならない。

② 教育委員会は，前項の点検及び評価を行うに当たつては，教育に関し学識経験を有する者の知見の活用を図るものとする。

（都道府県知事に対する都道府県委員会の助言又は援助）

第27条の2　都道府県知事は，第24条第2号に掲げる私立学校に関する事務を管理し，及び執行するに当たり，必要と認めるときは，当該都道府県委員会に対し，学校教育に関する専門的事項について助言又は援助を求めることができる。

（教育委員会の意見聴取）

第29条　地方公共団体の長は，歳入歳出予算のうち教育に関する事務に係る部分その他特に教育に関する事務について定める議会の議決を経るべき事件の議案を作成する場合においては，教育委員会の意見をきかなければならない。

第4章　教育機関

（学校等の管理）

第33条　教育委員会は，法令又は条例に違反しない限度において，その所管に属する学校その他の教育機関の施設，設備，組織編制，教育課程，教材の取扱その他学校その他の教育機関の管理運営の基本的事項について，必要な教育委員会規則を定めるものとする。この場合において，当該教育委員会規則で定めようとする事項のうち，その実施のためには新たに予算を伴うこととなるものについては，教育委員会は，あらかじめ当該地方公共団体の長に協議しなければならない。

② 前項の場合において，教育委員会は，学校における教科書以外の教材の使用について，あらかじめ，教育委員会に届け出させ，又は教育委員会の承認を受けさせることとする定を設けるものとする。

（教育機関の職員の任命）

第34条　教育委員会の所管に属する学校その他の教育機関の校長，園長，教員，事務職員，技術職員その他の職員は，この法律に特別の定がある場合を除き，教育長の推薦により，教育委員会が任命する。

（任命権者）

第37条　市町村立学校職員給与負担法（昭和23年法律第135号）第1条及び第2条に規定する職員（以下「県費負担教職員」という。）の任命権は，都道府県委員会に属する。

（略）

（市町村委員会の内申）

第38条　都道府県委員会は，市町村委員会の内申をまつて，県費負担教職員の任免その他の進退を行うものとする。

② 前項の規定にかかわらず，都道府県委員会は，同項の内申が県費負担教職員の転任（地方自治法第252条の7第1項の規定により教育委員会を共同設置する一の市町村の県費負担教職員を免職し，引き続いて当該教育委員会を共同設置する他の市町村の県費負担教職員に採用する場合を含む。以下この項において同じ。）に係るものであるときは，当該内申に基づき，その転任を行うものとする。ただし，次の各号のいずれかに該当するときは，この限りでない。

1　都道府県内の教職員の適正な配置と円滑な交流の観点から，一の市町村（地方自治法第252条の7第1項の規定により教育委員会を共同設置する場合における当該教育委員会を共同設置する他の市町村を含む。以下この号において同じ。）における県費負担教職員の標準的な在職期間その他の都道府県委員会が定める県費負担教職員の任用に関する基準に従い，一の市町村の県費負担教職員を免職し，引き続いて当該都道府県内の他の市町村の県費負担教職員に採用する必要がある場

合
2　前号に掲げる場合のほか，やむを得ない事情により当該内申に係る転任を行うことが困難である場合
③　市町村委員会は，教育長の助言により，前2項の内申を行うものとする。
④　市町村委員会は，次条の規定による校長の意見の申出があつた県費負担教職員について第1項又は第2項の内申を行うときは，当該校長の意見を付するものとする。
（県費負担教職員の定数）
第41条　県費負担教職員の定数は，都道府県の条例で定める。ただし，臨時又は非常勤の職員については，この限りでない。
2　県費負担教職員の市町村別の学校の種類ごとの定数は，前項の規定により定められた定数の範囲内で，都道府県委員会が市町村委員会が，当該市町村における児童又は生徒の実態，当該市町村が設定する学校の学級編制に係る事情等を総合的に勘案して定める。
3　前項の場合において都道府県委員会はあらかじめ，市町村委員会の意見を聴き，その意見を十分に尊重しなければならない。
（服務の監督）
第43条　市町村委員会は，県費負担教職員の服務を監督する。
②　県費負担教職員は，その職務を遂行するに当つて，法令，当該市町村の条例及び規則並びに当該市町村委員会の定める教育委員会規則及び規程（前条又は次項の規定によつて都道府県が制定する条例を含む。）に従い，かつ，市町村委員会その他職務上の上司の職務上の命令に忠実に従わなければならない。
（略）
（研修）
第45条　県費負担教職員の研修は，地方公務員法第39条第2項の規定にかかわらず，市町村委員会も行うことができる。
②　市町村委員会は，都道府県委員会が行う県費負担教職員の研修に協力しなければならない。
（勤務成績の評定）
第46条　県費負担教職員の勤務成績の評定は，地方公務員法第40条第1項の規定にかかわらず，都道府県委員会の計画の下に，市町村委員会が行うものとする。
第47条の2　都道府県委員会は，地方公務員法第27条第2項及び第28条第1項の規定にかかわらず，その任命に係る市町村の県費負担教職員（教諭，養護教諭，栄養教諭，助教諭及び養護助教諭（同法第28条の4第1項又は第28条の5第1項の規定により採用された者（以下この項において「再任用職員」という。）を除く。）並びに講師（再任用職員及び非常勤の講師を除く。）に限る。）で次の各号のいずれにも該当するもの（同法第28条第1項各号又は第2項各号のいずれかに該当する者を除く。）を免職し，引き続いて当該都道府県の常時勤務を要する職（指導主事並びに校長，園長及び教員の職を除く。）に採用することができる。
1　児童又は生徒に対する指導が不適切であること。
2　研修等必要な措置が講じられたとしてもなお児童又は生徒に対する指導を適切に行うことができないと認められること。
（略）
（学校運営協議会）
第47条の5　教育委員会は，教育委員会規則で定めるところにより，その所管に属する学校のうちその指定する学校（以下この条において「指定学校」という。）の運営に関して協議する機関として，当該指定学校ごとに，学校運営協議会を置くことができる。
②　学校運営協議会の委員は，当該指定学校の所在する地域の住民，当該指定学校に在籍する生徒，児童又は幼児の保護者その他教育委員会が必要と認める者について，教育委員会が任命する。
③　指定学校の校長は，当該指定学校の運営

に関して，教育課程の編成その他教育委員会規則で定める事項について基本的な方針を作成し，当該指定学校の学校運営協議会の承認を得なければならない。

④　学校運営協議会は，当該指定学校の運営に関する事項（次項に規定する事項を除く。）について，教育委員会又は校長に対して，意見を述べることができる。

⑤　学校運営協議会は，当該指定学校の職員の採用その他の任用に関する事項について，当該職員の任命権者に対して意見を述べることができる。この場合において，当該職員が県費負担教職員（第55条第1項，第58条第1項又は第61条第1項の規定により市町村委員会がその任用に関する事務を行う職員を除く。第九項において同じ。）であるときは，市町村委員会を経由するものとする。

⑥　指定学校の職員の任命権者は，当該職員の任用に当たつては，前項の規定により述べられた意見を尊重するものとする。

⑦　教育委員会は，学校運営協議会の運営が著しく適正を欠くことにより，当該指定学校の運営に現に著しい支障が生じ，又は生ずるおそれがあると認められる場合においては，その指定を取り消さなければならない。

⑧　指定学校の指定及び指定の取消しの手続，指定の期間，学校運営協議会の委員の任免の手続及び任期，学校運営協議会の議事の手続その他学校運営協議会の運営に関し必要な事項については，教育委員会規則で定める。

⑨　市町村委員会は，その所管に属する学校（その職員のうちに県費負担教職員である者を含むものに限る。）について第一項の指定を行おうとするときは，あらかじめ，都道府県委員会に協議しなければならない。

第5章　文部科学大臣及び教育委員会相互間の関係等

（文部科学大臣又は都道府県委員会の指導，助言及び援助）

第48条　地方自治法第245条の4第1項の規定によるほか，文部科学大臣は都道府県又は市町村に対し，都道府県委員会は市町村に対し，都道府県又は市町村の教育に関する事務の適正な処理を図るため，必要な指導，助言又は援助を行うことができる。

②　前項の指導，助言又は援助を例示すると，おおむね次のとおりである。

1　学校その他の教育機関の設置及び管理並びに整備に関し，指導及び助言を与えること。

2　学校の組織編制，教育課程，学習指導，生徒指導，職業指導，教科書その他の教材の取扱いその他学校運営に関し，指導及び助言を与えること。

3　学校における保健及び安全並びに学校給食に関し，指導及び助言を与えること。

4　教育委員会の委員及び校長，教員その他の教育関係職員の研究集会，講習会その他研修に関し，指導及び助言を与え，又はこれらを主催すること。

5　生徒及び児童の就学に関する事務に関し，指導及び助言を与えること。

6　青少年教育，女性教育及び公民館の事業その他社会教育の振興並びに芸術の普及及び向上に関し，指導及び助言を与えること。

7　スポーツの振興に関し，指導及び助言を与えること。

8　指導主事，社会教育主事その他の職員を派遣すること。

9　教育及び教育行政に関する資料，手引書等を作成し，利用に供すること。

10　教育に係る調査及び統計並びに広報及び教育行政に関する相談に関し，指導及び助言を与えること。

（略）

（是正の要求の方式）

第49条　文部科学大臣は，都道府県委員会又は市町村委員会の教育に関する事務の管理及び執行が法令の規定に違反するものがある場合又は当該事務の管理及び執行を怠るもの

がある場合において，児童，生徒等の教育を受ける機会が妨げられていることその他の教育を受ける権利が侵害されていることが明らかであるとして地方自治法第245条の5第1項若しくは第4項の規定による求め又は同条第2項の指示を行うときは，当該教育委員会が講ずべき措置の内容を示して行うものとする。

（調査）
第53条　文部科学大臣又は都道府県委員会は，第48条第1項及び第51条の規定による権限を行うため必要があるときは，地方公共団体の長又は教育委員会が管理し，及び執行する教育に関する事務について，必要な調査を行うことができる。
②　文部科学大臣は，前項の調査に関し，都道府県委員会に対し，市町村長又は市町村委員会が管理し，及び執行する教育に関する事務について，その特に指定する事項の調査を行うよう指示をすることができる。

（資料及び報告）
第54条　教育行政機関は，的確な調査，統計その他の資料に基いて，その所掌する事務の適切かつ合理的な処理に努めなければならない。
②　文部科学大臣は地方公共団体の長又は教育委員会に対し，都道府県委員会は市町村長又は市町村委員会に対し，それぞれ都道府県又は市町村の区域内の教育に関する事務に関し，必要な調査，統計その他の資料又は報告の提出を求めることができる。

（調査）
第53条　文部科学大臣又は都道府県委員会は，第48条第1項及び第51条の規定による権限を行うため必要があるときは，地方公共団体の長又は教育委員会が管理し，及び執行する教育に関する事務について，必要な調査を行うことができる。
②　文部科学大臣は，前項の調査に関し，都道府県委員会に対し，市町村長又は市町村委員会が管理し，及び執行する教育に関する事務について，その特に指定する事項の調査を行うよう指示をすることができる。

（資料及び報告）
第54条　教育行政機関は，的確な調査，統計その他の資料に基いて，その所掌する事務の適切かつ合理的な処理に努めなければならない。
②　文部科学大臣は地方公共団体の長又は教育委員会に対し，都道府県委員会は市町村長又は市町村委員会に対し，それぞれ都道府県又は市町村の区域内の教育に関する事務に関し，必要な調査，統計その他の資料又は報告の提出を求めることができる。

第6章　雑則

（指定都市に関する特例）
第58条　指定都市の県費負担教職員の任免，給与（非常勤の講師にあつては，報酬及び職務を行うために要する費用の弁償の額）の決定，休職及び懲戒に関する事務は，第37条第1項の規定にかかわらず，当該指定都市の教育委員会が行う。
②　指定都市の県費負担教職員の研修は，第45条，教育公務員特例法第21条第2項，第23条第1項，第24条第1項，第25条及び第25条の2の規定にかかわらず，当該指定都市の教育委員会が行う。

教育職員免許法（抄）
（昭和24年5月31日法律第147号）

（この法律の目的）
第1条　この法律は，教育職員の免許に関する基準を定め，教育職員の資質の保持と向上を図ることを目的とする。

（免　許）
第3条　教育職員は，この法律により授与する各相当の免許状を有する者でなければならない。
②　前項の規定にかかわらず，主幹教諭（養

護又は栄養の指導及び管理をつかさどる主幹教諭を除く。）及び指導教諭については各相当学校の教諭の免許状を有する者を，養護をつかさどる主幹教諭については養護教諭の免許状を有する者を，栄養の指導及び管理をつかさどる主幹教諭については栄養教諭の免許状を有する者を，講師については各相当学校の教員の相当免許状を有する者を，それぞれ充てるものとする。
③　特別支援学校の教員（養護又は栄養の指導及び管理をつかさどる主幹教諭，養護教諭，養護助教諭，栄養教諭並びに特別支援学校において自立教科等の教授を担任する教員を除く。）については，第1項の規定にかかわらず，特別支援学校の教員の免許状のほか，特別支援学校の各部に相当する学校の教員の免許状を有する者でなければならない。
④　中等教育学校の教員（養護又は栄養の指導及び管理をつかさどる主幹教諭，養護教諭，養護助教諭並びに栄養教諭を除く。）については，第1項の規定にかかわらず，中学校の教員の免許状及び高等学校の教員の免許状を有する者でなければならない。
（種　類）
第4条　免許状は，普通免許状，特別免許状及び臨時免許状とする。
②　普通免許状は，学校（中等教育学校を除く。）の種類ごとの教諭の免許状，養護教諭の免許状及び栄養教諭の免許状とし，それぞれ専修免許状，一種免許状及び二種免許状（高等学校教諭の免許状にあつては，専修免許状及び一種免許状）に区分する。
③　特別免許状は，学校（幼稚園及び中等教育学校を除く。）の種類ごとの教諭の免許状とする。
④　臨時免許状は，学校（中等教育学校を除く。）の種類ごとの助教諭の免許状及び養護助教諭の免許状とする。
（略）
（効力等）

第9条　普通免許状は，その授与の日の翌日から起算して10年を経過する日の属する年度の末日まで，すべての都道府県（中学校及び高等学校の教員の宗教の教科についての免許状にあつては，国立学校又は公立学校の場合を除く。次項及び第三項において同じ。）において効力を有する。
②　特別免許状は，その授与の日の翌日から起算して10年を経過する日の属する年度の末日まで，その免許状を授与した授与権者の置かれる都道府県においてのみ効力を有する。
③　臨時免許状は，その免許状を授与したときから3年間，その免許状を授与した授与権者の置かれる都道府県においてのみ効力を有する。
④　第1項の規定にかかわらず，その免許状に係る別表第一から別表第八までに規定する所要資格を得た日，第16条の2第1項に規定する教員資格認定試験に合格した日又は第16条の3第2項若しくは第17条第1項に規定する文部科学省令で定める資格を有することとなつた日の属する年度の翌年度の初日以後，同日から起算して10年を経過する日までの間に授与された普通免許状（免許状更新講習の課程を修了した後文部科学省令で定める2年以上の期間内に授与されたものを除く。）の有効期間は，当該十年を経過する日までとする。
⑤　普通免許状又は特別免許状を二以上有する者の当該二以上の免許状の有効期間は，第1項，第1項及び前項並びに次条第4項及び第5項の規定にかかわらず，それぞれの免許状に係るこれらの規定による有効期間の満了の日のうち最も遅い日までとする。
（有効期間の更新及び延長）
第9条の2　免許管理者は，普通免許状又は特別免許状の有効期間を，その満了の際，その免許状を有する者の申請により更新することができる。
②　前項の申請は，申請書に免許管理者が定

める書類を添えて，これを免許管理者に提出してしなければならない。
③　第１項の規定による更新は，その申請をした者が当該普通免許状又は特別免許状の有効期間の満了する日までの文部科学省令で定める２年以上の期間内において免許状更新講習の課程を修了した者である場合又は知識技能その他の事項を勘案して免許状更新講習を受ける必要がないものとして文部科学省令で定めるところにより免許管理者が認めた者である場合に限り，行うものとする。
④〜⑥（略）
（免許状更新講習）
第９条の３　免許状更新講習は，大学その他文部科学省令で定める者が，次に掲げる基準に適合することについての文部科学大臣の認定を受けて行う。
１　講習の内容が，教員の職務の遂行に必要なものとして文部科学省令で定める事項に関する最新の知識技能を修得させるための課程（その一部として行われるものを含む。）であること。
２　講習の講師が，次のいずれかに該当する者であること。
　イ　文部科学大臣が第16条の３第４項の政令で定める審議会等に諮問して免許状の授与の所要資格を得させるために適当と認める課程を有する大学において，当該課程を担当する教授，准教授又は講師の職にある者
　ロ　イに掲げる者に準ずるものとして文部科学省令で定める者
３　講習の課程の修了の認定（課程の一部の履修の認定を含む。）が適切に実施されるものであること。
４　その他文部科学省令で定める要件に適合するものであること。
②　前項に規定する免許状更新講習（以下単に「免許状更新講習」という。）の時間は，30時間以上とする。

③　免許状更新講習は，次に掲げる者に限り，受けることができる。
１　教育職員及び文部科学省令で定める教育の職にある者
２　教育職員に任命され，又は雇用されることとなつている者及びこれに準ずるものとして文部科学省令で定める者
④　前項の規定にかかわらず，公立学校の教員であつて教育公務員特例法（昭和二十四年法律第一号）第二十五条の二第一項に規定する指導改善研修（以下この項及び次項において単に「指導改善研修」という。）を命ぜられた者は，その指導改善研修が終了するまでの間は，免許状更新講習を受けることができない。
⑤　前項に規定する者の任命権者（免許管理者を除く。）は，その者に指導改善研修を命じたとき，又はその者の指導改善研修が終了したときは，速やかにその旨を免許管理者に通知しなければならない。
⑥　前各項に規定するもののほか，免許状更新講習に関し必要な事項は，文部科学省令で定める。

義務教育諸学校の教科用図書の無償措置に関する法律（抄）（昭和38年12月21日法律第182号）（この法律の目的）

第１条　この法律は，教科用図書の無償給付その他義務教育諸学校の教科用図書を無償とする措置について必要な事項を定めるとともに，当該措置の円滑な実施に資するため，義務教育諸学校の教科用図書の採択及び発行の制度を整備し，もつて義務教育の充実を図ることを目的とする。
（教科用図書の無償給付）
第３条　国は，毎年度，義務教育諸学校の児童及び生徒が各学年の課程において使用する教科用図書で第13条，第14条及び第16条の規定により採択されたものを購入し，義務教

育諸学校の設置者に無償で給付するものとする。
（都道府県の教育委員会の任務）
第10条　都道府県の教育委員会は，当該都道府県内の義務教育諸学校において使用する教科用図書の採択の適正な実施を図るため，義務教育諸学校において使用する教科用図書の研究に関し，計画し，及び実施するとともに，市（特別区を含む。以下同じ。）町村の教育委員会及び義務教育諸学校（公立の義務教育諸学校を除く。）の校長の行う採択に関する事務について，適切な指導，助言又は援助を行わなければならない。
（教科用図書選定審議会）
第11条　都道府県の教育委員会は，前条の規定により指導，助言又は援助を行なおうとするときは，あらかじめ教科用図書選定審議会（以下「選定審議会」という。）の意見をきかなければならない。
②　選定審議会は，毎年度，政令で定める期間，都道府県に置く。
③　選定審議会は，20人以内において条例で定める人数の委員で組織する。
（採択地区）
第12条　都道府県の教育委員会は，当該都道府県の区域について，市若しくは郡の区域又はこれらの区域をあわせた地域に，教科用図書採択地区（以下この章において「採択地区」という。）を設定しなければならない。
（略）

義務教育費国庫負担法（抄）
（昭和27年8月8日法律第303号）

（この法律の目的）
第1条　この法律は，義務教育について，義務教育無償の原則に則り，国民のすべてに対しその妥当な規模と内容とを保障するため，国が必要な経費を負担することにより，教育の機会均等とその水準の維持向上とを図ることを目的とする。
（教職員の給与及び報酬等に要する経費の国庫負担）
第2条　国は，毎年度，各都道府県ごとに，公立の小学校，中学校，中等教育学校の前期課程並びに特別支援学校の小学部及び中学部（学校給食法（昭和29年法律第160号）第5条の2に規定する施設を含むものとし，以下「義務教育諸学校」という。）に要する経費のうち，次に掲げるものについて，その実支出額の三分の一を負担する。ただし，特別の事情があるときは，各都道府県ごとの国庫負担額の最高限度を政令で定めることができる。

市町村立学校職員給与負担法（抄）
（昭和23年7月10日法律第135号）

（市町村立学校職員給与の負担）
第1条　市（特別区を含む。）町村立の小学校，中学校，中等教育学校の前期課程及び特別支援学校の校長（中等教育学校の前期課程にあつては，当該課程の属する中等教育学校の校長とする。），副校長，教頭，主幹教諭，指導教諭，教諭，養護教諭，栄養教諭，助教諭，養護助教諭，寄宿舎指導員，講師（常勤の者及び地方公務員法（昭和25年法律第261号）第28条の5第1項に規定する短時間勤務の職を占める者に限る。），学校栄養職員（学校給食法（昭和29年法律第160号）第5条の3に規定する職員のうち栄養の指導及び管理をつかさどる主幹教諭並びに栄養教諭以外の者をいい，同法第5条の2に規定する施設の当該職員を含む。以下同じ。）及び事務職員のうち次に掲げる職員であるものの給料，扶養手当，地域手当，住居手当，初任給調整手当，通勤手当，単身赴任手当，特殊勤務手当，特地勤務手当（これに準ずる手当を含む。），へき地手当（これに準ずる手当を含む。），時間外勤務手当（学校栄養職員及び事務職員に係るものとする。），宿日直手当，管理職員特

別勤務手当，管理職手当，期末手当，勤勉手当，義務教育等教員特別手当，寒冷地手当，特定任期付職員業績手当，退職手当，退職年金及び退職一時金並びに旅費（都道府県が定める支給に関する基準に適合するものに限る。）（以下「給料その他の給与」という。）並びに定時制通信教育手当（中等教育学校の校長に係るものとする。）並びに講師（公立義務教育諸学校の学級編制及び教職員定数の標準に関する法律（昭和33年法律第116号。以下「義務教育諸学校標準法」という。）第17条第2項に規定する非常勤の講師に限る。）の報酬及び職務を行うために要する費用の弁償（次条において「報酬等」という。）は，都道府県の負担とする。

1　義務教育諸学校標準法第六条の規定に基づき都道府県が定める小中学校等教職員定数及び義務教育諸学校標準法第十条の規定に基づき都道府県が定める特別支援学校教職員定数に基づき配置される職員（義務教育諸学校標準法第18条各号に掲げる者を含む。）

2　公立高等学校の適正配置及び教職員定数の標準等に関する法律（昭和36年法律第188号。以下「高等学校標準法」という。）第15条の規定に基づき都道府県が定める特別支援学校高等部教職員定数に基づき配置される職員（特別支援学校の高等部に係る高等学校標準法第24条各号に掲げる者を含む。）

3　特別支援学校の幼稚部に置くべき職員の数として都道府県が定める数に基づき配置される職員

義務教育諸学校等の施設費の国庫負担等に関する法律（抄）
（昭和33年4月25日法律第81号）

（目的）
第1条　この法律は，公立の義務教育諸学校等の施設の整備を促進するため，公立の義務教育諸学校の建物の建築に要する経費について国がその一部を負担することを定めるとともに，文部科学大臣による施設整備基本方針の策定及び地方公共団体による施設整備計画に基づく事業に充てるための交付金の交付等について定め，もつて義務教育諸学校等における教育の円滑な実施を確保することを目的とする。

（国の負担）
第3条　国は，政令で定める限度において，次の各号に掲げる経費について，その一部を負担する。この場合において，その負担割合は，それぞれ当該各号に掲げる割合によるものとする。

1　公立の小学校及び中学校（第2号の2に該当する中学校を除く。同号を除き，以下同じ。）における教室の不足を解消するための校舎の新築又は増築（買収その他これに準ずる方法による取得を含む。以下同じ。）に要する経費2分の1

2　公立の小学校及び中学校の屋内運動場の新築又は増築に要する経費2分の1

2の2　公立の中学校で学校教育法第71条の規定により高等学校における教育と一貫した教育を施すもの及び公立の中等教育学校の前期課程（以下「中等教育学校等」という。）の建物の新築又は増築に要する経費2分の1

3　公立の特別支援学校の小学部及び中学部の建物の新築又は増築に要する経費2分の1

4　公立の小学校及び中学校を適正な規模にするため統合しようとすることに伴つて必要となり，又は統合したことに伴つて必要となつた校舎又は屋内運動場の新築又は増築に要する経費2分の1

2　前項第1号の教室の不足の範囲及び同項第4号の適正な規模の条件は，政令で定める。

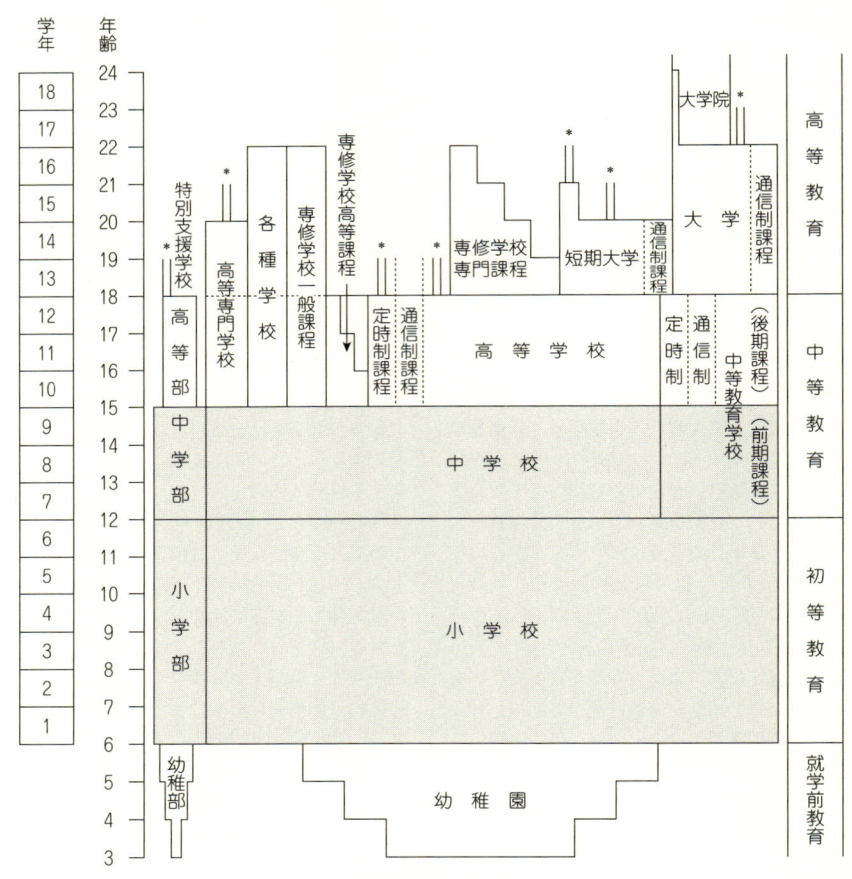

日本の学校系統図

(注) (1) ▨ 部分は義務教育を示す。
(2) ＊印は専攻科を示す。
(3) 高等学校, 中等教育学校後期課程, 大学, 短期大学, 特別支援学校高等部には修業年限1年以上の別科を置くことができる。
(出所) 文部科学省『教育指標の国際比較』平成20年版, 63頁。

索　引
（＊は人名）

ア　行

ＩＬＯ・ユネスコ「教員の地位に関する勧告」
　　14, 42, 51, 155, 183
愛国心通知表　*55*
新しい教員評価システム　*182*
＊安倍能成　*11, 40*
＊安倍晋三　*116, 178*
アメリカ教育使節団報告書　*11*
意見表明権　*50*
一条校　*91*
＊梅根悟　*29*
栄養教諭　*150*
＊大田堯　*30*

カ　行

外国人学校　*218*
介護等の体験　*161*
階層の再生産　*69*
学士　*75*
学習権　*41, 43, 44, 60, 65, 66, 93, 110-111, 154*
学習指導要領　*20, 68, 77, 99, 112-113, 121, 123, 125, 126*
　　――の変遷　*126*
　　――の法的性格　*127*
各種学校　*91*
学問の自由　*39, 41, 42, 52, 109-111*
学力テスト事件最高裁大法廷判決　*42, 57, 102, 112, 121, 195*
学級規模　*81*
学級編制基準　*118, 201*
学級編制標準　*201*
学級編制の適正化　*201*
学校安全確保の条件整備　*207*
学校・教員評価　*114-118*
学校運営協議会　*59, 87*
学校運営評価とその情報提供の義務化　*108*
学校管理規則　*107-108*
学校規範　*76, 77, 81*
学校規模　*81*
学校規模の適正化　*200, 201*
学校給食法　*213*
学校教育制度　*13*
学校教育法（学校法）　*12, 92, 94-95, 108, 124*
学校施設整備指針　*205*
学校制度　*1, 12*
　　――の複線化構造　*18*
学校制度的基準　*112, 128, 198*
　　――説　*194*
学校設置義務　*47*
学校設置基準　*199*
学校選択　*78, 98, 113-118*
学校の管理　*80, 81*
学校の裁量権　*80, 81*
学校の組織　*79*
学校評価　*88*
　　学校関係者評価　*88*
　　自己評価　*88*
　　第三者評価　*89*
「学校評価ガイドライン」　*89*
学校評議員制度　*59, 86*
学校保健法　*213*
＊兼子仁
可能態としての制度構想　*3, 34*
機関委任事務　*24, 115*
寄宿舎指導員　*150*
規制改革・民間開放（構造改革）　*116*
規制緩和　*76, 78, 80*
基本的人権　*66*
義務教育諸学校施設費国庫負担法（施設費負担法）　*16, 73*
義務教育制度　*2*
「義務教育の構造改革」　*32, 116*
義務教育の無償　*13, 208*

239

——制　2, 43
義務教育費国庫負担制度　24, 33, 102, 206, 212
義務教育費国庫負担法　16, 203, 212
義務教育費国庫補助制度　212
義務教育標準法　118, 122, 199, 203
義務教育未修了者　58
教育委員会　33, 95-98
　　——と学校の関係　107-108
　　——制度　3, 15, 44, 45, 96-97, 114-115, 122
教育委員会法　44, 96
教育委員の公選制　30, 44, 45, 96-97
教育委員の準公選制　4, 118-119
教育委員の任命制　44, 45, 97, 104
教育ヴァウチャー制　114-118
教育改革国民会議　53
教育科学研究会　37
教育課程　68, 123, 124
　　——の基準　19, 20, 123
　　——の編成主体　124
教育課程審議会　19
教育慣習法　63
教育基本法　12, 91, 108, 112-117, 153
　　第2条　113
　　第9条　114
　　第16条　102, 112-114
　　第17条　114-117
教育基本法（旧）　52, 58, 63, 91, 108-117
　　第2条　110
　　第6条　114
　　第10条　101-102, 108-115, 121
教育基本法の改正　94, 108-115
「教育行政」についての定義　91-93
教育行政の地方自治　95-98
教育行政の地方分権化　115-119
教育行政の中立性　105
教育行政の法律主義　112
教育行政の民主化3原則　96-97
教育権　67
　　親の——　67
　　教師の——　68, 154
教育公務員特例法（教特法）　14, 21, 94, 155, 173
教育財政　213
教育刷新委員会　10, 11, 40, 41, 157
教育三法　94
　　——の改正　94, 108
教育条件整備　110-111, 190, 213
教育条件整備確立義務　56
教育条件整備の行政　92-93
教育条件整備の範囲　194
教育条件整備論　193
教育条項　37
教育条理法　63
教育職員免許法（免許法）　13, 20, 151
教育諸条件整備　109-111
教育振興基本計画　56, 114-117, 197
教育制度　1, 3, 4, 130
教育制度検討委員会　29
「教育制度の改革に関する答申」　96
教育長の専門的指導性（professional leadership）　96
教育勅語　2, 8, 9, 40
　　——体制　35, 37
教育の機会均等　12, 37, 42, 51, 69, 101, 102, 116
教育の自主性確保　109, 113
教育の自由　39, 41, 42, 109
　　——化　114-118
教育の目標　55, 58
教育判例法　63
教育費・教育財政　208
教育費国庫補助制度　210, 212
教育費の負担区分　209
教育法体系　64
教育補助員　150
教育法令研究会　92
教育要求権　44
教育予算の原案作成・支出命令権　45
教育を受ける権利　38, 58, 66, 108-112
「教育を対象にする行政」　91-93
教員採用選考試験　166
　　——制度　14
教員人事考課制度　22, 182

索　引

教員の研修　*117, 173*
教員評価制度　*183*
教員免許更新制　*14, 21, 114, 117-118, 178*
教員免許制度　*14*
教科書　*130, 131*
教科書・教材基準　*206*
教科書検定　*133-136*
　　──の手続き　*134*
　　──制度　*144*
教科書採択　*136*
教科書裁判　*138-144*
　　──の判決　*140, 141-143*
　　──の法的争点　*140*
教科書制度の変遷　*131-133*
教科書の無償制　*137*
教科書無償措置法　*43, 136, 137, 209, 213*
教科用図書検定基準　*134*
教科用図書検定規則　*134*
教科用図書検定調査審議会　*101, 103, 134, 145*
教授会　*25*
教授の自由　*39, 41*
教職実践演習　*161*
教職10年経験者研修　*22, 117, 175*
教職員給与　*73*
教職員給与費　*212*
教職員定数の改善　*200*
教職員定数の改善計画　*198, 204*
教職大学院　*176*
行政作用　*92*
教頭職　*46*
共同専門家委員会（CEART）　*183*
勤務評定　*182*
国の教育予算　*209*
経営（マネジメント）　*80*
健康センター法　*213*
研修条項　*173*
現代日本の教育改革　*17*
『現代日本の教育改革』　*30*
県費負担教職員　*102, 107, 112, 122, 170*
憲法・教育基本法制　*4, 8, 10, 11*
「憲法26条から出発する教育行政学」　*92*

公教育　*71*
　　──の原則　*208*
公共の精神　*54, 54*
構造改革特別区域法　*116*
校長　*107, 108, 147*
高等学校設置基準
公費教育　*208*
公費負担　*71*
公募制教育長　*119*
校務分掌　*83*
公立義務教育諸学校の学級編制及び教職員定数の標準に関する法律（義務教育標準法）　*23, 48, 118, 122*
公立高等学校の適正配置及び教職員定数の標準等に関する法律（高校標準法）　*48, 199*
高校無償化法　*216*
構造改革　*212*
公立高校授業料無償化・就学支援金制度　*198, 216*
国際教育法　*57, 62*
国際人権規約　*49, 51*
国民学校　*36*
国民教育制度　*1*
国民全体の教育意思に直接に応える責任　*111-112, 114-115*
国立学校特別会計　*210*
国立大学法人　*27*
　　──制度　*27, 28*
国連・子どもの権利委員会　*50*
＊小坂憲次　*113*
個人の尊厳　*93*
個性　*76, 78*
国家法令　*62*
国庫負担・国庫補助　*213*
子どもの権利条約　*29, 31, 49*
　　──の精神　*119*
子どもの最善の利益　*50*
コールマン・レポート　*70*
「今後の地方教育行政のあり方について」（中教審答申）　*108, 115*

241

サ 行

サービス・ビューロー　98-99
＊沢柳政太郎　36
　三位一体改革　102, 212
　私学助成　210, 216
　私学振興財団　217
　市場原理の導入　76, 80
　実習助手　150
　自治事務　24, 115
　自治法令　62
　市町村立学校職員給与負担法　212
　指導改善研修　117
　指導教諭　46, 47, 83, 108, 148
　指導・助言行政　98
　指導力不足教員　22, 184, 186
　　　──の特別研修　184, 185
　師範学校　156
　師範教育　157
　事務職員　150
＊下中弥三郎　36
　社会権　70, 109
　就学　72
　　　──援助・教育扶助制度　214
　　　──奨励についての国の援助に関する法律　213
　就学（させる）義務　47
　　　──の猶予・免除　47, 59
　就学援助義務　47
　就学援助・教育扶助制度　214
　就学困難な児童及び生徒に係る就学奨励についての国の援助に関する法律　213
　就学奨励法　214
　衆議院・教育基本法特別委員会　113
　習熟度別授業（学習）　59, 77
　受益者負担主義　208, 211
　主幹教諭　46, 47, 83, 108, 148
　主権者　60
　奨学金制度　215
　小学区制　45
　小・中学校設置基準　200

少人数学級　24, 48, 82, 118, 122, 203, 204
条約　63
職員会議　84, 85, 86
　　　──の補助機関化　46, 108
初任者研修制度　21, 174
私立学校振興助成法　213, 217
私立学校法　216
素人統制（layman control）　96
人格の完成　93
審議会行政　103
人権としての教育　91
　憲法が内在する──　108-118
新自由主義　18, 98, 114-118
新制高等学校　45
杉本判決　42
スクールリーダー　177
スポーツ振興法　213
生活綴方　36
生活保護法　214
生存権　70, 109-111
「制度としての教育」　91-92
成文教育法　62
政令改正諮問委員会　96
設置基準　73, 79
設置者管理主義・負担主義の原則　206, 209
設置者負担主義　208, 211
選考　165, 174
戦後教育改革　7, 8, 9, 10, 96
全国学力・学習状況調査　98, 116
全国中学校学力調査　97-98, 102
全国夜間中学校研究会　65
専修学校　91
選択　76, 78
全日制　74
全日本教職員組合「義務教育改革の提言」　32
選抜　69
専門教育　74
専門職　42, 52, 155
　　　──としての教師像　51, 155
総額裁量制　102, 122
総合制　45

索　引

総合選抜制度　45

タ行

大学院修学休業制度　21, 175
大学教員等の任期制　26
大学区制　45
大学審議会　25
大学設置基準　25
大学における教員養成　13, 155, 157
大学評価制度　26
大綱的基準　112, 121, 128
大正新教育運動　36
「第二次教育制度検討委員会」　29
＊田中耕太郎　39
＊田中二郎　40
　単位制　74
　男女共学　55
　単線型学校体系　12, 69
　地域運営学校　78
　チェック・アンド・バランス方式　98-99
　地方教育行政の組織及び運営に関する法律（地教行法）　16, 44, 93-97, 104-107
　地方公共団体の教育予算　210
　地方交付税交付金　207, 211, 212
　地方財政平衡交付金制度　212
　地方分権一括法　16, 23, 93, 99, 105-108
　地方分権推進委員会　115
　中央教育審議会（中教審）　17, 53
　中央集権的分権化　95
　中高一貫教育校　74
　中等・高等学校における無償教育の漸進的な導入　49
　中等教育学校　19, 151
　中等教育の無償化
　直接責任性　56
　通学区　19
　通学区域　78
　通信制　74
　定時制　74
　東京教師養成塾　171
　東京都教育委員会10. 23通達　107, 121

特別支援学校への就学奨励に関する法律　213
特別支援教育　47, 73
特別非常勤講師　14, 20, 164
　──制度　163
特別免許状　14, 20, 159

ナ行

＊永井憲一　43
　中野区教育委員候補者選定に関する区民投票条例　119
　中野区教育行政における区民参加に関する条例　119
＊永原慶二　31
＊南原繁　40
　『21世紀の教育改革をともに考える』　31
　二重国籍　59
　日教組「教育制度検討委員会」報告書　29
　日本会議　53
　日本教員組合啓明会　36
　日本教職員組合（日教組）　29
　日本国憲法　37, 40, 41, 53, 91, 108-112, 121
　──改正論　52
　日本人学校　92
　「日本の教育改革」有識者懇談会（民間教育臨調）　53
　「日本の教育改革をともに考える会」　31
　日本弁護士連合会　65
　──「学齢期に修学することのできなかった人々の教育を受ける権利の保障に関する意見書」　65
　認証評価機関　26
　認証評価制度　27
　能力　69, 70
　──主義　69

ハ行

博士号保有者特別選考　172
非常勤講師　149
評議会　25
開かれた学校づくり　60
副校長　46, 47, 83, 148

243

——・主幹制度　108
　福祉国家　70
　複線型学校体系　12, 68
　普通免許状　14, 159
　不当な支配　44, 57, 92-93, 96, 102, 109-117, 121, 153
　不文教育法　63
　平和的な国家・社会の形成者　93
　へき地教育振興法　213
　法定受託事務　24
　法律の執行人　56
＊堀尾輝久　31

マ　行

＊牧柾名　43
＊丸木政臣　31
＊三上満　31
　民間教育臨調　53, 54, 55
　民法第820条　44
　無償教育　191

＊宗像誠也　92
＊村山俊太郎　36
　免許状主義　14, 147, 152
　免許状授与の開放制　13, 157
　目標規定説（プログラム規定説）　39
　文部科学省　15, 23, 32, 94, 98-103
　文部科学省告示　63
　文部省　15, 98-99

ヤ・ラ行

　養護学校義務制　47, 48
　養護教諭　149
＊吉田茂　96
＊リーバーマン, M.　156
　履修カルテ　162
　リッジウェイ連合国司令官声明　96
　臨時教育審議会　76
　臨時的任用教員　118, 121, 149
　臨時免許状　159, 160

執筆者紹介（執筆順，執筆担当）

土屋 基規（編著者，宝塚医療大学保健医療学部，神戸大学名誉教授）序章・第1章・第5章，第7章1，2節，コラム4

久保富三夫（和歌山大学教育学部）第2章，コラム1，コラム2

添田久美子（愛知教育大学教育学部）第3章，コラム6

森田 満夫（立教大学文学部）第4章，コラム3

小田 義隆（近畿大学生物理工学部）第6章，コラム5

新井 秀明（横浜国立大学教育人間科学部）第7章3節，コラム7

現代教育制度論

2011年6月30日	初版第1刷発行	〈検印省略〉
2013年4月10日	初版第2刷発行	

定価はカバーに
表示しています

編著者　　土　屋　基　規
発行者　　杉　田　啓　三
印刷者　　中　村　知　史

発行所　株式会社　ミネルヴァ書房
607-8494 京都市山科区日ノ岡堤谷町1
電話(075)-581-5191／振替01020-0-8076

Ⓒ 土屋基規ほか, 2011　　　　中村印刷・兼文堂

ISBN978-4-623-05835-8
Printed in Japan

教職をめざす人のための 教育用語・法規

広岡義之編　四六判　312頁　本体2000円

●194の人名と，最新の教育時事用語もふくめた合計863の項目をコンパクトにわかりやすく解説。教員採用試験に頻出の法令など，役立つ資料も掲載した。

新しい時代の 教育制度と経営

岡本　徹・佐々木司編著　A5判　240頁　本体2400円

●新しい教育法制度のなかでの教育を見すえる視点を示す。教育の制度・経営にかかわる改革の動向と今日的な課題をわかりやすく解説する。

教職論［第2版］――教員を志すすべてのひとへ

教職問題研究会編　A5判　240頁　本体2400円

●教職志望者必読の一冊。教職と教職をめぐる組織・制度・環境を体系立ててわかりやすく解説した。現場教員にも有用な一冊。新しい法制，教育改革をふまえて改訂。

新しい学びを拓く 数学科授業の理論と実践
――中学・高等学校編

岩崎秀樹編著　A5判　250頁　本体3000円

●新しい学習指導要領（中学校：平成20年告示，高等学校：平成21年告示）対応。数学科の目標，内容，指導，評価とこれからの数学科授業の構成・展開をわかりやすく解説。

新しい学びを拓く 英語科授業の理論と実践

三浦省五・深澤清治編著　A5判　280頁　本体2500円

●実践的コミュニケーション能力を養成する――。これからの英語科授業の構成と展開，授業方法，英語科教師に求められる力をわかりやすく解説。

――― ミネルヴァ書房 ―――
http://www.minervashobo.co.jp/